21 世纪高职高专“十二五”精品规划教材

网络营销实务

主　编　李　静　孙　静

天津大学出版社
TIANJIN UNIVERSITY PRESS

图书在版编目（CIP）数据

网络营销实务 / 李静，孙静主编. -- 天津 : 天津大学出版社, 2015.8
21 世纪高职高专“十二五”精品规划教材
ISBN 978-7-5618-5391-7

Ⅰ. ①网… Ⅱ. ①李… ②孙… Ⅲ. ①网络营销－高等职业教育－教材 Ⅳ. ①F713.36

中国版本图书馆 CIP 数据核字(2015)第 193146 号

出版发行 天津大学出版社
地　　址 天津市卫津路 92 号天津大学内（邮编：300072）
电　　话 发行部：022-27403647
网　　址 publish.tju.edu.cn
印　　刷 廊坊市海涛印刷有限公司
经　　销 全国各地新华书店
开　　本 185mm×260mm
印　　张 11.5
字　　数 287 千
版　　次 2015 年 8 月第 1 版
印　　次 2015 年 8 月第 1 次
定　　价 24.00 元

前　言

网络营销是企业为实现整体市场营销目标，依托现代信息技术与网络技术而开展的以满足顾客需求为中心的新型营销方式。它既给传统营销带来新的挑战，又为市场营销开拓了广阔的发展空间。当前，互联网已经成为影响我国社会经济发展、改变人民生活形态的关键行业。

2015 年 1 月，中国互联网络信息中心（CNNIC）发布了第 35 次《中国互联网络发展状况统计报告》，报告显示，截至 2014 年 12 月，我国网民规模达 6.49 亿人，互联网普及率为 47.9%。全国利用互联网开展营销推广活动的企业比例为 24.2%。2014 年 11 月 11 日，天猫、淘宝全天成交金额为 571 亿元，其中在移动端交易额达到 243 亿元，物流订单 2.78 亿元。从 2009 年到 2014 年，“双十一”已经从天猫扩散到全部电商平台，从国内扩展到全球。这使企业利用互联网开展网络营销活动达到了一个前所未有的高度。大量的中小企业借助网络营销手段推广自己的企业品牌与产品。网络营销成为企业一种先进的营销方式，同时，企业的实践活动也极大地促进了网络营销理论的发展。

目前市面上的网络营销教材的编写主要有两种形式：一是以传统市场营销 4P+4C 理论编写模式为准，理论性偏强；二是基于网络营销手段和工具使用方法来撰写，对互联网营销比较关注，但对电商平台内的网络营销内容涉及较少。本书从实战出发，理论联系实际，挑选网络营销中最实用的重点内容进行深入讲解，以实际的案例和操作方式为核心，指导学生进行学习。本书主要有以下几个特点。

（1）编写思路新颖。本书首先是项目任务介绍，然后是相关理论的知识链接，最后是工作任务评价。这种编写思路是把网络营销通过项目过程展示，带给学生实际的体验，能够实现“做中学，学中做”。

（2）编写内容新颖。本书分为六大部分，分别是网络营销认知、搜索引擎营销、电商平台内营销、网络广告、网络推广、整合营销。本书的内容编写有别于传统教材中按市场营销理论体系 4P+4C 的内容来构建，而是以互联网为载体，从网络营销综合运用的角度出发，既有全网营销，又有电商平台内营销，是立足于当前企业在互联网上开展的网络营销活动本身来展开的。

本书主要由重庆工程学院电子商务专业研究方向的教师团队编写而成，项目 1、项目 2、项目 4 由李静老师编写；项目 3 由孙静、李静老师编写；项目 5 由孙静、陈可老师编写；项目 6 由李静、孙静老师编写；全书由李静老师统稿。

由于作者水平所限，书中错误和疏漏之处在所难免，欢迎广大读者批评指正。

编　者

2015 年 3 月

目　录

项目 1　网络营销认知 1
任务 1　认识网络营销 1
子任务 1　搜索引擎营销认知 1
子任务 2　网络广告认知 4
子任务 3　电子邮件营销认知 5
子任务 4　SNS 营销认知 7
子任务 5　电商平台网络营销认知 8
子任务 6　网络营销事件认知 10
知识链接 14
任务 2　了解网络营销岗位 16
子任务 1　网络营销岗位查找 16
子任务 2　网络营销岗位技能要求 20
知识链接 21
任务评价 22
项目 2　搜索引擎营销 23
任务 1　搜索引擎原理 23
子任务 1　搜索引擎网站的搜索案例 23
子任务 2　搜索引擎网站的工作原理 26
子任务 3　电商平台网站的搜索案例 29
子任务 4　电商平台网站搜索的工作原理 30
知识链接 32
任务 2　搜索引擎优化 33
子任务 1　网站被收录优化 33
子任务 2　网站排名靠前优化 35
子任务 3　网站被点击优化 38
子任务 4　网站流量被转化优化 40
知识链接 43
任务 3　付费商业推广优化 44
子任务 1　百度搜索推广 44
子任务 2　百度网盟推广 46
知识链接 48
任务评价 49
项目 3　电商平台内营销 50
任务 1　认识电商平台 50
子任务 1　C2C 网站介绍 50
子任务 2　B2C 网站介绍 67
知识链接 70
任务 2　淘宝平台营销 71
子任务 1　淘宝网搜索优化 71
子任务 2　淘宝网类目优化 75
子任务 3　淘宝活动 79
子任务 4　淘宝直通车 80
子任务 5　淘宝分销 84
知识链接 87
任务 3　淘宝数据分析 88
子任务 1　量子恒道统计 88
子任务 2　淘宝数据魔方 92
子任务 3　营销效果分析 95
子任务 4　会员营销 96
知识链接 97
任务评价 98
项目 4　网络广告 99
任务 1　认识网络广告 99
子任务 1　网络广告概述 99
子任务 2　网络广告的主要形式 102
知识链接 105
任务 2　网络广告计价方式 105
子任务 1　网络广告投放的主体 105
子任务 2　网络广告的计价方式 106
任务 3　网络广告联盟形式 107
子任务 1　网络广告联盟概述 107
子任务 2　网络广告联盟的广告形式 108
子任务 3　网络广告联盟展示原理及工作流程 109
子任务 4　常见网络广告联盟形式 110
知识链接 117
任务评价 119

项目 5　网络推广 120
任务 1　微博营销 120
子任务 1　微博营销概述 120
子任务 2　微博运营 123
知识链接 129
任务 2　微信营销 132
子任务 1　微信营销概述 132
子任务 2　微信营销实施 134
任务 3　邮件营销 136
子任务 1　邮件营销概述 136
子任务 2　邮件营销实施 137
知识链接 141
任务 4　论坛营销 146
子任务 1　论坛营销概述 146
子任务 2　论坛营销实施 146
知识链接 149
任务 5　新闻营销 157
子任务 1　新闻营销概述 157
子任务 2　新闻营销展现形式 157
知识链接 158
任务评价 162
项目 6　整合营销 163
任务 1　网络整合营销认知 163
任务 2　商业网站整合营销 165
任务 3　电商网店整合营销 172
任务评价 174
参考文献 175

项目 1　网络营销认知

本项目让学生对网络营销进行认知，主要学习任务如下：

任务 1　认识网络营销

任务 2　了解网络营销岗位

【知识目标】

✧ 理解身边的网络营销现象；

✧ 理解电子商务与网络营销、市场营销与网络营销的区别与联系；

✧ 了解网络营销的实际工作岗位、工作内容及任职能力要求。

【技能目标】

✧ 能够列出身边的网络营销表现形式；

✧ 能够列出电子商务与网络营销、市场营销与网络营销的区别与联系；

✧ 能够根据岗位工作内容和岗位要求，分析和归纳出应具备的能力结构。

【素养目标】

✧ 树立工作岗位的概念，逐步培养学生了解岗位、熟悉岗位、热爱岗位的意识。

任务 1　认识网络营销

随着互联网的发展，网络中涌现的信息越来越多。如何利用好互联网进行信息传播来推广其品牌、产品服务，是企业当前关注的重点。本任务从搜索引擎、网络广告、电子邮件、SNS、电商平台、网络营销事件等方面让学生初步了解网络营销的应用。

➘ 子任务 1　搜索引擎营销认知

步骤 1：在百度的搜索框中输入“服装”，点击“百度一下”按钮，进入对“服装”关键词的搜索页面中，页面中呈现所有与“服装”相关的内容，如图 1-1-1 所示。

步骤 2：点击“服装”关键词的搜索结果页面左侧第一条信息——“唯品会”标志的链接，进入“唯品会”官方网站首页，如图 1-1-2 所示。

步骤 3：点击“服装”关键词的搜索结果页面右侧“其他人还搜”标志下的第一条链接——简尚男士潮流生活馆，进入“简尚男士潮流生活馆”关键词的搜索结果页面，如图 1-1-3 所示。

图 1-1-1 “服装”关键词的搜索结果页面

图 1-1-2 “唯品会”官方网站首页

图 1-1-3 “简尚男士潮流生活馆”关键词的搜索结果页面

步骤 4：点击“服装”关键词的搜索结果页面右侧“其他人还搜”标志下的第二条链接——广州外贸童装批发，进入“广州外贸童装批发”关键词的搜索结果页面，如图 1-1-4 所示。

图 1-1-4 “广州外贸童装批发”关键词的搜索结果页面

步骤 5：点击“广州外贸童装批发”关键词的搜索结果页面右侧下方“推广链接”标志下的第一条链接——伊顿童装加盟店，进入“伊顿童装”网站首页，如图 1-1-5 所示。

图 1-1-5 “伊顿童装”网站首页

提示：

1）从以上步骤可以看出，在百度的搜索框中输入的一个词或一句话，我们称作“关键词”，上述页面中就包括了“服装”“简尚男士潮流生活馆”“广州外贸童装批发”等关键词，它在搜索结果页面中以红色字体出现。

2）仅在百度首页中输入“服装”这个关键词，在出现的搜索结果页面中，会呈现一条条搜索结果信息，其中包括文字和图像，当鼠标移到这些信息上，鼠标的箭头形式会变作手掌形式，这意味着这些信息是可以跳转到其他信息的“链接”，称其为文字链接或图像链接。

3）从“服装”关键词的搜索结果页面中，可以发现有这样几大类信息：一是被标志为“推广链接”的信息，位于搜索结果页面的左侧顶部和底部，还有页面右侧下方，这是企业在百度公司竞价排名的结果；二是网站自然排名结果，位于搜索结果页面的左侧中部，这是公司经营网站、对网站优化的结果。

举一反三：

试试在百度搜索框中输入其他关键词，观察出现的搜索结果页面。

➘ 子任务 2　网络广告认知

步骤 1：进入“搜狐”网站首页，如图 1-1-6 所示。

图 1-1-6　搜狐网站首页

步骤 2：点击左侧 LOGO 下的第一条文字链接“世界名校招生面试”，进入“第 45 届世界名校全国巡回招生面试会”网站首页（http://www.jjl.cn/edu/2015zt/zonghe/45/），如图 1-1-7 所示。

图 1-1-7　“第 45 届世界名校全国巡回招生面试会”网站首页

步骤3：点击“搜狐”网站首页中的“封神英雄”图片链接，进入“封神英雄”网站视频首页（http://tv.sohu.com/s2015/fsyx/），如图 1-1-8 所示。

图 1-1-8　“封神英雄”网站视频首页

步骤 4：点击“搜狐”网站首页右侧的女鞋广告图片链接，进入“优购时尚商城”网站首页（http://www.yougou.com/topics/1424850765.shtml?utm_source=AD_BIIUFZMTJ），如图 1-1-9 所示。

图 1-1-9　“优购时尚商城”网站首页

提示：

“搜狐”网站首页除有各类新闻资讯外，还有很多网络广告，这些广告形式包括：文字链接广告，如步骤 2 中的招生广告；图片链接广告，如步骤 3 中的网络电视剧广告、步骤 4 中的女鞋广告。这既是搜狐这类门户网站重要的盈利方式之一，又是投放网络广告的公司的一种网络营销手段，在人气高、流量大的网站推广自己的品牌和产品。

举一反三：

试试其他门户网站如网易、新浪、腾讯等，你能辨认网页内容中哪些是网络广告吗？它们有什么样的表现形式？

子任务 3　电子邮件营销认知

步骤 1：进入 163 网易邮箱，点击“订阅邮件”按钮，进入广告邮件首页，如图 1-1-10 所示。

图 1-1-10　163 网易邮箱首页

步骤 2：点击“麦德龙中国”的邮件，进入麦德龙广告邮件，如图 1-1-11 所示。

图 1-1-11　麦德龙广告邮件

提示：

我们的邮箱中常常会收到一些公司发来的广告邮件，这是企业推广自己品牌、产品或服务所常用的网络营销方式。

举一反三：

打开自己的邮箱，查看其中的广告邮件，如果不是你想订阅的邮件，怎样阻止再被接收呢？如果是你想订阅的邮件，邮件标题吸引你吗？邮件内容是你需要的吗？

子任务 4　SNS 营销认知

步骤 1：打开手机中的微信，看到朋友圈信息，其中会有朋友发的广告信息，如图 1-1-12 所示。

图 1-1-12　微信朋友圈广告

步骤 2：打开手机中的 QQ 空间，也会有朋友发出广告信息，如图 1-1-13 所示。

步骤 3：关注了企业微信号，企业也会定期推送相关资讯或促销信息，如图 1-1-14 所示。

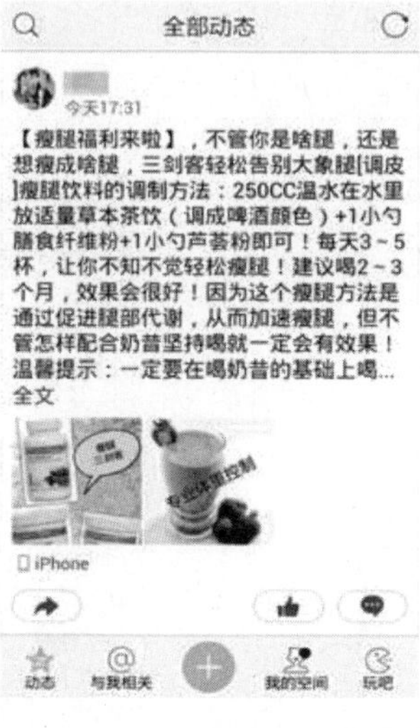

图 1-1-13　QQ 空间广告

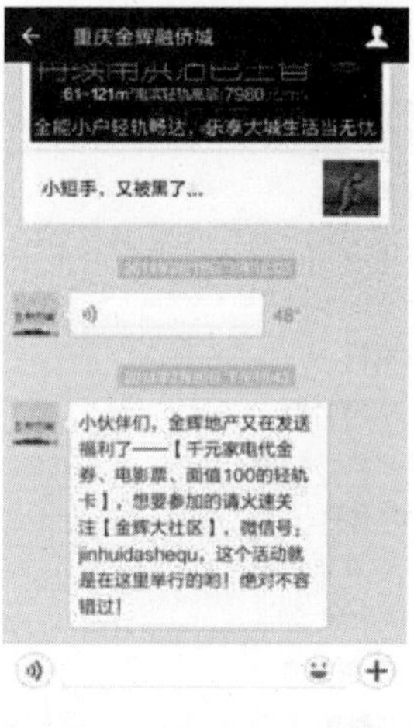

图 1-1-14　企业微信号推送信息

提示：

SNS 的全称是 Social Networking Services，即社会性网络服务，专指旨在帮助人们建立社会性网络的互联网应用服务，如微信、微博、QQ 等均属于 SNS。

举一反三：

查看自己的微信、QQ空间等，如果从来没有关注过企业微信号，可以尝试关注几个，看一下企业微信号推送资讯或促销信息的差别。

➘ 子任务 5　电商平台网络营销认知

一、淘宝网

步骤 1：打开“淘宝网”首页，如图 1-1-15 所示。

图 1-1-15　“淘宝网”首页

步骤 2：在搜索框中输入“连衣裙”关键词，搜索框的下拉框中会自动出现系统推荐的热门关键词，如图 1-1-16 所示。

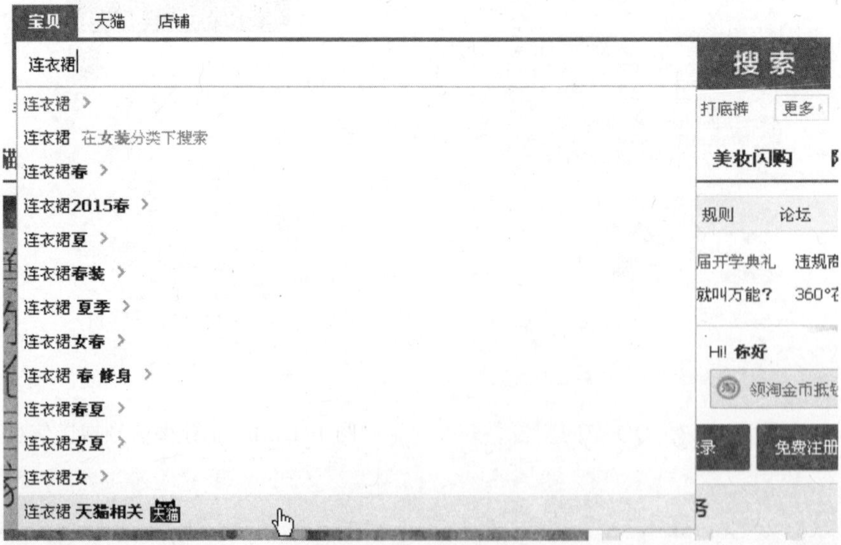

图 1-1-16　“淘宝网”首页输入“连衣裙”关键词

步骤 3：确定搜索“连衣裙”关键词后会出现其搜索结果页面，如图 1-1-17 所示。

图 1-1-17 “连衣裙”关键词搜索结果页面

提示：

观察“连衣裙”关键词搜索结果页面中，最右侧的“掌柜热卖”有 16 个展位，页面底部有 6 个展位，这些都是淘宝直通车的广告位，供商家购买。中间部分的宝贝展示是自然搜索结果，是依靠综合情况排序生成的。

举一反三：

1）更换关键词，查看其他搜索结果页面。

2）打开京东商城、唯品会等网站，同样尝试使用关键词搜索，看看结果页面会呈现什么样的效果？

二、腾讯拍拍网

步骤 1：打开 QQ 好友对话窗口，如图 1-1-18 所示。

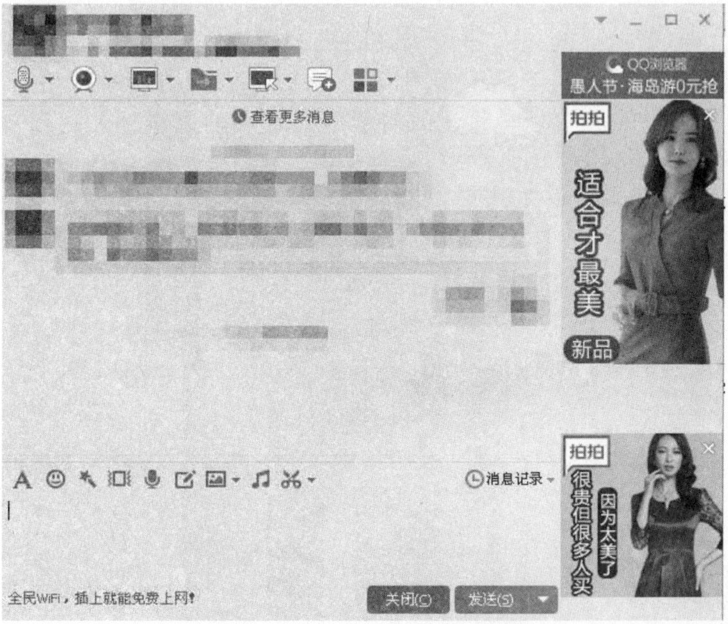

图 1-1-18 QQ 好友对话窗口

步骤 2：在 QQ 好友对话窗口的下方有文字链接广告，右侧有三张图片广告，点击其中一个图片，进入相应的网站，如图 1-1-19 所示。

图 1-1-19 图片广告链接网站

提示：

1）腾讯拍拍网与淘宝网都是国内著名的 C2C 电子商务模式网站，腾讯拍拍网依托腾讯 QQ 广泛的用户基础，在 QQ 好友对话窗口中直接展现拍拍网商家的广告信息。

2）重新打开 QQ 好友对话窗口，会呈现不同的广告信息。

举一反三：

观察自己的 QQ 好友对话窗口显示情况。

➘ 子任务 6 网络营销事件认知

2013 年 5 月，赵薇执导的处女作《致我们终将逝去的青春》（以下简称《致青春》）累计票房达 7.09 亿元，造就了一个新的票房奇迹，《致青春》电影海报如图 1-1-20 所示。不少人在总结《致青春》的成功时，除了故事选题及主创的因素外，更多提及的是这部电影在网络营销方面的成功举措。

图 1-1-20 《致青春》电影海报

一、电影《致青春》官方微博及时发布电影动态

电影《致青春》的官方微博在电影开机前一年多就已经开通，这样可以在更早的时间让网友对此片有一个概念性认识，进而慢慢地积累口碑。截至目前，电影《致青春》官方微博（http://weibo.com/zhaoweizhiqingchun）粉丝已经达到 113 645 人，如图 1-1-21、图 1-1-22 所示，导演赵薇的微博（http://weibo.com/zhaowei）粉丝更是达到了 67 731 308 人，如图 1-1-23 所示。

图 1-1-21　电影《致青春》官方微博首页

图 1-1-22　电影《致青春》官方微博开启

图 1-1-23　赵薇个人微博首页

电影《致青春》官方微博在花絮和海报的内容和形式上也非常注重开放性和话题的吸引性。通过微博发布大量剧照以及电影筹拍、开机等全过程来引起大家注意，如图1-1-24所示。制造类似于“青春回忆”等互动性较高的话题，带动网友参与，并在社交媒体上掀起一股热议风暴，从而提高电影知名度。电影中台词、剧照、精彩片段预先推向网络，还有对“青春”概念大规模的媒体营销，使全民参与到电影的宣传当中，如图1-1-25所示。

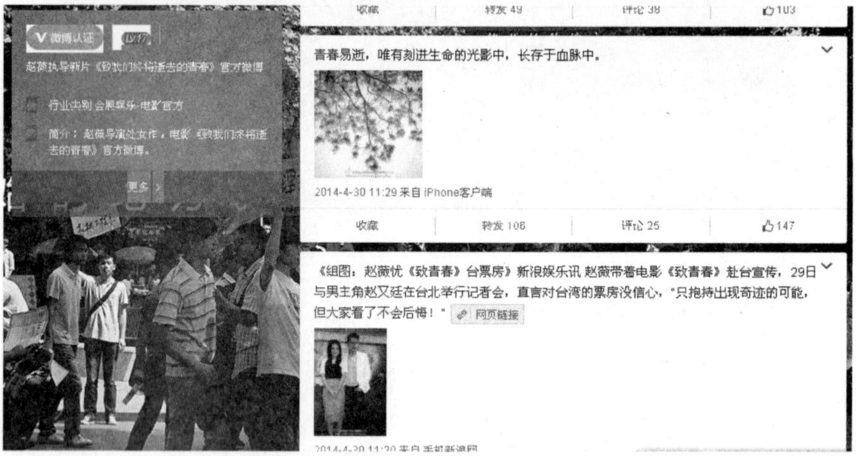

图 1-1-24　电影《致青春》官方微博及时发布信息

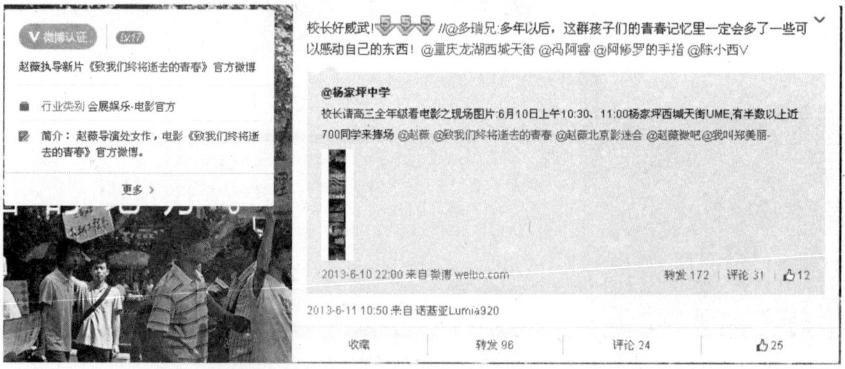

图 1-1-25　电影《致青春》官方微博与民众互动

二、微博大V大量转发信息

借用何炅、黄晓明、陆毅、王珞丹、韩红、文章等影视明星的帮助，还有史玉柱、张小娴、杨澜、延参法师等各位跨领域知名人士的宣传，最终在网络上形成了一个有着巨大影响力的话题，有力地助推了电影的知名度。其中，与何炅的微博互动如图1-1-26所示。据统计，24个大V账号，粉丝总数已经接近3.7亿人，在没有去重的情况下已经占了微博总用户量的80%。“微博大V”一方面起到了引导作用，引导用户参与到相关话题的讨论中来，另一方面在一定程度上起到了“眼球效应”的作用，让用户在不同时间、不同地点都能接触到电影的信息，并实时了解相关动态。在距离电影上映10天前，片方又公布了天后王菲献唱的主题曲《致青春》，一时间成为网络热点。

图 1-1-26　与何炅的微博互动

三、制造各种相关的微博体

随着电影《致青春》的播出，“你神经病啊”“有一种感情叫赵薇黄晓明”等经典流行语传播开来。这些流行语都出现在热搜榜上。策划团队利用一切手段去创意和策划，唤起全民“致青春”的热情，让它成为最广泛、最热门的话题。

四、借助公益活动顺势营销

在雅安地震的第一时间，赵薇代表剧组向壹基金捐助了 50 万元，这既是做慈善，又是很好的电影预热方式。剧组能在第一时间表态捐款 50 万元，既是赵薇本人作为知名艺人的一种责任感，又是这部电影制作方对于雅安人民的爱心体现。无论如何，这些对于电影《致青春》来说都是有益的。

五、传播大量影评

电影《致青春》上映后，原作者辛夷坞第一时间发表了自己对该影片的正面支持观点。原作者的支持让很多人增加了对电影《致青春》的期待和好奇，也扩大了正面的影响，小说的粉丝、主创的粉丝也在不断宣传，以至于后来很少能够听到负面的声音，即使有也很快被不断出现的好评覆盖。另外，主流报纸《人民日报》、《南方周末》等，都大篇幅地报道了电影《致青春》，并且都是赞美之词，如图 1-1-27 所示。

电影《致青春》借助微博、微信、QQ 空间、人人网等社交平台和工具，使大量相关话题得到了病毒式传播，各种好评不断，与之相关的影评、剧情分析、人物分析等文章也广为传播，取得了显著的效果。

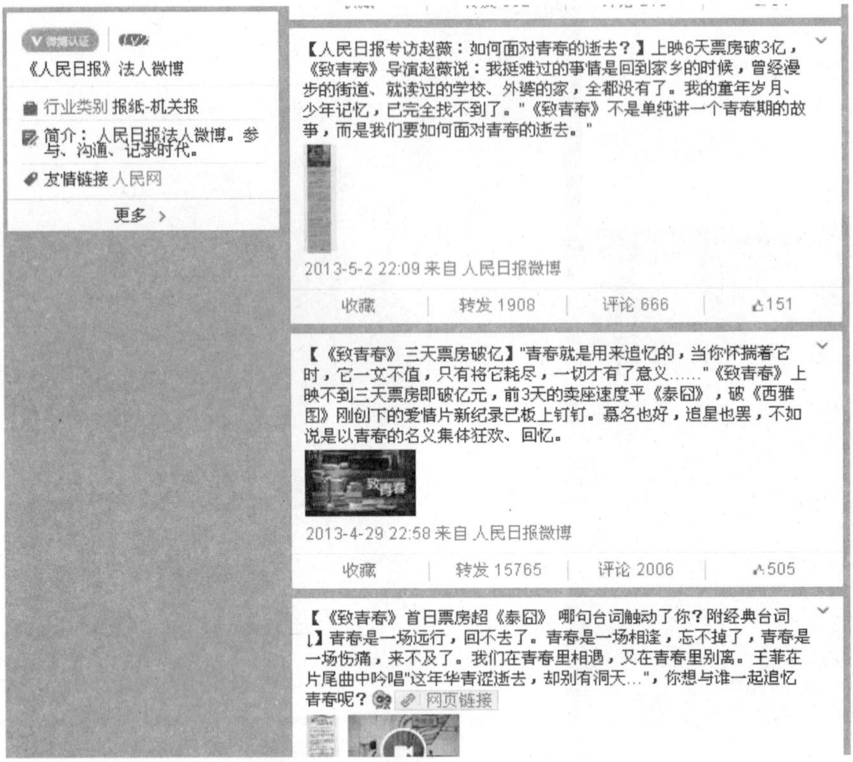

图 1-1-27 《人民日报》微博发布电影《致青春》的相关信息

➘ 知识链接

一、网络营销的概念

网络营销（On-line Marketing 或 E-Marketing）就是指基于互联网平台，利用数字化的信息和网络媒体的交互性功能来辅助营销目标的实现的一种新型的市场营销方式。简单地说，网络营销就是以互联网为主要手段进行的，为达到一定营销目的的营销活动。

二、网络营销与电子商务的区别

电子商务的核心是电子化交易，强调的是交易方式和交易过程中的各个环节，而网络营销注重的是以互联网为主要手段的营销活动，重点在交易之前的宣传和推广。

网络营销是企业整体营销战略的一个组成部分，无论是传统企业还是基于互联网开展业务的企业，无论是否有电子化交易的发生，都需要网络营销。但网络营销本身并不是一个完整的商业交易过程，而是为促成交易提供支持，因此它是电子商务中的一个重要环节，尤其是在交易发生之前，网络营销发挥着主要的信息传递作用。从这种意义上说，电子商务可以被看作网络营销的高级阶段，一个企业在没有完全开展电子商务之前，同样可以开展不同层次的网络营销活动。

三、网络营销与市场营销的区别

网络营销是市场营销的一个分支领域，是市场营销理论在互联网、电子商务平台上的运用，也是对市场营销理论的完善和发展。从这一点可以看出，它们最大的不同点就是网络营销是利用互联网在网络上开展的营销活动，而市场营销则是在现实的市场上进行的营销活动。网络营销是指进行营销这个行为的时候平台与普通营销不同，它们之间可以说是母与子的关系，网络营销可以说是市场营销的一种方式，也可以说是市场营销的一种方法。

（一）网络营销与市场营销的相同点

网络营销并非是独立的，它与网下行销相结合形成一个相辅相成、互相促进的营销体系。网上营销与网下行销都是企业整体营销策略中的重要组成部分，具体讲主要有以下四点。

1）它们都是企业的一种经营活动。

2）它们都需要实现企业的既定目标。

3）它们都把满足消费者需求作为一切活动的出发点。

4）它们对消费者需求的满足不仅停留在现实需求上，而且还包括附加需求。

（二）网络营销与市场营销的不同点

市场营销是以实体市场的线下交易为主的，而网络营销是以虚拟市场的在线交易为主的。网络营销与市场营销的不同点主要体现在以下四个方面。

1）产品方面的不同：网络营销可以销售任何产品或任何服务项目，而在传统营销领域却很难做到销售任何产品。

2）价格方面的不同：网络营销的产品价格，以顾客能接受的成本来定价，并依据该成本来组织生产和销售，而传统营销以成本为定价基础，因为依赖层层严密的渠道，并以大量人力与宣传投入来争夺市场，其中营销成本在综合成本中占有相当高的比重，销售价格偏高。

3）渠道方面的不同：网络营销的渠道是多种功能集于一体的互联网，具有“距离为零”和“零时差”的优势，改变了传统的迂回模式，可以采用直接的销售模式，实现零库存，无分销商的高效运作；传统营销的渠道是多层次、多渠道的。

4）促销方面的不同：网络营销的促销是一对一的、双向的、理性的、消费者主导的、非强迫性的、循序渐进式的、个性化的、低成本的促销；而传统市场营销的促销是一对多的、单向的、强迫性的、非个性化的、高成本的促销。

四、网络营销的作用

网络营销的作用体现在以下五个方面。

（一）塑造网络品牌

网络营销的重要任务之一就是在互联网上建立并推广企业的品牌，知名企业的网下品牌可以在网上得以延伸，一般企业可以通过互联网快速树立品牌形象，并提升企业整体形象。网络品牌建设可以以企业网站建设为基础，通过一系列的推广措施，实现顾客和公众对企业的认知和认可。

（二）传递网络信息

网站是一种信息载体，通过网站发布信息是网络营销的主要方法之一，同时，信息发布也是网络营销的基本职能。无论哪种网络营销方式，结果都是将一定的信息传递给目标人群，包括顾客、潜在顾客、媒体、合作伙伴、竞争者等。

（三）拓展销售渠道

一个具备网上交易功能的企业网站本身就是一个网上交易场所，网上销售是企业销售渠道在网上的延伸，网上销售渠道建设也不仅限于网站本身，还包括建立在综合电子商务平台上的网上商店以及与其他电子商务网站不同形式的合作等。

（四）促进销售效益

营销的基本目的是为增加销售提供帮助，网络营销也不例外，大部分的网络营销方法都直接或间接与促进销售有关，但促进销售并不仅限于促进网上销售，事实上，网络营销在很多情况下对于促进网下销售十分有意义。

（五）管理顾客关系

良好的顾客关系是网络营销取得成效的必要条件，通过网站的交互性、顾客参与等方式在开展顾客服务的同时，也增进了与顾客的关系。互联网提供了更加方便的在线顾客服务手段，从形式最简单的 FAQ（常见问题解答），到邮件列表以及 BBS、聊天室等各种即时信息服务，顾客服务质量对于网络营销效果具有重要影响。

开展网络营销的意义在于充分发挥各种职能，让网上经营的整体效益最大化。因此，仅仅由于某些方面效果欠佳就否认网络营销的作用是不合适的。网络营销的职能是通过各种网络营销方法来实现的，网络营销的各个职能之间并非是相互独立的，同一个职能可能需要多种网络营销方法的共同作用，而同一种网络营销方法也可能适用于多个网络营销职能。

任务 2　了解网络营销岗位

目前市场上网络营销岗位按工作性质划分，主要分为两大类：一是技术类，如搜索引擎优化（SEO）专员；二是营销类，如搜索引擎营销（SEM）专员、网络推广专员、微信营销专员等。网络营销岗位按面向对象来划分，主要分为两大类：一是基于全网的网络营销专员，如网络推广专员；二是主要针对电商平台的网络营销专员，如网店推广专员。

➘ 子任务 1　网络营销岗位查找

步骤 1：进入智联招聘网站首页（http://www.zhaopin.com/），如图 1-2-1 所示。

图 1-2-1　智联招聘网站首页

步骤 2：在搜索框中输入“网络营销”，点击“搜工作”按钮，出现网络营销相关工作的搜索结果页，如图 1-2-2 所示。

职位名称	公司名称	职位月薪	工作地点	发布日期
网络营销员	重庆芙蕾雅商贸有限公司	2001-4000	重庆	03-29
网络营销经理	重庆绿照科技有限公司	面议	重庆 - 江北区	03-29
网络营销顾问——有意挑战高薪者优先	重庆雷驰广告传媒有限公司	2001-4000	重庆 - 南岸区	03-29
网络营销专员 快速反馈	重庆福兆星汽车营销有限公司	面议	重庆	03-29
SEO(网络营销与策划)	重庆江北爱知日语培训学校	面议	重庆 - 江北区	03-29
网络营销与策划师（SEO/SEM ）园区定岗生	中关村软件园人才基地	4001-6000	重庆	03-29
网络营销员	重庆金苹果投资管理有限公司	面议	重庆	03-29
网络营销与策划（SEO\SEM)推广、竞价、优化实习+转正	中关村软件园人才基地	4001-6000	重庆	03-29
网络营销、推广、竞价、优化专员 应届生亦可	中关村软件园人才基地	4001-6000	重庆	03-29
网络营销与策划（SEO/SEM ）园区定岗生+转正	中关村软件园人才基地	4001-6000	重庆	03-29
网络营销、推广、竞价、搜索引擎优化实习+转正	中关村软件园人才基地	4001-6000	重庆	03-29
网络营销推广与策划（SEO/SEM)竞价、优化委培生	中关村软件园人才基地	4001-6000	重庆	03-29

图 1-2-2　智联招聘网“网络营销”职位搜索结果页（部分）

步骤 3：点击其中“SEO（网络营销与策划）”职位，其岗位职责和任职要求如下。

岗位名称：

SEO（网络营销与策划）

岗位职责：

1．制订并组织实施公司网站及栏目的 SEO 优化方案，参与栏目结构规划；
2．评估、分析网站的关键词，提升网站关键词的搜索排名；
3．跟踪和分析引入的 SEO 流量以及相关关键词的排名，形成阶段性数据报告并提出后续优化方案；
4．负责对内容、构架及代码等进行优化，分析搜索引擎流量，有效支持运营产品发展；
5．同第三方网站进行流量、数据、反向链接或服务的交换，增加网站的流量和知名度；
6．对网站通过搜索引擎的流量及转化率负关联责任；
7．制订和分析网站 SEO 优化方案；
8．负责外部 SEO 文章的采集、整理和发布；
9．根据执行情况制订关键字策略，对方案不断进行持续调优；
10．负责站外链接的创建和维护，负责网站内部优化工作的执行。

任职要求：

1．有市场洞察和分析调研能力，熟悉互联网各种平台，熟悉网络营销和网站推广方法；
2．一定要具有团队合作意识，能承受较强的工作压力；

3．从事过相关工作者优先考虑；

4．思维活跃，富有激情和创新精神，开朗乐观、诚实自信、工作积极主动、学习能力强；

5．善于统计、分析、挖掘数据；

6．有网站优化经验者优先考虑。

步骤 4：点击搜索结果页中“网络推广专员”职位，其岗位职责和任职要求如下。

岗位名称：

网络推广专员

岗位职责：

主要负责网络运营部、创意文案、推广文案的撰写及发布，媒介公关和广告投放等工作，对网站有效流量负责。

1．负责传播文案、创意文案、软文、新闻等的撰写和发布执行控制；

2．负责论坛事件营销的创意和执行；

3．负责媒介公关和广告投放的执行和监测；

4．负责邮件、博客等各种网络推广形式的规划和执行；

5．对网站的有效、精准流量负责。

任职要求：

1．3 年以上电子商务或网络营销工作经验；

2．具备品牌策划、传播策划、网络营销等系统的理论知识和丰富的实践经验；

3．了解各种网络营销方法、手段、流程，并有一定实际操作经验；

4．卓越的策略思维和创意发散能力，具备扎实的策划功底；

5．优秀的文案能力，能撰写各种不同的方案、文案；

6．对网络文化、网络特性、网民心理具有深刻洞察和敏锐感知的能力。

步骤 5：进入前程无忧招聘网站首页（http://www.51job.com）,在“全文”搜索框中输入“网络营销”，网站系统会自动弹出搜索下拉框，出现更多“网络营销”相关岗位名称及搜索结果数的提示，如图 1-2-3 所示。

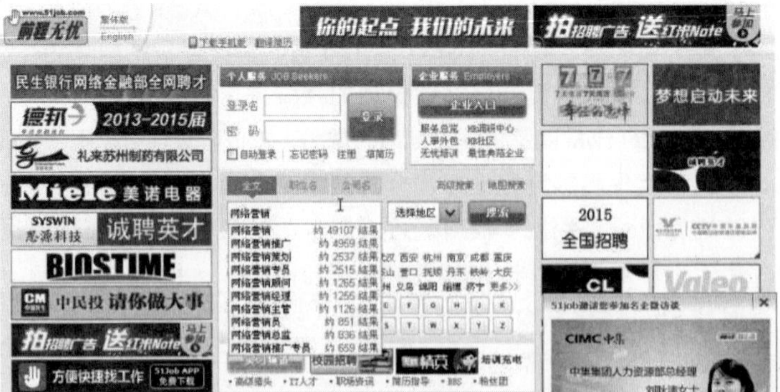

图 1-2-3　前程无忧网站首页

提示：

从图 1-2-3 可看出，只输入“网络营销”四个字，在搜索下拉框中会出现“网络营销推广”“网络营销策划”“网络营销经理”“网络营销主管”等岗位名称提示及搜索结果数，这是网站系统智能化应用结果，以方便搜索者能快速查找岗位名称，并了解这个岗位有多少次搜索。在搜索框中可以更换不同关键词搜索相关职位，网站系统提示也会动态更新。

步骤 6：选择“网络营销”，点击“搜索”按钮，出现网络营销相关工作的搜索结果页，如图 1-2-4 所示。

排序方式：按更新日　按首发日　按相关度　　查看方式：　1-5

职位名称	公司名称	工作地点	更新日
网络推广/网站推广/SEO优化/网络营销	河南众卓企业管理咨询有限公司	郑州-金水区	2015-03-29
网络销售（高薪急聘）	北京来安科技有限公司	北京-海淀区	2015-03-29
天猫淘宝运营店长	广州美喜贸易有限公司	广州-天河区	2015-03-29
挑战年薪30万 底薪4000-5500+高提成+一对一师徒制	北京丽兹行房地产投资顾问有限公司	北京	2015-03-29
应届生月薪过万/豪宅销售（4000-5500元/提成/培训/）	北京丽兹行房地产投资顾问有限公司	北京	2015-03-29
高薪网络推广精英	海南骄阳艾达网络科技有限公司	海口	2015-03-29
4000-5500无责任高底薪豪宅销售代表-让您北京生活无忧	北京丽兹行房地产投资顾问有限公司	北京	2015-03-29
高端不动产服务品牌领跑者/豪宅顾问（底薪4000-5500+高提成+全险+系统培训+广阔晋升平台）	北京丽兹行房地产投资顾问有限公司	北京	2015-03-29
SEO搜索引擎优化/网络推广专员	成都恒益实用技术职业培训学校	成都-成华区	2015-03-29
电子商务专员	云南茗重茶叶有限公司	昆明-盘龙区	2015-03-29
淘宝客服	云南茗重茶叶有限公司	昆明-盘龙区	2015-03-29
网络营销	武汉乐楚投资咨询有限公司	武汉-洪山区	2015-03-29
销售精英（无责任底薪+高提成+提供食宿）	武汉乐楚投资咨询有限公司	武汉	2015-03-29

图 1-2-4　前程无忧网“网络营销”职位搜索结果页（部分）

步骤 7：点击其中“SEO 搜索引擎优化”职位，其岗位职责和任职要求如下。

岗位名称：

SEO 搜索引擎优化

岗位职责：

总体来说 SEO 搜索引擎优化主要负责网络运营部、创意文案、推广文案的撰写及发布，媒介公关和广告投放等工作，对网站有效流量负责。

1. 负责网站的日常维护与更新；
2. 负责制订并组织实施网络推广计划、方案，通过各种网络推广方法，提升客户访问次数；
3. 通过 SEO、论坛、博客、邮件等网络营销常规方法，提升网络推广数量及企业网络知名度，提升企业在主要搜索引擎的排名；
4. 与各部门协调网站相关栏目的建设，协助各部门整理、充实资料；
5. 逐步完善企业网站的架构，定期对网站的框架、主页面貌及网页统一进行必要的修改或更新。

任职要求：

1. 大专以上学历，计算机相关专业，具有 1 年以上 SEO 工作经验；
2. 有网站建设、推广经验和互联网推广资源的优先考虑；
3. 可以独立完成网站前后台工作，熟悉互联网企业型网站的运营及推广营销；
4. 有敏锐的市场观察力，善于分析，擅长网络策划案的运作，会使用图像处理工具制作网站图片；
5. 擅长网络编辑或销售型文案写作，有较强的文字编辑能力和策划能力；

6．有良好的沟通能力及团队协作能力，富有责任心、学习能力强；

7．熟悉计算机的基本操作及应用，能应用常用办公软件；

8．对待工作认真、细致，有良好的团队合作精神，工作热情、主动、积极、耐心。

步骤 8：点击搜索结果页中“微营销推广”职位，其岗位职责和任职要求如下。

岗位名称：

微营销推广

岗位职责：

1．负责微商城的运营管理，包括通过优化改版、架构调整、产品调整来增强用户体验；

2．参与微商城营销策略和年度计划的制订；

3．参与团队执行各项经营计划；

4．策划、组织微商城推广活动，并进行分析和效果评估；

5．负责策划网络营销方案和微商城的栏目与内容规划；

6．负责制订微商城相关规则、门店微商运营培训。

任职要求：

1．熟悉零售类电商，2 年以上 B2C 电子商城、APP 商城运营管理经验，对微商城架构、产品和用户的体验感极为敏锐，有过成熟的用户体验改进方案工作经验，对微商城的交互有较深的研究和理解；

2．理解能力好，营销策划能力强，有过成熟的节日应对方案和经验，具有良好的前瞻性和决策意识能力；

3．实时关注最新的电商业发展与思维进化，有较强的新思维吸收能力，有自己独到的观念，保持创新的思维路线，拥有清晰系统的思维；

4．对微信有较深的认识，有 APP、微商城运营经理、产品经理等工作经验者优先考虑。

子任务 2　网络营销岗位技能要求

网络营销岗位包含网站搜索引擎优化、网络推广、网络营销策划等多种职位。有些职位间并没有完全的界限，须同时具备多种能力，总体来说，须具备以下能力。

一、策划能力

优秀的网络营销人员必须具有策划思维，必须集市场、销售和技术等能力于一身。

首先，应具备市场营销工作经验。没有总结市场营销经验的网络营销策划可以说是闭门造车，纸上谈兵。在进行网络营销策划前要去了解企业现状、市场行情、产品现状等。一份完整的网络营销策划方案应当准确地分析企业现状并提出最终目标。网络营销策划的工作可以分为网站定位策划、网站优化、网站诊断、综合网络推广策划、网站运营等方面，网络营销策划涉及心理学、营销学、美学、人机工程学、工程技术、网络知识等领域的内容。

其次，应具备文案策划能力。文字编辑能力是网络营销策划人员最基本的素质，网络营销策划要有自己的思想和灵魂，只有不断地、循序渐进地去提升自己的方案及文字编辑能力，才能成为一个优秀的网络营销策划人员。

最后，应具备网络活动策划能力。企业网络促销推广活动是网络营销重要的表现形式，能树立企业品牌形象，加深消费者对品牌、产品的认知。

二、技术能力

一般大型企业的网站策划、网站设计、网站美工、网络编辑、网站优化 SEO 等工作都是多人承担的，而大多数中小企业的网络营销一般就一个人承担所有任务。这就需要相关工作人员具有较强的技术能力，如网站策划、程序设计、美工制作等基础能力。

而网站优化能力又是网络营销中的核心技能。要针对企业现状及网站的综合情况做出SEM、SEO的决策，怎样设置关键词，怎样进行网站优化，怎样提升网站流量，怎样才能有效降低企业网络营销成本。这主要有两方面技术：一是自然排名技术，要掌握百度等搜索引擎网站的基本排名规则，通过网站内优化和网站外优化技术来提升排名次序；二是付费技术，实施有效的竞价排名，最终提升网站在各大搜索引擎网站的排名次序，增加流量。

三、营销能力

网络营销人员首先要具备营销意识，熟悉企业及产品状况，善于捕捉社会热点，洞悉消费者心理；其次还要掌握当前各种网络营销工具和手段，如电子邮件营销、微信营销、微博营销、论坛营销等；最后要根据企业整体网络状况，选择适当的工具展开网络营销。

四、沟通能力

虽然网络营销人员的工作载体是网络，但是网络营销人员也需要较强的沟通能力，一方面部门间的协作，需要较强的沟通能力，以便把自己的想法顺畅地表达出来，在工作中遇到问题，也能及时沟通解决；另一方面面对客户企业，也需要较强的沟通表达能力，将网络营销方案呈现给对方。

五、学习能力

互联网发展很快，技术也是日新月异，今天常用的一个工具，也许到明天就不用了。因此，要把学习作为一种常态，养成爱学习的习惯，时时学习，经常更新自己的理念与知识，才能跟上时代发展的节奏。

➘ 知识链接

网络营销人员的工作内容

一、工作概述

网络营销人员主要以互联网为平台开展企业形象宣传、品牌树立、产品展示、资讯发布、客户维护等工作，从而达到网络营销的目的。网络营销人员工作的具体内容包括网站优化、网络推广、网络广告、效果评估等。

二、具体内容

（一）网站优化

网站优化的具体内容包括以下方面。

1）网站信息更新。及时上传网站信息，保证搜索引擎能抓取到内容，使信息能达到活跃网站的要求。

2）网站内容维护。对网站进行文字修改、内容编辑、图片处理，并加入流量统计代码。

3）网站关键词排名优化。对网站的企业品牌或产品进行关键词优化，使其在以百度为首的搜索引擎网站中排名靠前。

4）网站内容优化。添加并优化网站首页标签，分析关键字密度，优化网站标题的内容。

5）网站外优化。添加友情链接，向各大搜索引擎网站提交网站网址。

（二）网络推广

网络推广的具体内容包括以下方面。

1）活动策划。根据节日等进行网络促销活动策划，吸引用户访问网站，提高转化率。

2）软文写作。针对企业、产品、用户特点进行软文策划、撰写，配合各种营销手段进行推广、维护、转发等。

3）论坛、社区、问答类营销。在知名论坛与大众化论坛上进行论坛推广、转帖与互动；在人人网、腾讯校友、天涯社区注册账号进行营销推广；在百度知道、爱问知识人、天涯问答等平台上搜索企业、产品相关问题并予以高质量回答，也可以主动建立问题并予以高质量回答，形成好口碑；主动搜索企业、产品相关且尚未编辑的词条，进行编辑；搜索已编辑词条进行补充说明。

4）微信、微博、博客类营销。注册企业微信号，进行微信信息策划、发布与营销推广；注册企业微博号，进行微博信息策划、发布与营销推广；根据产品情况选择博客平台进行博客注册、维护、更新与推广。

5）其他营销推广方式。在行业网注册与推广，负责包括行业网、分类信息网等平台的信息注册、更新；根据企业、产品及客户特点，加入各种 QQ 群，并在群中进行 QQ 营销推广；根据企业促销活动情况，定期或不定期撰写促销邮件，进行邮件营销。

（三）网络广告

网络广告的具体内容包括以下方面。

1）广告投放。在门户网站、电子商务网站、专业类网站中投放与企业、产品相关的广告，引入用户流量。

2）联盟推广。制定合适联盟推广的广告形式并投放，监控投放效果。

（四）效果评估

效果评估的具体内容包括以下方面。

1）对网站的各项数据进行分析，为网站的运营提供前瞻性分析及数据报告。

2）监测网站内容整体优化情况，并及时调整网络营销策略。

3）监测网络广告投放效果，并及时调整网络广告投放策略。

任务评价

项目 1　网络营销认知　评价表

班级________学号________姓名________　　　　____年__月__日

职业能力	评价指标	自评结果	小组评价结果	教师评价结果	备注
网络营销的认知能力	1. 能辨认身边的网络营销形式 2. 能说出网络营销的概念 3. 能说出网络营销与电子商务的区别 4. 能说出网络营销与市场营销的区别				
网络营销岗位的认知能力	1. 能说出常见的网络营销岗位 2. 能说出网络营销人员应具备的能力				
岗位意识	能树立工作岗位意识				

注：评价结果用 A、B、C、D 四个等级标出，A 为优秀，B 为良好，C 为合格，D 为不合格。

项目 2　搜索引擎营销

本项目让学生学习搜索引擎营销内容，主要学习任务如下：

任务 1　搜索引擎原理
任务 2　搜索引擎优化
任务 3　付费商业推广优化

【知识目标】

✧ 理解搜索引擎的工作原理；
✧ 掌握搜索引擎优化的方法；
✧ 掌握付费商业推广的两种方式。

【技能目标】

✧ 能够说出搜索引擎网站和电商平台网站搜索的工作原理；
✧ 能够列出搜索引擎营销的四大目标，并能掌握其中的方法；
✧ 能够掌握搜索推广和网盟推广方法。

【素养目标】

✧ 树立搜索引擎营销意识。

任务 1　搜索引擎原理

搜索引擎营销是当前网络营销最常用的手段之一，同时也是最直接有效的一种手段。通过搜索引擎营销，既可以提升企业的品牌知名度，又可以吸引目标客户，提高转化率。除了搜索引擎门户网站提供给全网用户的搜索引擎服务外，还有电子商务平台网站提供给平台内卖家的搜索引擎服务。

除了浏览器网址导航外，百度搜索几乎成了人们上网的入口，什么内容都要先去“百度一下”，然后才点进具体的网页去访问。百度是全球最大的中文搜索引擎网站，有较为先进的搜索引擎技术，当用户输入关键词后，系统能在短短的几秒钟内给用户以反馈结果。下面，首先通过搜索引擎结果所呈现的内容，介绍从具体到抽象再到形象的搜索引擎原理。

➘ 子任务 1　搜索引擎网站的搜索案例

步骤 1：在百度的搜索框中输入“重庆春游景点”，点击“百度一下”按钮，进入“重庆春游景点”关键词的搜索结果页面，页面中呈现所有与“重庆春游景点”相关的内容，如图 2-1-1、图 2-1-2 所示。

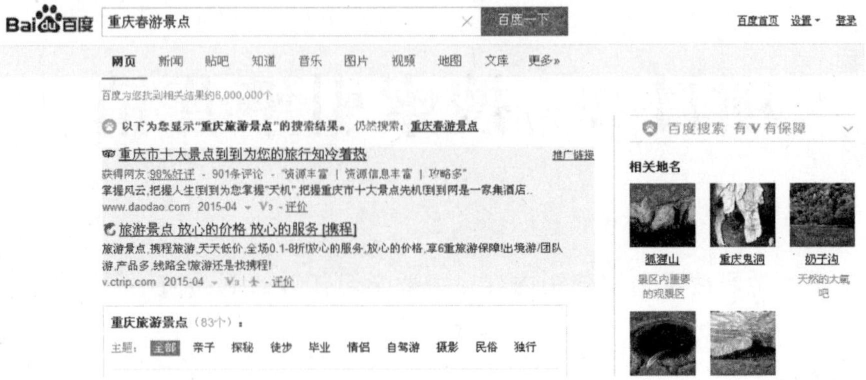

图 2-1-1 “重庆春游景点”关键词的搜索结果页面（1）

图 2-1-2 “重庆春游景点”关键词的搜索结果页面（2）

提问：

1）首先辨认一下，搜索结果页面中哪些属于推广链接信息，哪些属于自然排名结果信息。

2）确定了自然排名结果信息后，观察一下，每条自然排名结果信息中，具有什么共同特征。

提示：

1）从图 2-1-1 中可以看出，当输入关键词并“百度一下”后，短短的几秒内，百度自动给出了关键词的排序结果，总共找出了 6 000 000 条结果。

2）图 2-1-2 为自然排名结果，每条结果信息结构类似，单条信息上方是一行标题，下方左侧是一张图片，右侧是一段文字，文字下方为网址，网址右侧为百度信誉等级，最右侧为百度快照。

步骤 2：点击“重庆景点推荐，旅游景点排行，重庆景点大全【携程攻略】”文字链接，打开携程网站页面，如图 2-1-3 所示。

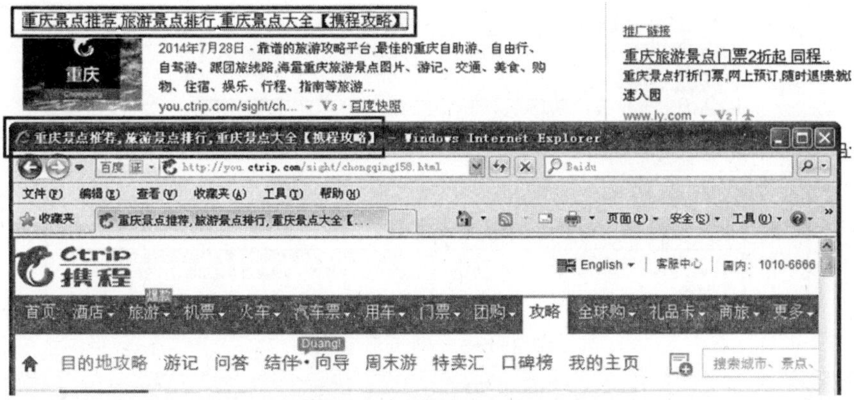

图 2-1-3　携程网站页面

提示：从图 2-1-3 可以看出，携程网站页面的左上角，也就是该网页标题，即为“重庆景点推荐，旅游景点排行，重庆景点大全【携程攻略】”，与刚才在百度搜索结果页中看到的信息一致。这也意味着，百度搜索结果页的自然排名信息中，每条信息的第一行都是网页标题。

步骤 3：为了验证步骤 2 中的提示内容，再打开图 2-1-2 中的第二条信息，出现了蚂蜂窝网站页面，其网页标题与之前的百度搜索结果信息一致，如图 2-1-4 所示。

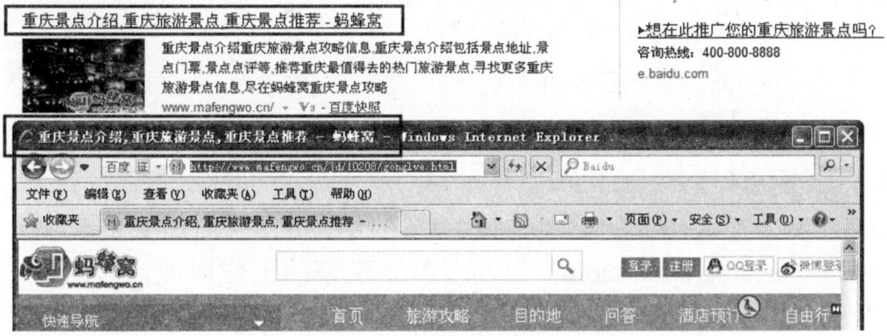

图 2-1-4　蚂蜂窝网站页面

步骤 4：在蚂蜂窝网站页面中空白处点击鼠标右键，选择“查看源文件”选项，如图 2-1-5 所示。

图 2-1-5　点击右键出现“查看源文件”选项

提示：通过点击网页中的菜单栏“查看”命令，再选择里面的“源文件”命令，同样也能打开网页源文件。

步骤 5：将出现的网页源文件与前面的百度搜索结果页面对比，如图 2-1-6 所示。

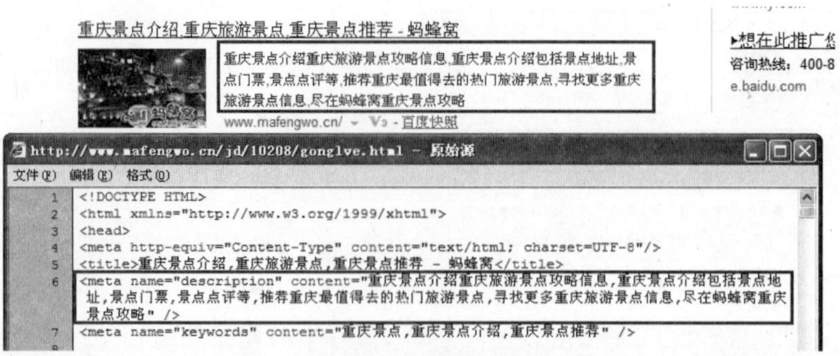

图 2-1-6　网页源文件

提示：

1）从上图可以看出，在百度搜索结果页信息中出现的一段文字，即为网页源文件中的【网页描述】文字。

2）在网页源文件中，有这样一段代码值得关注：

```
<title>重庆景点介绍，重庆旅游景点，重庆景点推荐-蚂蜂窝</title>
<meta name="description" content="重庆景点介绍重庆旅游景点攻略信息，重庆景点介绍包括景点地址，景点门票，景点点评等，推荐重庆最值得去的热门旅游景点，寻找更多重庆旅游景点信息，尽在蚂蜂窝重庆景点攻略" />
<meta name="keywords" content="重庆景点，重庆景点介绍，重庆景点推荐" />
```

代码中出现了 title、description、keywords，这三个词涉及后面的搜索引擎优化，到后面再介绍，大家先具备这样的概念。

➘ 子任务 2　搜索引擎网站的工作原理

随着科技的进步、互联网业的发展，搜索引擎网站也发生着巨大的变化，百度在百度站长网站（http://zhanzhang.baidu.com）发布了搜索引擎的工作原理，如图 2-1-7 所示。搜索引擎网站开发了网页抓取程序，它像蜘蛛一样在网络间爬来爬去，因此这种抓取程序被称为蜘蛛（Spider）或爬虫程序，如大家比较熟悉的几家搜索引擎网站蜘蛛程序被称为 Baiduspdier、Googlebot、Sogou Web Spider 等。搜索引擎的主要工作过程包括抓取、存储、页面分析、索引、检索、排名等。

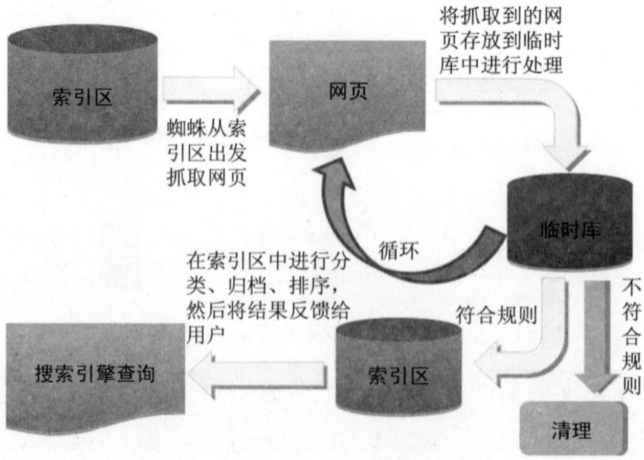

图 2-1-7　搜索引擎工作原理

一、网页抓取

蜘蛛程序分析网页中超链接的路径，是由一个网站爬到另一个网站，连续访问，抓取更多网页，将获得的页面 HTML 代码存入数据库。抓取策略主要有深度优先遍历策略、宽度优先遍历策略、pr 优先策略、反链策略、社会化分享指导策略等。而被抓取的网页被称为网页快照。

下面来看一看什么是网页快照。

步骤 1：前面介绍的百度关键词搜索结果页中会显示百度快照，即为网页快照，如图 2-1-8 所示。

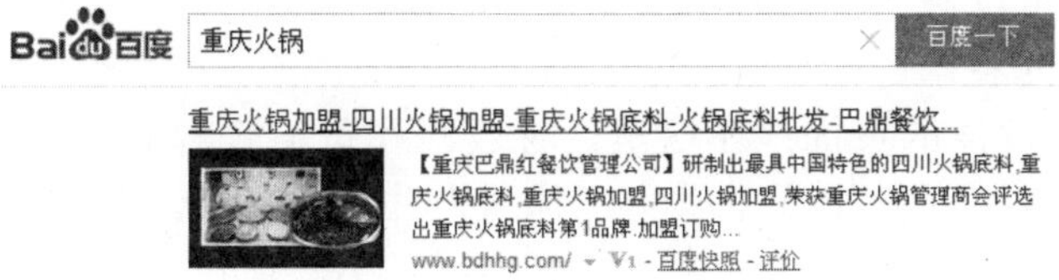

图 2-1-8　百度搜索结果页

步骤 2：当点击“百度快照”链接时，会打开百度蜘蛛程序当时抓取的网页快照页面，如图 2-1-9 所示。

图 2-1-9　百度快照页面

步骤 3：点击图 2-1-8 中的文字链接，会打开“重庆火锅加盟”网站首页，如图 2-1-10 所示。

图 2-1-10　“重庆火锅加盟”网站首页

提问：指出步骤 2 与步骤 3 中的两个网页有什么不同。

二、网页收录

蜘蛛程序抓取了多少页面并不是最重要的，重要的是有多少页面被建索引库。众所周知，搜索引擎的索引库分为高级库、普通库、低级库。优质的网页会被分配到高级库，普通网页会被分配到普通库，再差一些的网页会被分配到低级库去充当补充材料。目前 60% 的检索需求只调用高级库即可满足，这也就解释了为什么有些网站的收录量超高而流量却一直不理想。

那么，哪些网页可以进入高级库呢？其实总的原则只有一个：对用户的价值。这包括却不仅限于以下四点内容。

1）有时效性且有价值的页面：在这里，时效性和价值是并列关系，缺一不可。有些站点为了产生时效性内容页面做了大量采集工作，产生了一堆无价值页面，这是百度不愿看到的。

2）优质内容的专题页面：专题页面的内容不一定完全是原创的，即可以很好地把各方内容整合在一起，或者增加一些新鲜的内容，比如观点和评论，为用户提供更丰富全面的内容信息。

3）高价值原创内容页面：百度把原创定义为花费一定成本、大量经验积累提取后形成的文章，像转载、伪原创内容就不属于高价值原创内容页面。

4）重要个人页面：这里仅举一个例子，科比在新浪微博开户了，即使他不经常更新，但对于百度来说，它仍然是一个极重要的页面。

哪些网页不能被百度收录呢？主要有以下两类。

1）重复内容的网页，即互联网上已有的内容。

2）主体内容空短的网页，主要有以下三种情况：有些内容使用了百度 spider 无法解析的技术，如 JS、AJAX 等，虽然用户访问能看到丰富的内容，但依然会被搜索引擎抛弃；加载速度过慢的网页，也有可能被当做空短页面处理（注意：广告加载时间算在网页整体加载时间内）；很多主体不突出的网页即使被抓取回来也会在这个环节被抛弃。

3）部分作弊网页。

三、网页排名

当蜘蛛程序抓取了网页后，会进入预处理工作。由索引程序对抓取来的网页数据进行文字提取、中文分词、索引等处理，以备排名程序调用。

当用户输入关键词进行检索时，百度搜索引擎在排序环节要做两方面的事情：一是把相关的网页从索引库中提取出来，二是把提取出来的网页按照不同维度的得分进行综合排序。不同维度得分参考原则如下。

1）相关性：网页内容与用户检索需求的匹配程度，比如网页包含的用户搜索关键词的个数以及这些关键词出现的位置，外部网页指向该页面所用的锚文本等。

2）权威性：用户喜欢有一定权威性网站提供的内容，百度搜索引擎也更相信优质权威站点提供的内容。

3）时效性：时效性结果指的是新出现的网页，且网页内承载了新鲜的内容。目前时效性结果在搜索引擎中日趋重要。

4）重要性：重要性是指网页内容与用户检查需求匹配的重要程度或受欢迎程度。

5）丰富度：丰富度看似简单却是一个覆盖范围非常广的命题。可以将丰富度理解为网页内容丰富，能完全满足用户需求；不仅可以满足用户单一需求，还可以满足用户的延展需求。

6）受欢迎程度。

以上是百度搜索引擎决定搜索结果排序时考虑的六大原则，那么六大原则的侧重点是什么呢？哪个原则在实际应用时占比更大呢？其实没有一个确切的答案。在百度搜索引擎早期，这些阈值的确是相对固定的，比如“相关性”在整体排序中的重量可以占到七成。但随着互联网的不断发展、检索技术的进步、网页数量的爆发式增长，相关性已经不是难题。于是百度搜索引擎引入了机器学习机制，让程序自动产出计算公式，推进排序策略更加合理。

➘ 子任务 3　电商平台网站的搜索案例

在淘宝网的搜索框中输入“男士牛仔裤”，点击“搜索”按钮，进入“男士牛仔裤”的搜索结果页，如图 2-1-11 所示。

图 2-1-11　“男士牛仔裤”的搜索结果页

提示：

1）从图 2-1-11 可看出，搜索结果共有 67.97 万件宝贝。

2）系统自动提示“男士牛仔裤”的其他搜索热词，如 Lee 男士牛仔裤、男士牛仔裤直筒、男士小脚牛仔裤、男士牛仔裤春、中年男士牛仔裤、男士休闲裤。

3）搜索结果默认情况下是综合排序，也可以从人气、销量、信用、价格等单项方面排序。

4）当勾选了“正品保障”“24 小时内发货”两个选项后，系统会自动刷新，重新生成搜索结果页面，同样搜索“男士牛仔裤”关键词，现在却只搜索到 5 387 件宝贝，相比图 2-1-11，宝贝数少了很多，如图 2-1-12 所示。

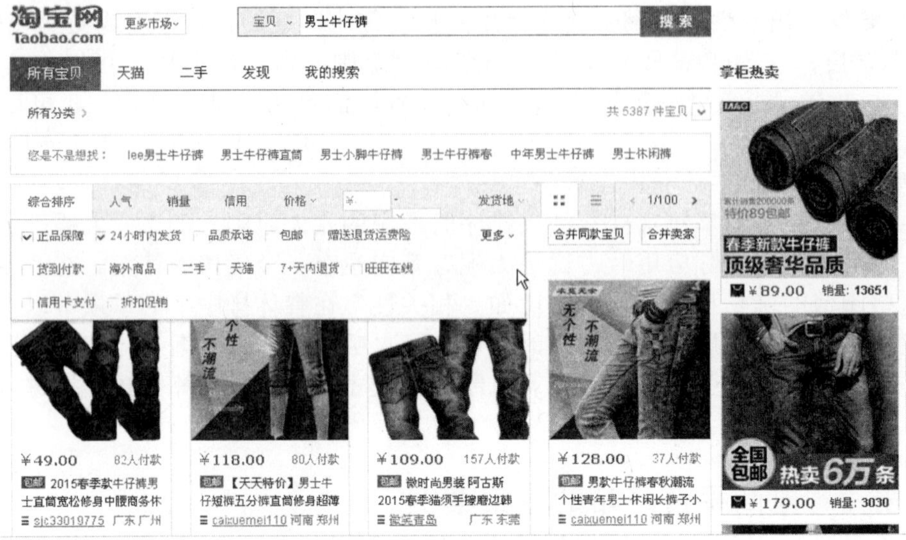

图 2-1-12 淘宝搜索结果页

5）观察哪些是推广宝贝，哪些是自然排名宝贝。

6）在下方的搜索结果宝贝标题中，对“男士牛仔裤”关键词展现有所不同。如图 2-1-13 所示，加下画线的字即为系统提示红色的字。由此可见，宝贝标题中，对关键词进行了切分。

7）搜索结果中宝贝的信息结构，由宝贝图片、价格、购买人数、宝贝标题、店铺名称、所在区域、标志、旺旺组成，如图 2-1-14 所示。

图 2-1-13 不同关键词

图 2-1-14 搜索结果中宝贝的信息结构

➘ 子任务 4 电商平台网站搜索的工作原理

以淘宝网为例，淘宝网搜索引擎的工作原理与百度搜索引擎的工作原理相似，只是针对的对象不同，百度针对的是全网用户，而淘宝网针对的是网内所有用户。

一、淘宝网搜索引擎的目标

对淘宝网而言，搜索引擎的目标就是从买家角度出发，帮助买家快捷方便地找到满意的商品。满意的商品主要是指商品品质满意与服务质量满意。

二、自然搜索结果排序影响因素

在淘宝网搜索结果页中，涉及的排序有以下几种：综合排序、人气排序、信用排序、销量排序、最新排序、价格排序。

（一）单维度排序

单维度排序表示根据单一的因素排序。这包括信用、销量、价格等从高到低或从低到高排序。在单维度排序选项中，有二维排序，在价格从低到高排序后前三页销量从高到低排序。如销量排序中的前三页，价格从低到高排序，这种排序称为二维排序。二维排序满足了很多用户希望参考两个因素的需求。

目前各种排序的流量比例很不一样，大体分布如下：销量排序约占 10%、价格排序约占 5%、人气排序约占 2%、信用排序约占 1%、综合排序约占 80%。这些数字对于卖家可以做优化参考，也可以理解为为什么搜索结果排序因素中销量因子会比较重要，这是因为消费者关心销量。

（二）综合排序

综合排序是流量最大的一部分。其逻辑是，先按照宝贝和搜索关键词相关性过滤，然后按宝贝下架时间做预选，接着在预选结果里面按照卖家的服务质量分、宝贝的人气分计算，之后对消保、橱窗推荐位等宝贝进行部分加分，最后形成统一的分数进行排序。下面对几种重要的因素做介绍。

1．相关性过滤

相关性过滤包括了标题相关性和类目相关性。如果搜索“小米手机”，小米手机配件就不相关了，哪怕标题中被匹配上。如果搜索“李宁”，“比李宁更好的跑鞋”就不相关了，而且还有作弊嫌疑。所以在书写宝贝标题时，需多增加一些客户关心的产品特性的词。

2．宝贝下架时间

宝贝下架时间是指系统为了保证让更多商家有机会得到展现，会预选最近一段时间下架的商品，有可能是最近几分钟，也有可能是最近 1 小时或者 1 天。到底是多长时间系统会根据关键词召回的结果数来定，例如搜索“连衣裙”，如果结果数有上百万个，那么时间会定得比较短，可能只有几分钟；如果结果数只有几万个，那么时间会比较长；如果结果数更少，或许下架时间因素就不起作用了，预选商品就是全部。

3．商家服务质量

商家服务质量是一个综合分数，由几十个因素一起来确定，有的因素是加分项，有的因素是减分项。对卖家而言，用心服务客户，正常经营就好。

4．其他因素

其他因素一般如消保、橱窗推荐位、假一赔三、7 天无理由退换货、细节拍摄等，这些在不同类目中都可能加分，卖家有能力参加这些打标，会有些好处。

➘ 知识链接

一、搜索引擎的分类

（一）目录式搜索引擎

目录式搜索引擎是以人工方式或半自动方式搜集信息，由编辑员查看信息之后，人工形成信息摘要，并将信息置于事先确定的分类框架中。目录式搜索引擎信息大多面向网站，提供目录浏览服务和直接检索服务。该类搜索引擎因为加入了人的智能，所以信息准确、导航质量高，缺点是需要人工介入、维护量大、信息量少、信息更新不及时，这类搜索引擎的代表是 Yahoo 等。目录搜索引擎虽然有搜索功能，但严格意义上不能称为真正的搜索引擎，只是按目录分类的网站链接列表。用户完全可以按照分类目录找到所需要的信息。

（二）全文式搜索引擎

全文式搜索引擎是目前广泛应用的主流搜索引擎，这类搜索引擎的代表是百度、google等，其工作原理上文已经提到，此处不再赘述。

二、搜索引擎对网络营销的作用

人们获取互联网信息主要是通过两种方式：一是直接输入网址，二是通过搜索引擎网站查询。搜索引擎是一个互联网信息检索工具，因此搜索引擎对网络营销的基本作用首先表现在引导用户发现网站、产品、服务的相关摘要信息，并通过链接到网站获取详细信息。在这个过程中，搜索引擎成为一个传递网络营销信息的基本工具。在帮助用户检索信息、实现网络营销信息传递的基础上，搜索引擎对网络营销的作用可以进一步延伸到下列六方面。

1）网站推广。网站推广即通过搜索引擎推广实现网站访问量增加的目的。

2）产品推广。产品推广与网站推广类似，可以对具体产品进行针对性的推广，让更多用户发现产品信息，尤其是通过购物搜索引擎等方式，可以实现对多种产品的比较，为用户获取购买决策信息提供支持。

3）提升企业或网站的网络品牌。

4）由于搜索引擎拥有众多用户，因此也成为一种网络广告媒体，并且比一般基于网页的网络广告更能精准定位。

5）搜索引擎作为在线市场调研的工具，在竞争者研究、用户行为研究等方面均有重要作用。

6）发现商业机会。通过搜索引擎可以获得各种网上发布的商业信息，从中筛选后可能发现有价值的信息。

因此，在网络营销中，搜索引擎营销是一个非常重要的内容。

三、新链接重要程序判断

前面提到蜘蛛程序会从一个链接爬行到另一个链接，那么，对于新链接来说，蜘蛛程序怎样判断哪个更重要呢？这主要从对用户的价值和链接重要程度两方面考虑。

（一）对用户的价值

对用户的价值主要体现在以下三方面。

1）内容独特且丰富。百度搜索引擎喜欢独特的内容，而不是千篇一律的转载、伪原创内容。网页内容应丰富，体现网页的主题。

2)主体突出。网页中不要出现不突出的主体内容而被搜索引擎误判为空短页面不抓取。

3）广告适当。网页中不要出现大量的牛皮癣式的广告而冲淡了主体内容。

（二）链接重要程度

链接重要程度主要体现在以下两方面。

1）目录层级——浅层优先。比如，www.aaa.com/a.html 比 www.aaa.com/a/b/c.html 目录层级少，会被搜索引擎优先抓取。

2）链接在站内的受欢迎程度。在同一站内，a 页面和 b 页面同时被用户访问，但 a 页面用户只停留 1 秒，而 b 页面用户停留 2 分钟，说明 b 页面比 a 页面更受用户的欢迎，而会被搜索引擎优先抓取。

任务 2　搜索引擎优化

任务 1 介绍了搜索引擎的工作原理。基于搜索引擎的工作原理，需要进行搜索引擎优化。那么，什么是搜索引擎优化呢？搜索引擎优化（Search Engine Optimization，SEO），是指为了提升网页在搜索引擎自然搜索结果中（非商业性推广结果）的收录数量以及排序位置而做的优化行为。这一行为的目的，是为了从搜索引擎中获得更多的免费流量以及更好地展现形象。

搜索引擎只是网站上一个普通的访客，对网站的抓取方式和对网站或网页的价值判断，都是从用户的角度出发的，任何对用户体验的改进，都是对搜索引擎的改进。对搜索引擎的优化，同时也会让用户受益。面向搜索引擎的网站建设，主要有四大目标：第一大目标，也是基础目标，就是如何更好地让搜索引擎收录网站中的内容，即被收录；第二大目标是如何在搜索引擎中获得良好的排名，即排名靠前；第三大目标是如何让用户从众多的搜索结果中点击你的网站，即被点击；第四大目标是如何让用户看完网站后产生购买意愿，完成订单转化，即被转化。搜索引擎优化也是基于这四大目标来进行的。

子任务 1　网站被收录优化

前面介绍搜索引擎工作原理时，提到网站能被收录和不能被收录的一些原因，其中关键点就是做好“内功”，关注网站本身内容。除此之外，加强“外功”也是让搜索引擎了解网站的一种方式。新网站上线后的第一个工作就是要让搜索引擎的蜘蛛程序来爬行并被收录，“外功”除了发外部链接、交换友情链接，最直接的方法就是向各大搜索引擎提交网站网址。

一、提交网站网址

步骤 1：网上查找百度网址提交入口（http://zhanzhang.baidu.com/sitesubmit/index），如图 2-2-1 所示。

图 2-2-1　百度网址提交入口

步骤 2：在 URL 地址中输入要提交的网址，再点击“提交”按钮，出现提交成功提示，如图 2-2-2 所示。

图 2-2-2　URL 提交成功

提示：

1. 在提交想被百度收录的 URL 时，百度搜索引擎会按照标准处理，但不保证一定能够收录提交的 URL。

2. URL 也被称为统一资源定位符，是从互联网上得到的资源的位置和访问方法的一种简洁的表示。URL 的一般形式是：<URL 的访问方式>：//<主机>：<端口>/<路径>。实际上就是我们俗称的网址。

二、建立外部链接

外部链接，又常被称为“反向链接”或“导入链接”，是指通过其他网站链接到自己网站的链接。高质量的外部链接，是指和自己网站建立链接的网站知名度高、访问量大，同时相对的外部链接较少、有助于快速提升自己网站知名度和排名的其他网站的友情链接。

外部链接曾经是搜索引擎排名机制中比较重要的因素，主要取决于有多少个链接能够到你的网站里，页面中存在多少个链接指向你，这无疑是搜索引擎的投票机制，还必须考察其他人为点击该链接的次数来确定受欢迎程度，欢迎程度越大说明链接越有价值，展现出来的效果就越好。

现在随着该技术被越来越多的 SEO 人员了解，搜索引擎网站对外部链接数据的依赖程度越来越低，在排名机制中的重要程度也在降低。但对新网站来说，通过质量好的外部链接来获取搜索引擎蜘蛛程序的抓取并收录，也是一种不错的方法。

外部链接的获得主要有以下四种方式。

一是在博客、论坛、社区、问答类网站中发帖、回答问题、发布软文等，把自己网站的链接地址嵌入其中。

二是做友情链接，如果能做单向链接更好，即别人的网站链接自己，自己网站不链接别人，这样的效果最好。

三是查看排名第一页的网站的反向链接，然后联系这些网站跟自己交换链接。

四是编写对他人有实用价值的小程序、电子书等免费资源放在自己网站中，别人自然会将链接指向自己网站。

站外链接需要做到持续增长，不可操之过急。不少 SEO 人员往往会为了享受一时的快感，采取黑帽 SEO 的行为大量购买链接，无论是产品页面也好，还是首页也好，这样做往往来得快，去得也快。目前百度搜索引擎在买卖链接识别上也已经较为成熟，一旦被认定为作弊，将会受到严厉的处罚。

子任务 2 网站排名靠前优化

一、查询网站是否被收录

一般来说，经过以上工作，在一定时间后，网站会被收录。如何查询自己的网站是否被收录呢？

步骤 1：打开百度网站，在搜索框中输入“site”：+网站域名，如图 2-2-3 所示。

图 2-2-3 查询收录情况（一）

提示：

1）上图显示该域名未被百度收录。

2）页面中提示三点：检查拼写、重新提交网址、反馈意见。

步骤 2：重新查询一个网站是否被收录，如图 2-2-4 所示。

图 2-2-4 查询收录情况（二）

提示：此网站被百度收录，已收录页面约 334 个。

二、网站结构优化

当自己网站被搜索引擎收录了，下一步就是在相关关键词搜索中进行排名靠前优化。因为，如果一个网站在搜索引擎里的排名排到第三页以后的话，那么基本没什么效果可言。网站应该有清晰的结构和明晰的导航，这能帮助用户快速从自己的网站中找到用户需要的内容，也可以帮助搜索引擎快速理解网站中每一个网页所处的结构层次。

（一）总体结构

网站结构建议采用树形结构，树形结构通常分为三个层次：首页→频道页→普通内容页。像一棵大树一样，首先有一个树干（首页），然后是树枝（频道页），最后是树叶（普通内容页）。树形结构的扩展性很强，网站内容变多时，可以通过细分树枝（频道页）来轻松应对，如图 2-2-5 所示。

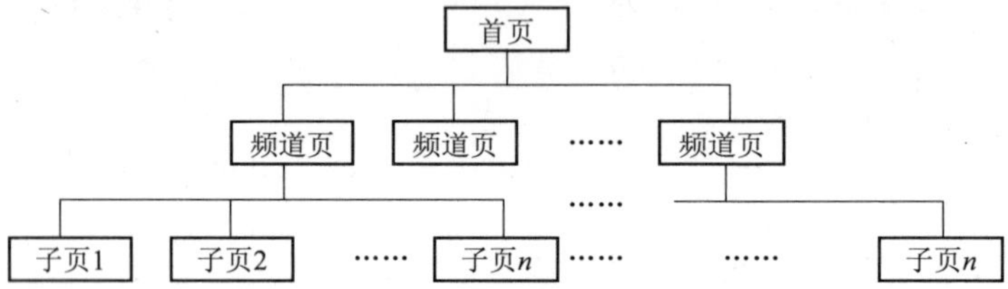

图 2-2-5　树形网状结构

同时，网站结构也应该是一个网状结构，网站上每个网页都应该有指向上、下级网页以及相关内容的链接：首页有到频道页的链接，频道页有到首页和普通内容页的链接，普通内容页有到上级频道以及首页的链接，内容相关的网页间互相有链接。

总之，网站中每一个网页，都应该是网站结构的一部分，都应该能通过其他网页链接到。合理的网站结构应该是一个扁平的树形网状结构。每个页面都可以通过至少一个文本链接到达。重要的内容，应该能从首页或者网站结构中比较浅的层次访问到。合理分类网站上的内容，不要过度细分。

（二）导航菜单

网站中的每个页面都应该加上导航栏，让用户可以方便地返回频道页、网站首页，也可以让搜索引擎方便地定位网页在网状结构中的层次。通过面包屑导航（首页→频道页→当前浏览页面），用户可以很清楚地知道自己所在页面在整个网站中的位置，也可以方便地返回上一级频道页或者首页，如图 2-2-6 所示。导航中使用文字链接，不使用复杂的 js 或者 flash，如果使用图片做导航，可以使用 Alt 注释，用 Alt 告诉搜索引擎所指向的网页内容。

图 2-2-6　网易新闻导航

提示：“网易首页>新闻中心>滚动新闻>正文”即为面包屑导航，方便用户返回及到其他页面。

（三）子域名与目录

当某个频道的内容没有丰富到可以当做一个独立站点存在之前，建立使用目录形式；等频道下积累了足够的内容后，再转换成子域名的形式。当网站内容差异度较大、关联度不高时，使用子站点形式。例如：news.163.com 是 163.com 的新闻网站子域名。

（四）URL 地址

创建具有良好描述性、规范、简单的 URL，有利于用户更方便地记忆和判断网页的内容，也有利于搜索引擎更有效地抓取网站。网站设计之初，就应该有合理的 URL 规划，让用户能从 URL 判断出网页内容以及网站结构信息，并可以预测将要看到的内容。以 163 网易为例：

http://www.163.com/网站首页；

http://news.163.com/新闻频道页面；

http://news.163.com/domestic/国内新闻页面；

http://news.163.com/world/国际新闻页面；

http://news.163.com/shehui/社会新闻页面；

http://news.163.com/15/0406/07/AMGK92UR00014AED.html 新闻文章页。

三、网站内容优化

（一）网页标题

网页的 title 用于告诉用户和搜索引擎这个网页的主要内容是什么，搜索引擎在判断一个网页内容权重时，title 是主要参考信息之一。网页 title 是网页上主要内容的概括，搜索引擎可以通过网页标题迅速地判断网页的主题。每个网页的内容都是不同的，每个网页都应该有独一无二的 title。在做网页标题时，建议分层次做网页标题。

1）网站首页的标题。网站首页的标题主要是网站名称或者提供的产品或服务的介绍。如：163 网易的网站首页标题就为“网易”。

2）频道页面的标题。频道页面的标题可以写为频道名称加网站名称的形式。如：163 网易股票频道页的标题为“网易股票_最具影响力投资门户”。

3）普通内容页的标题。普通内容页的标题可以写为文章标题加频道名称加网站名称的形式。如“网易首页>财经频道>证券新闻>正文”下的“利空难压牛市沪指上望 4000 点”文章，其普通内容页的标题为“利空难压牛市沪指上望 4000 点_网易财经”。

（二）内容建设

网站内容建设以服务网站核心价值为主，提供给搜索引擎收录的也应该是对自己核心价值有帮助的内容。

1）内容建设要符合网站的主题，比如你的网站是一个电子商务资讯类的网站，就不要放一堆的美女图片，除了浪费服务器资源以外，对网站的核心价值不会有任何帮助。

2）每天更新网站，发布适合网站主题的内容。这既有利于用户看到网站有新的内容，更有利于搜索引擎来抓取网站。

3）写好锚文本。锚文本指在做链接时所使用的描述文字，用于告诉用户链接所链向网页的主题，锚文本描述越清楚，用户越容易理解指向网页的内容。用户接触到你的网页是从其他网页的链接开始的，这个链接的描述能否让用户理解对吸引用户访问至关重要。如同普通用户一样，在搜索引擎刚发现一个新网页时，锚文本对这个网页的描述是唯一的参考因素。

4）为图片加 Alt 说明。在网速较慢图片不能显示时，让用户明白图片要传达的信息，也能让搜索引擎了解图片的内容，如图 2-2-7 所示。

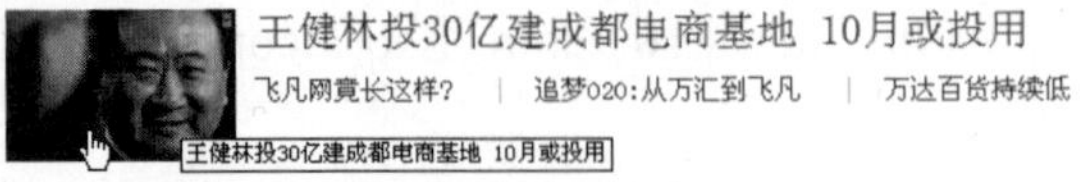

图 2-2-7 图片中加文字说明

提示：上面图片中加文字说明的方式在网页代码中是这样体现的。

```
src=http://imgs.ebrun.com/resources/2015_04/2015_04_05/20150405_1428200799750.jpg
alt="王健林投 30 亿建成都电商基地  10 月或投用"
title="王健林投 30 亿建成都电商基地  10 月或投用"
```

5）资源较丰富的内容，可以以专题等更丰富的内容组织形式提供给用户，让用户以最低的成本获取所有需要的信息。

6）对于用户产生内容的网站，可让用户通过投票、评论等手段去判断资源的质量，这些对质量的判断，也可能会被搜索引擎用来判断资源的价值。

7）当网站上的内容对用户有用时，用户会推荐给别人，推荐的形式可能多种多样：在即时通信工具上发给自己的朋友、在自己常访问的论坛里转帖推荐、写博客很郑重地介绍、在自己网站上做友情链接推荐等。这些推荐信息，都会被搜索引擎用来判断网页/网站价值的高低。适当地鼓励、引导用户推荐你的网站，对网站在搜索引擎中的表现有很大帮助。如图 2-2-8 所示。

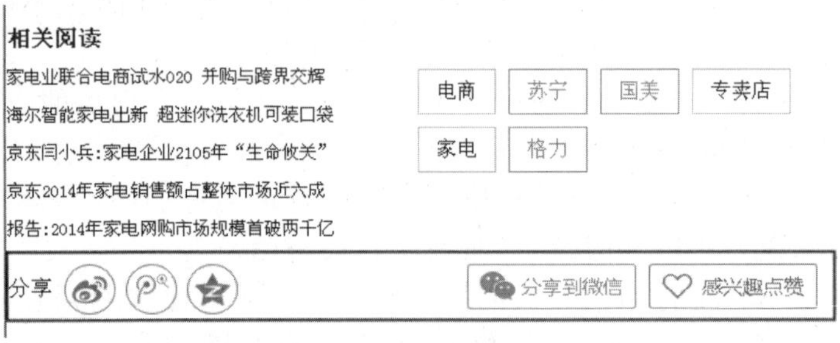

图 2-2-8 文章页底部的分享推荐

➘ 子任务 3 网站被点击优化

网站在搜索引擎结果页中排名靠前优化后，就应该进行吸引用户眼球的被点击优化。前面提到过，当在百度搜索框输入关键词进行搜索后，展现在结果页中的自然排名结果是一条条结构化的信息，如图 2-1-2 所示。展现的结果有网页标题、网页描述、网址等内容。当用户看到这一条条信息时，最想点击的应该是符合自己搜索主题的内容。因此，在网站被点击优化中，着重优化网页标题、网页描述、网页关键词。

一、网页标题与关键词

（一）标题结构

1．标题字数控制在 60 个字节内

过短的标题有可能无法全面表达网页主题。对于搜索引擎来说，标题过长意味着“超

标”，只会保留前60个字节的内容。

2．重要内容放在标题的最前面

在众多检索结果中，用户的目光往往聚焦在标题前半段，所以重要信息内容放在标题前部非常重要。

3．放置网站名称，增加曝光机会

有些站点已经在某领域有了一定的知名度和权威性，其站名名称已经成为一种品牌，可以将该品牌词体现在标题中，用户在面对众多结果时，更倾向于选择点击自己熟知网站提供的信息。即使网站目前的知名度还不够，也不应该放过每个品牌曝光的机会。

（二）标题内容与关键词

用户在百度搜索框输入关键词后，百度在对相关网页进行排序时，网页标题内容是其考虑的重要因素。同时，搜索结果页内通常会有10个结果，用户往往是通过标题和摘要来决定要点开哪个结果。标题上关键词的选择至关重要。

1．标题要主题明确，放上与网页内容最相关的关键词

标题应该和网页内容相对应，即标题上的内容，可以在网页主体部分得到展示。一般来说，如果网页主体部分是一篇文章，网页标题的主要内容往往是文章标题；如果网页是一个综合信息的集合页，我们也要找到这些信息的共同点，通过一两个关键词将其表现在网页标题上。

2．标题要便于用户识别，选择用户更常用的关键词

同一个物品有不同的名称，同一件事情也有不同的描述，选择哪个关键词放在title上呢？虽然百度有强大的关键词分析算法，但还是建议使用搜索引擎用户最常用的那个。关键词的热度可以通过百度指数进行查询，目前网络上还有一些其他工具，也可以参考。

例如：佳能有一款单反相机，标准全称是“5D Mark II”，简称“5D2”，广大搜索爱好者亲切地称之为“无敌兔”。从字面上看，“5D Mark II”输入起来比较麻烦。再看一下它们的百度指数：

“5D Mark II”：257
“5D2”：875
“无敌兔”：467

很明显，“5D2”由于指向清晰、朗朗上口且容易输入，最受搜索引擎用户喜爱。

3．标题要满足用户明确需求，选择长尾关键词

能体现用户明确需求的关键词往往字数偏长，SEO人员一般称之为长尾关键词，如“杭州两日游路线”“从上海到西塘怎么走”等。产品人员和编辑应该一方面了解用户需求，另一方面制作可以满足用户需求的网页，通过将含有用户明确需求的关键词写在标题上来吸引搜索引擎用户的点击。

4．在真实的前提下体现时效性

在标题中放时效性关键词最重要的前提是网页里真的有时效性内容，否则非常容易被搜索引擎惩罚。

二、网页描述与关键词

网页描述（即meta description），是对网页内容的精练概括。如果网页描述与网页内容

相符，百度会把它当作摘要的选择目标之一。网页描述不是权值计算的参考因素，这个标签存在与否不影响网页权值，只会用作搜索结果摘要的一个选择目标，一个好的网页描述会帮助用户更方便地从搜索结果中判断网页内容是否和需求相符，从而影响点击率。

网页描述是 meta 标签的一部分，位于 html 代码的<head>区。

例如，360 浏览器网址导航页（http://hao.360.cn）的 meta 标签代码为：

```
<head>
……
<title>360 导航_新一代安全上网导航</title>
<meta name="description" content="360 导航--新一代安全上网导航，为用户提供门户、新闻、视频、游戏、小说、彩票等各种分类的优秀内容和网站入口，提供最简单便捷的上网导航服务。安全上网，从 360 导航开始。" />
<meta name="keywords" content="360 导航，网址之家，网址大全。网址导航，360 安全网址，360 网址大全，上网导航，网址" />
……
</head>
```

提示：

1）一般来说，网页描述是一段话，讲述网站或网页提供什么样的产品或服务。

2）网页描述中根据需要还会出现关键词，但不要堆砌关键词，如“上网导航”这个词在描述中分别出现 3 次。

➘ 子任务 4　网站流量被转化优化

从搜索引擎获取流量的最终目的是不断提高网站的核心价值。从搜索引擎获得的流量有多少能转化为网站的核心价值，就是转化率。内容型网站，忠实用户是核心价值，把搜索引擎用户转变为忠实用户就是最终目的；SNS 网站，注册用户是核心价值，让用户来平台注册、活动就是最终目的；如果做电子商务网站，卖东西就是核心价值，把东西卖给顾客就是要达到的目的。

一、网站分析指标

网站分析中要用到哪些衡量指标？在网站分析中我们要了解一些分析指标，从而更好地了解访客，进而优化网站。这主要有三方面的指标：流量数量指标、流量质量指标、流量转化指标。

（一）流量数量指标

1）浏览量（PV），指页面浏览量（Page View），用户每打开一个页面就被记录一次。PV 之于网站，就像收视率之于电视，已成为评估网站表现的基本尺度。PV 越多说明该页面被访客浏览得越多。

2）访客数（UV），即唯一访客数，一天之内网站的独立访客数（以 Cookie 为依据），一天内同一访客多次访问网站只计算一个访客。唯一访客数（UV）是看访客到达网站的数量。

3）访问次数，即 Visit，访客在网站上的会话（Session）次数，一次会话过程中可能浏览多个页面。

（二）流量质量指标

流量质量指标主要有以下三个。

1）跳出率，指只浏览了一个页面便离开了网站的访问次数占总的访问次数的百分比，即只浏览了一个页面的访问次数/全部的访问次数。跳出率是非常重要的访客黏性指标，它显示了访客对网站的兴趣程度：跳出率越低说明流量质量越好，访客对网站的内容越感兴趣，这些访客越可能是网站的有效用户、忠实用户。该指标也可以衡量网络营销的效果，指出有多少访客被网络营销吸引到宣传产品页或网站上之后，又流失掉了。

2）平均访问时长，指平均每次访问在网站上的停留时长，即平均访问时长等于总访问时长与访问次数的比值。平均访问时间越长则说明访客停留在网页上的时间越长。如果用户对网站的内容不感兴趣，则会较快关闭网页，那么平均访问时长就短。

3）平均访问页数，指平均每次访问浏览的页面数量，平均访问页数=浏览量/访问次数。平均访问页数越多说明访客对网站兴趣越大。而浏览信息多也使得访客对网站更加了解。一般来说，会将平均访问页数和平均访问时长这两个指标放在一起分析，进而衡量网站的用户体验情况。

（三）流量转化指标

流量转化指标主要有转化次数和转化率。

1）转化次数，指访客到达转化目标页面或完成网站运营者期望其完成动作的次数。如电子商务网站的订单成交数。

2）转化率，即访问转化的效率，转化率=转化次数/访问次数。数值越高说明越多的访次完成了网站运营者希望访客进行的操作。

二、利用站长统计工具监控网站运营指标

百度统计是百度推出的一款免费的专业网站流量分析工具，能够告诉用户访客是如何找到并浏览用户的网站的以及在网站上做了些什么，有了这些信息，可以帮助用户改善访客在用户的网站上的使用体验，不断提升网站的投资回报率。

步骤1：进入百度统计首页 http://tongji.baidu.com/web/welcome/login，如图2-2-9所示。

图2-2-9　百度统计首页

步骤2：点击右上方的“登录”或“注册”，进入百度统计个人账号页面，如图2-2-10所示。

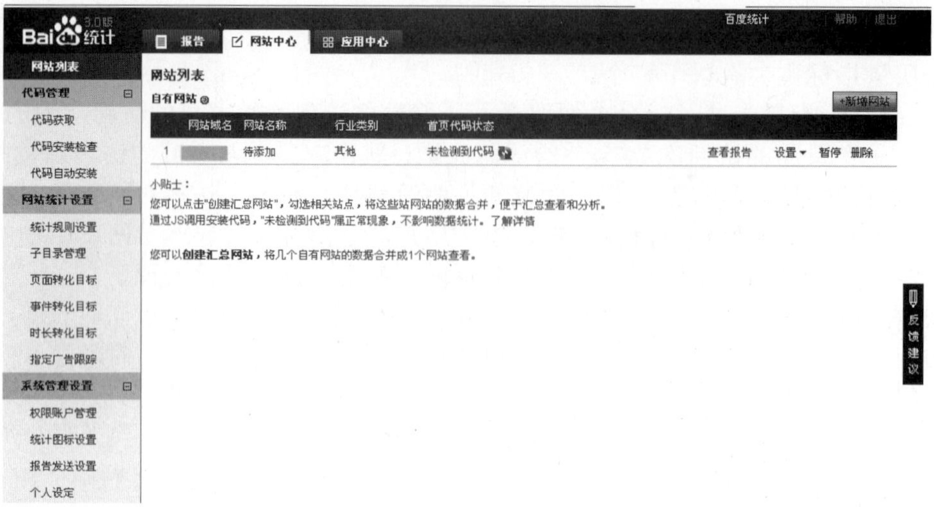

图 2-2-10 百度统计个人账号页面

步骤 3：选择左侧菜单中的“代码获取”，按系统提示将代码安装到自己网站中，以便于百度统计自己网站页面的流量，如图 2-2-11 所示。

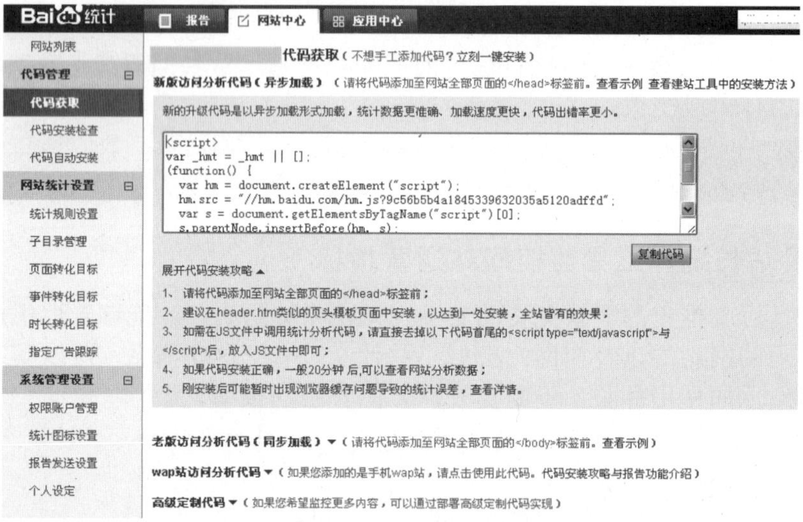

图 2-2-11 代码获取

提示：

1）应该在网站的所有页面中添加代码，只有这样，百度统计才能记录下网站的全部流量，从而进行最全面的分析。

2）如果页面非常多，也至少应该在所有的推广页面和转化页面中添加代码。推广页面添加代码后，才能统计到与推广有关的数据。而转化页面（注册、留言、联系方式等）的流量统计对营销推广有重要价值，因此也要添加代码。

步骤 4：代码安装后，再回到图 2-2-10 中，选择左侧的“代码安装检查”，安装成功即可。

提示：利用百度统计工具后台，可时时监控关键词来源、访问量等指标，为网站优化提供依据。

知识链接

一、网站建设前期搜索引擎优化

网站建设要以搜索引擎优化为导向，在网站建设前、中、后贯穿搜索引擎优化的思想。

（一）网站域名申请

网站域名是用户对网站的第一印象，域名是否与品牌一致、是否便于记忆等，对网站发展非常重要。建议申请域名时，尽量选择容易让用户记忆、容易产生信任感的域名，这样可以提高回头率，并方便用户推荐。网站域名申请主要有以下三项原则。

一是域名尽量简短，越短的域名，用户的记忆成本就越低。

二是域名可以和网站主题或网站名称相呼应，让人看到域名就能联想到网站内容，比如使用公司名称、商标、网站名称或者公司产品等信息来选择域名。

三是域名后缀也需要考虑方便用户记忆，.com、.cn、.net 等常见的域名后缀更容易记忆，一些不常见的后缀可能会让用户产生不信任感，增加用户的判断成本。

（二）网站空间租用

网站空间的速度和稳定性直接影响网站的用户体验，也会影响搜索引擎的抓取。建议选择服务稳定、速度快的服务器或者空间。

首先，在选择服务器或空间时，应该选择有实力的正规服务商，因为服务器或空间的稳定性需要一定的技术实力来保障。一些没有实力的服务商，可能无力提供良好的服务，服务的稳定性无法保证。甚至有服务商为了节省资源，故意屏蔽掉百度蛛蛛程序的抓取，导致网站无法被百度网页搜索收录。

其次，根据网站规划、提供的服务及用户预计的访问情况来选择服务器或空间，以保证用户的访问速度和稳定性。通常虚拟空间都会有流量、链接数以及功能上的限制，因为是多个网站共用一台服务器，稳定性会受到影响，但价格便宜；而服务器各种限制较少，可以方更自主地管理，但价格较贵。可以根据自己的需求来进行合理地选择。

二、外链的作用

外链曾经是搜索引擎判定外部对网站投票的排序的重要因素之一，但随着该技术被越来越多的 SEO 人员了解，搜索引擎网站对外链数据的依赖程度越来越低。那么，当前外链的作用是什么呢？

1）吸引蜘蛛抓取：虽然百度在挖掘新好站点方面下了很大功夫，开放了多个数据提交入口，开辟了社会化发现渠道，但外链依然是发现收录链接的最重要入口。

2）向搜索引擎传递相关性信息：百度除了通过 title、页面关键词、H 标签等对网页内容进行判断外，还会通过锚文本进行辅助判断。使用图片作为点击入口的超链，也可以通过 Alt 属性和 title 标签向百度“传情达意”。

3）提升排名：百度搜索引擎虽然降低了对外链的依赖，但对外链的识别力度从未下降，制定出更加严格的优质链接、正常链接、垃圾链接和作弊链接标准。对于作弊链接，除了对链接进行过滤清理外，也对链接的受益站进行一定程度的惩罚。相应的，对优质链接，百度依然持欢迎的态度。

4）内容分享，获取口碑：优质内容被广泛传播，网站借此获得的流量可能并不多，但如果内容做得足够，也可以树立自己的品牌。

三、网页标签三要素的作用

title，也就网站标题，显示在浏览器左上方，一般方便用户了解这个页面的主题。而对搜索引擎来说，这里就是判断网页内容的主要根据。

keywords，也就是关键词，与 title 不同的是，title 是可以让用户看到的，而 keywords 如果不查看源程序是看不到的。其主要作用是简单地概述页面内容的关键词。现在主流搜索引擎都将 keywords 密度作为其排名算法考虑因素之一，但每个搜索引擎都有不同的算法计算密度比例从而获得排名位置。

description，也是用来给搜索引擎判断整个页面内容的，当中要写入的内容是页面内容的简介。description 是出现在网页之间的 meta 标签之一，可称为"内容标签""描述标签"或"内容摘要"。

四、关键词的选择

对于网站的搜索引擎营销来说，关键词的选择无疑是重中之重，这也是后期关键词优化的关键。所以，在网站建设的过程中就应该选择好关键词，一组精准的关键词是网站推广成功的一半。网站关键词选择方法有以下五种。

1）确定核心关键词。单一产品网站，核心关键词就是产品的名称；多种产品的网站，每种产品的名称都是核心关键词。

2）站在客户角度扩展关键词。站在客户的角度想问题，假定自己是一个客户，要购买某个产品，会用什么样的词去搜索，需要从各种途径收集可能的关键词，为以后的关键词优化做铺垫。

3）参考竞争者的关键词。参考竞争者的关键词可以浏览竞争者的网站，看看是否有你还没注意到的关键词，这样可以更好地完善关键词列表。用关键词列表中的任何一个词搜索，搜索结果页里的网站都是竞争者，但建议只研究前 10 名。

4）利用关键词工具完善关键词列表。使用搜索引擎工具，将已经列出的关键词列表进一步扩展、完善。

5）扩展核心关键词。首先，我们需要知道的是，很多产品的相关名称不止一个。其次，如果产品不是针对单一地区的话，还要考虑产品在不同地区的名称问题。最后，将核心关键词进行组合，与公司名称、品牌、原产地、盛产地组合，进行多重排列组合。

选择好关键词后，就需要注意选择关键词放置的位置。关键词应该写在网页头部标签（如：description 标签、关键词标签等）；网页上图片的 Alt 标签里应该写上关键词；可以考虑把关键词作为子目录；网页中谈到其他网页的关键词时，不要忘了添加链接并指向那个网页；添加关键词时，应该考虑的对象是网站的用户，而不是搜索引擎。

任务 3　付费商业推广优化

搜索引擎营销（Search Engine Marketing，SEM），既包括了 SEO，又包括了付费的商业推广优化。

➘ 子任务 1　百度搜索推广

百度搜索推广也就是以前的百度竞价排名广告，是一种按效果付费的网络推广方式，是百度推广的一部分。每天网民在百度进行数亿次的搜索，其中一部分搜索词明确地表达了某种商业意图，即希望购买某一产品，寻找提供某一服务的提供商，或希望了解该产品或服务相关的信息。同时，提供这些产品或服务的企业也在寻找潜在客户。通过百度搜索推广的关键词定位技术，可以将高价值的企业推广结果精准地展现给有商业意图的搜索网民，同时满足网民的搜索需求和企业的推广需求。

一、产品原理

步骤 1：在百度搜索框中输入“重庆英语培训”，点击“百度一下”按钮，进入“重庆英语培训”搜索结果页，如图 2-3-1 所示。

图 2-3-1　“重庆英语培训”搜索结果页

提示：图 2-3-1 中带“推广”和“推广链接”字样的均为企业推广信息。

步骤 2：访问企业推广信息网站，进行咨询、考察，如图 2-3-2 所示。

图 2-3-2　企业推广信息网站

提示：有意向的网民在咨询、考察后，会决定是否报相应的英语培训班。通过这种方式，企业把自己的产品或服务信息快捷地展现在潜在顾客面前。

二、展现位置

通过百度搜索推广的关键词定位技术，推广结果将以标题、描述、网站链接（URL）的形式展现在有意向的网民面前。其推广结果可能出现在以下位置。

1）搜索结果首页左侧无底色的“推广”位置，此处最多能展现 10 条不同的推广结果。

2）搜索结果首页左侧带有底色的“推广链接”位置，此处最多能展现 3 条不同的推广结果，上下两处展现的结果一致。

3）搜索结果首页及翻页后的页面右侧的“推广链接”位置，每页最多能展现 8 条不同的推广结果。

推广信息出现在何处，是由出价和质量度共同决定的。高质量、高度吻合网民搜索需求的推广结果，将优先展示在首页左侧，余下的结果将依次展现在首页及翻页后的右侧。

三、推广费用

开启推广账户时，预存推广费用 6 000 元+服务费（预存推广费和服务费根据地区情况可能有所不同，具体费用由客户和服务提供方约定）。计费模式是按点击效果计费，展现免费。推广费用采用自主出价模式，实际每次点击费用取决于为关键词设定的出价、关键词的质量度和排名情况，最高不会超过为关键词所设定的出价。

➘ 子任务 2　百度网盟推广

百度网盟以 60 万家联盟网站为推广平台，通过分析网民的自然属性（地域、性别）、长期兴趣爱好和短期特定行为（搜索和浏览行为），借助百度特有的受众定向技术来帮助企业锁定目标受众，当目标受众浏览百度联盟网站时，会以固定、贴片、悬浮等形式呈现企业的推广信息。

一、百度网盟推广与百度搜索推广的区别

百度网盟是百度搜索引擎营销的延伸和补充，突破了仅在网民搜索行为中实施影响的限制，在网民搜索行为后和浏览行为中全面实施影响。百度网盟推广与百度搜索推广一脉相承，当网民使用百度时，百度搜索推广将企业的推广信息展示在搜索结果页面中，而当网民进入互联网海量的网站时，百度网盟推广可以将企业的推广信息展现在网民浏览的网页上，覆盖了网民更多的上网时间，对网民的影响更加深入持久，有效帮助企业提升销售额和品牌知名度。百度网盟推广和百度搜索推广相结合，能够形成对潜在目标客户的全程、全方位深度影响，帮助企业收获更好的营销效果。

二、推广费用

和传统媒体按照版面大小、投放频率等付费方式相比较，百度网盟推广为客户提供了 CPC（Cost per Click）计费方式，即按点击付费。只有当推广信息被感兴趣的潜在客户点击后才付费，没有点击不付费。

三、展示形式

步骤 1：进入百度网盟首页 http://wm123.baidu.com/，如图 2-3-3 所示。

图 2-3-3　百度网盟首页

步骤 2：点击优质网站，出现优质网站列表，可选择查看网站信息，如图 2-3-4 所示。

图 2-3-4　优质网站列表

步骤 3：选择网站可展示的形式，如图 2-3-5 所示。

图 2-3-5　网站展示列表

提示：在百度网盟首页先注册账号或登录账号，选择好展现形式后，再进行付费推广。展示的位置一般在联盟网站的文章页面的底部和右侧广告位，如图 2-3-6 所示。

图 2-3-6　百度网盟广告位置

➘ 知识链接

一、搜索推广结果和自然搜索结果的区别

自然搜索结果带有“百度快照”字样，仅出现在搜索结果页面左侧；搜索推广结果带有“推广”“推广链接”字样，展现在搜索结果页面首页的左侧，或首页及翻页后页面的右侧。翻页后页面的左侧将不再展现任何搜索推广结果，仅出现自然搜索结果。

网站在百度的自然搜索排名与推广结果排名是完全相互独立的。

1)自然搜索结果是搜索引擎根据一系列参数计算出来的，排名不受任何人为因素影响，搜索结果中由机器自动抓取的网站内容也缺乏可控性。

2)搜索推广结果是为商业推广精心设计的，可以根据推广目的量身定制推广方案，能覆盖更多的潜在客户，且可控性非常强。例如，可以指定在什么时间、网民搜索什么词时出现推广结果，还可以精心编辑更能吸引网民关注的创意予以展现，因此更适合网站或产品的商业性推广。

二、百度搜索推广的技巧

（一）关键词的选择

需以企业产品和服务为核心抓住客户搜索习惯及心理。企业网络宣传的核心是企业的产品、服务、品牌，涉及企业产品、服务、品牌的名称词汇自然成了参与竞价的首选。这些词汇往往大多是热门词，但是在实际推广中，过热的词推广性价比并不高，企业要不断地观察关键词，适当添加长尾词以提升账户，真正的优质账户都是在实践中自己摸索出来的。

（二）推广地域及时间

账户的推广地域根据产品、业务和服务的特性选择业务覆盖范围内的地域进行竞价投放，很多企业业务只能在省内，然而其却向全国投放，虽然带来了大量的广告流量，但同时也花费了不少金钱。推广时间应和客服咨询同步进行，否则会造成竞价费用的大量浪费。

（三）关键词标题及创意

标题和创意的选择很关键，直接影响质量度，进而影响账户质量、排名、消费和推广效果。标题的描述撰写要准确规范、言简意赅，突出与关键词的相关性，突出时效性。

任务评价

项目 2　搜索引擎营销　评价表

班级________学号________姓名________　　　　____年__月__日

职业能力	评价指标	自评结果	小组评价结果	教师评价结果	备注
搜索引擎原理	1. 能说出搜索引擎网站的工作原理 2. 能辨认搜索推广结果与自然搜索结果 3. 能说出电子商务平台搜索的工作原理				
搜索引擎优化	1. 能说出搜索引擎营销的四大目标 2. 能针对四大目标进行基本的操作，如网址提交、收录查询、百度统计工具使用等 3. 能列出网站结构优化的要点 4. 能列出网页标签优化原则 5. 能说出网站分析指标				
付费商业推广优化	1. 能说出百度搜索推广与百度网盟推广的区别 2. 能进行基本的付费商业推广操作 3. 能说出付费形式、展现形式等				
营销意识	能树立搜索引擎营销意识				

注：评价结果用 A、B、C、D 四个等级标出，A 为优秀，B 为良好，C 为合格，D 为不合格。

项目 3　电商平台内营销

本项目让学生学习电商平台内营销内容，主要学习任务如下：

任务 1　认识电商平台
任务 2　淘宝平台营销
任务 3　淘宝数据分析

【知识目标】

✧ 了解 C2C、B2C 网站；
✧ 掌握淘宝搜索优化与类目优化；
✧ 了解淘宝活动、淘宝直通车、淘宝分销做法；
✧ 掌握量子统计工具和数据魔方统计工具使用方法；
✧ 理解营销效果分析；
✧ 了解会员营销。

【技能目标】

✧ 能列出 C2C 及 B2C 电子商务模式概念；
✧ 能区分淘宝搜索优化和类目优化；
✧ 能辨认淘宝活动类别并进行基本的活动申请操作；
✧ 能列出淘宝直通车的展示位置；
✧ 能列出淘宝分销的条件；
✧ 能安装并使用量子统计工具和淘宝数据魔方工具；
✧ 能根据统计数据进行基本分析；
✧ 能列出会员营销方式。

【素养目标】

✧ 能树立电商平台营销意识和数据分析意识。

任务 1　认识电商平台

子任务 1　C2C 网站介绍

一、C2C 网站概述

C2C 是电子商务的专业用语，指个人与个人之间的电子商务。C2C 即 Consumer to

Consumer，Consumer 是消费者的英文单词，2 的英文单词是 two，发音与 to 相同，所以简称为 C2C。这种商业模式最早于 1995 年由美国的 eBay 创立，它以拍卖个人之间的商品为主。2003 年淘宝网在中国成立并迅速成长起来，在中国彻底打败了 eBay，还彻底改写了 C2C 电子商务模式的运行模式。根据中国电子商务研究中心的统计，截止到 2012 年 6 月，淘宝集市在 C2C 中国市场份额处于“垄断地位”，淘宝网占全部市场份额的 94.5%。拍拍网占 5.3%，易趣网占 0.2%。中国 C2C 网站的各种行业标准、运营规则、创新思维，也基本上是由淘宝网制定，拍拍网不过是腾讯复制的一个“搅局卡位者”，从网站的页面设计到规则设定，甚至内容创新，几乎都是照搬淘宝网，画虎类犬。而 eBay 的中国版本易趣网则基本处于没落的边缘，无足轻重。因此，想要了解中国的 C2C，了解淘宝网基本上就够了。下文中介绍 C2C 的内容，基本上以淘宝网为例。

二、淘宝网店的商品与页面

想要在淘宝网上当一个购物达人，就必须了解淘宝网：了解淘宝网站销售什么样的商品，购买不同的商品时分别需要注意些什么。熟悉淘宝网的规则：淘宝网对买家的规则，淘宝网对卖家的规则，淘宝网对交易的规则。

（一）淘宝网店的商品

从淘宝网所有类目可以看出，淘宝网上销售的商品在前台展示出来一共分了服装、鞋包、配饰、运动、珠宝、数码、家电、美妆、母婴、家居、食品、百货、汽车、文娱、本地、虚拟 16 个大类，其中前面 13 个大类是与实物交易相关的，由此可以看出，淘宝网是一个偏重实物交易的平台，如图 3-1-1 所示。

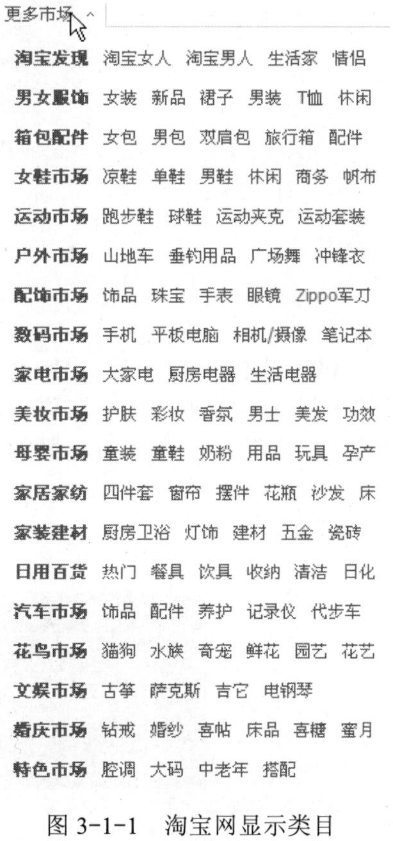

图 3-1-1　淘宝网显示类目

为了保持全网的一致性，淘宝网在处理虚拟商品和服务商品时，往往也有一种倾向，即把这些商品当成不需要物流的实物商品进行处理。这使得细心的买家会觉得有些奇怪，其中的原因就在于：淘宝网是一个偏重于实物交易的平台，规则的一致性使得太多个性化的关于服务商品和虚拟商品的交易还没有完全脱离实物交易模式的影响。

在淘宝网这个巨大而繁荣的市场中，已经汇集了 600 万家网店，商品数量多达 2 亿件，商品种类包罗万象。网络上流传的一句话“只有你想不到的，没有淘宝买不到的”得到了网友的广泛认可。可以这么说，除了一些国家法律法规明令禁止的商品之外，淘宝上面正品、仿品、代购品、创意品等在很多时候，出乎广大买家的意料，给大家带来惊喜。

比如：iphone 手机面世之后，以其高端的品质和价格，一时间在中国大地成了一种身份的象征。有一部分经济条件有限，而买不起 iphone 的网友，希望在与网友交流时，能够让自己的 QQ 头像也显示出如 iphone 手机挂 QQ 的效果，于是有卖家开发了这样一项 iphone QQ 在线挂图业务，并把这项服务当成了一种商品发布到了淘宝网上，供买家购买，一时间，生意火爆，具体如图 3-1-2 所示。

图 3-1-2　iphone QQ 在线挂图

在很多人为送朋友礼物而发愁时，淘宝网卖家悄然开发出了一种创意证件的礼物，既充满了创意，又经济实惠，如图 3-1-3 所示。

图 3-1-3　创意证件

2009 年电影《2012》上映后反响巨大，淘宝网卖家们就根据电影中的情节，创意制造了各种版本的诺亚方舟船票作为纪念礼物进行销售，如图 3-1-4 所示。这吸引了大批网友的关注，既满足了网友对电影的热捧，又使商家小赚了一笔。

图 3-1-4　诺亚方舟船票

淘宝网商品的多样性，取决于淘宝网自身系统的设置。淘宝网是一个 C2C 平台，上面聚集了 600 万的卖家，任何一个成年人，只要按照淘宝网的规定操作，就可以在很短的时间轻松开起一个网店，没有任何费用，也没有任何风险。网店开起之后，他可以发布自己任意喜欢的商品（只要不是淘宝网和法律禁止销售的商品），直接面向淘宝网数以亿计的买家。卖家销售商品，可能是为了赚钱，也可能只是因为兴趣等。几乎每一个卖家，都是淘宝网熟练的买家，卖家的这种兴趣、爱好、分享和娱乐本身在买家之中就带有非常强的代表性，每一个创意都代表着一类买家的需求。淘宝网强大的搜索功能，使得买家只需要输入关键字，不到一秒的时间就可以在万千商品中找到自己想要的商品，没有地域的限制，没有空间和时间的阻碍。卖家提供的和买家想要的，都可以非常方便地达成连接。这一结构的设置，使得消费市场上原本非常困难的小众需求得到空前的满足，一部分小众需求的满足又激发了另一部分新的小众需求。比如：某人最开始只是想搞笑一下，送给女朋友一个“最佳女友证”；在没有网购之前，这种愿望要想实现，付出的代价非常大，单独制作一个证件的成本，可能大大超出了他的承受范围；即便他非常有钱，也很难找到一家机构为他专门制作这样一个证件。上述原因使得这种小众需求基本上处于无法满足的状态。自从淘宝网上专门销售“最佳女友证”后，一个证件只是十几块而已，这种送女友的证件需求得到满足之后，随着卖家的联想，又开发出“最佳妈妈证”“最佳爸爸证”。原本这个买家只是想送一个给女友，女友收到后非常满意。在母亲节、父亲节时，自然就可以很容易地激发他再购买“最佳妈妈证”“最佳爸爸证”的新的小众需求了。淘宝网整个系统多年以来的持续发展，使得“只要买家关注的东西，就有卖家主动去卖；只要卖家销售的东西，就会有买家来关注”。买方和卖方实现了良好的信息交流，交流的变革又产生了非常多的创新、创意、模仿、联想，并且转化成了实实在在的商业机会。

淘宝网虽然可以买到很多东西，但从经济的角度和目前发展的现状来看，在淘宝网购物依然受到比较大的限制。由于淘宝购物偏重于实物，实物最终是需要送货上门的，送货就要用到物流、快递。对于那些不便运营、快递费昂贵的商品，在淘宝网上的发展就不是那么好。比如，家具类商品，一张电脑桌（见图 3-1-5）售价只有 65 元，快递加安装就要 825.00 元的话，会影响买家的购买欲望。一些时效性很强的商品，如演唱会门票，用户突然今晚就想看，早上下单，晚上也不一定能把票送到手中。这些商品，在目前网购发展的形势下，购物体验还不是特别理想。

图 3-1-5　家具类商品价格与快递费

电子商务的发展有五大要素：信息流、流量、诚信、支付、物流。信息流指的就是首先要有商品上网，使得各种需求的人上了这个网站，想买衣服有各式衣服信息，想买化妆品有各种化妆品信息，淘宝目前有2亿件商品在线，虽然商品数量和品类还有很大的提升空间，但电子商务发展到今天，信息流不再是明显的问题了。商品信息上网之后，就需要有人来看，来逛，来问，来买，这就是流量。淘宝网经过多年的发展，网上购物的概念早已深入人心，淘宝网的访问量多年以来一直位居全球网站访问量前十名之列。截至 2013年，淘宝网日均 IP 3 000 多万，日均 PV 5 亿多。图 3-1-6 所示为著名网站流量监测工具 alexa 统计到的淘宝网 2013 年 6 月 16 日的流量信息。

图 3-1-6　淘宝网流量信息

通过流量的引入，买家进来看了商品信息，心动准备购买时，难免就会疑虑：这些信息是真实的吗、我付了费真的可以收到商品吗、收到的商品不满意怎么办，等等问题。这就需要解决诚信问题。淘宝网一方面大力宣传自身的实力，投入大量的诚信系统保障基金，另一方面创新地在全网大范围推行了网购“担保交易”的模式，基本上解决了诚信问题。当买家打消疑虑进行购买时，下单之后，就涉及支付问题。支付宝、财付通等第三方支付的发展，打通了上百家银行及金融机构的支付通道，基本上解决了这一问题。付款成功后，买家与卖家达成交易关系，商品要经过物流、快递才可以到达买家手中，物流成了电子商务发展的一个短板，“三通一达”（申通、圆通、中通、韵达）、顺丰、EMS 等虽然在电子商务发展的过程中一路高歌猛进，发展迅速，但由于种种原因，还是没有跟上电子商务的脚步，严重拖了电子商务发展的后腿，一到促销时节，快递爆仓时有发生。配送体验远远没有让买家满意，配送时间上也一直没有大的提升，这些都制约了电子商务的发展。总而言之，电子商务发展的五个要素中，截至 2013 年 6 月，物流拖了后腿，是发展最为滞后的一环。买家在淘宝网购物的愿望，也严重受制于物流因素。一言以蔽之，物流、快递费比较高，物流、快递时间满足不了需求，就会使得买家即使有需求，也不得不少买或者不买。

（二）淘宝网网店的页面

在淘宝网上购物，依次接触到的是宝贝列表页、宝贝详情页、订单提交页、订单支付页、售后查询页、商品评价页等页面，这些页面上包含着大量的元素，和我们的购物息息相关，下面以购买一款连衣裙为例一一解说。

1．宝贝列表页

宝贝列表页指含有众多宝贝信息，供买家浏览和选择宝贝的页面。从淘宝网的官方渠道来看，宝贝列表页主要分为三类：搜索结果页、淘宝类目展示页、活动及广告促销页。搜索结果页指用户在淘宝网任一搜索框内，输入关键词，得到的搜索结果页，如图 3-1-7 所示。淘宝类目展示页指通过淘宝网官方提供的类目链接点击进去得到的结果页，如图 3-1-8 所示为从淘宝网首页类目中点击“连衣裙”得到的结果页。

图 3-1-7　淘宝搜索展示页

图 3-1-8　淘宝类目展示页

分析上面这个页面，采用“从上到下，从左往右”依次浏览的方式，只需要仔细分析一两次，就可以对这个页面的结构和细节有一种清晰的把握，之后再浏览这样的页面时就可以通过滚动鼠标，很快找到自己想要查找的信息。

2. 淘宝搜索结果页与淘宝类目展示页比较

淘宝搜索结果页与淘宝类目展示页比较如表 3-1-1 所示。

表 3-1-1　淘宝搜索结果页与淘宝类目展示页比较

对　比　项	淘宝网搜索结果页	淘宝网类目展示页
域名	“http://s.taobao.com”开头	“http://list.taobao.com”开头
默认排序选项	所有项均不勾选，展示所有商品	默认勾选消费者保障和旺旺在线，只展示部分符合条件的商品
商品格子块设置	 价格相对突出，弱化销量，没有动态评分展示，没有评价展示	 成交数据和评价相对突出，动态评分直接影响用户是否进去浏览

淘宝网的商品自主推荐功能并不强大，大多数页面采用的都是千人一面的展示模式，一千个人搜索“连衣裙”，得到的页面结果都是一样的。而用户的需求是千人千面，每个人都希望能得到最适合自己的搜索结果，为了能更好地满足买家的需求，淘宝网也在不停地努力降低买家找到自己心仪商品的难度，提升用户的购物体验。但作为一名买家，只要学会合理运用淘宝系统展示的各种选项，就可以很快在万千商品中挑选到自己心仪的商品。分析搜索结果页中的可用于筛选商品的选项，如图 3-1-9 所示。

图 3-1-9　搜索结果页商品选项

选项一：品牌，淘宝网系统提供了知名品牌和热门品牌的名称，对品牌非常有偏好的人可以在这里选择。由于受制于页面展示长度和用户挑选体验的问题，淘宝网不可能把该类目下所有的品牌都展示出来，只有一些非常知名、在网络上非常热门的品牌，才可以被收录到淘宝网的数据库，获得展示。展示的品牌数量一般少于一百个。

选项二：选购热点，淘宝网通过大数据分析，给出买家最近一段时间选购的热点，对后面的买家进行引导，提升自己网站的购物体验。

选项三：风格、元素、尺码、款式、材质等，淘宝网前台展示页面把后台商品的非关键属性展示出来，供买家挑选自己喜欢的商品。

选项四：商品服务，展示出消费者保障、7 天退换、正品保障、假一赔三、折扣促销等服务选项，让买家进一步细化自己对服务的要求，降低挑选的难度。

选项五：人气、销量、信用、价格、最新等，其他选项不一一赘述。

提问：读者可以通过以上选项，试着查找以下买家的需求信息。

1）小王希望买一款 50～80 元的显瘦、格子的连衣裙，请帮她找出销量比较好的几款。

2）小李想买一款欧美风、今年新上市的纯色连衣裙，由于担心质量问题，所以想采用货到付款的方式，请帮帮她。

3）小张对新品非常热衷，请帮她推荐几款今年流行的新款连衣裙。

4）小刘比较胖，喜欢买长裙好遮住自己的粗腿，平时买衣服不是很方便，请帮她推荐几款连衣裙。

5）小叶喜欢信用卡消费，喜欢折扣商品，但由于自己网购知识缺乏，平时买东西时，有时可以用信用卡，有时不能用，折扣商品也不是总能遇到，请你用自己所学知识教教她，说出你的方法。

提示：

互联网的发展，使得信息流的传播得到了极大的拓展，搜索引擎技术的发展使得搜索比价变得非常容易。同一商品或相似商品有大量的商家进行销售，这些商品之间存在着巨大的价格和服务差异，找出最适合自己的商家购买商品是非常有利于买家的行为。对价格敏感的买家，可以选择价格比较高的商家；对服务比较在意的买家，可以选择服务比较优质的卖家；对物流、支付有要求（如货到付款）的买家，可以选择物流、支付比较方便的卖家。对商品比价，首先要了解平台对商品发布的要求，商品一般分为标准化商品和非标准化商品两种。

标准化商品指商品具有一些固定的属性，使得商家在发布商品时，有一些固定的属性无法修改，而可以被购物平台的系统轻松识别。比如：华为 A199 这种“品牌+型号”的方式，在淘宝网发布信息时，品牌必须选择华为，而型号一栏则需选择 A199，不论商品标题、宝贝描述如何修改，淘宝都可以知道这个商品主要销售的是华为 A199 手机。对于标准化商品的比价，买家只需要到一些比价网站，如一淘网，51fanli 网直接搜索“品牌+型号”这种商品独有的属性就可以了，如图 3-1-10 所示。

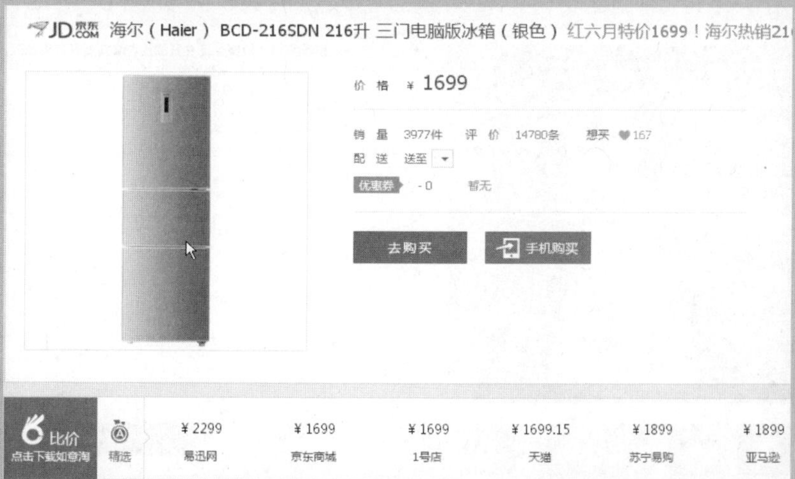

图 3-1-10 标准化商品比价

非标准化商品指商品没有让购物平台可以直接识别的固定属性，购物平台在识别两个商品是否为同一商品时，必须使用一定的智通算法，而不是由系统调用的信息直接使用。比如，同一款衣服，款式、质量、生产厂家一模一样，由于没有品牌和货号的统一规定，当在网络平台上进行销售时，商家 A 可以把这款商品的品牌定义为“正大衣秀”，货号定义为“C1235”；商家 B 可以把这款商品的品牌定义为“正大酷秀”，货号定义为“PS4578”。在淘宝网上，对于这种非标准化的商品，一般的比价方法是搜索商品的标题或者标题中相对有通用性的一些词，如图 3-1-11 所示。

图 3-1-11　搜索商品的标题比价

提示：商品标题可以由卖家按照淘宝网的规则，自由进行撰写，撰写自由度比较大，商家如果把商品标题改得相对个性化又不违反淘宝网的规则，上述的比价方式就无法找到同类商品。所以搜索标题比价的方式，并不能找出所有的同一商品，只能找到一部分。

3. 宝贝详情页

宝贝详情页是指商品展示的页面，是决定买家是否对商品满意、是否要购买商品的决定性页面，也是买家停留时间最长、对买家影响最大的页面，如图 3-1-12 所示。

图 3-1-12　宝贝详情页

淘宝网商品的宝贝详情页，主要分为两大部分，一部分是由淘宝网系统后台提供数据，卖家选择填写，淘宝网严格监控的部分，这部分的内容包括商品主图、商品关键属性（如品牌、货号、型号等）、商品非关键属性（款式、风格、材质等）、商品销售属性（颜色、尺码等），这里的数据的真实性受到淘宝网的严格监控，如果卖家故意填错，很容易被系统发觉，并被处罚。因此，这部分内容卖家可以灵活操作的空间非常小，信息真实可信度非常高，但由于这部分信息一般是由文字来展示的，在整个宝贝详情页的所占比例较小，在满是图片的页面中，相对容易被忽视，所以买家关注得较少。另一部分是宝贝描述，这部分内容由卖家自由编辑，由图片、文字、视频等组成。淘宝网目前的技术还不能完全监控宝贝描述中的内容，因此买家在购买商品时，一定要仔细查看宝贝描述，同时对里面内容的真实性要有一个自己的判断。比如，买家喜欢看评论，很多卖家就把一些评论截图进行 PS 处理，放在宝贝描述中，一些没有查看淘宝系统评论的买家，会认为该商品评价确实很不错，但实际的情况是这张图片的真伪很难考证，如图 3-1-13 所示。

图 3-1-13　宝贝描述中的商品评价

图 3-1-14 中所示的评价内容，买家就没有办法去真正识别它的真实性，有可能是真实的评价，也有可能是卖家自己伪造 PS 的商品评价。

买家在浏览宝贝详情页时，需要注意的地方是：分清哪些模块是淘宝系统决定的，卖家无法优化甚至是作假欺骗的；哪些模块是卖家可以自由添加的，自由添加的模块卖家的灵活性就非常强，没有办法避免卖家利用自己的专业性设置甚至是伪造一些对自己有利的内容模块来迷惑买家。在遇到宝贝描述中卖家灵活设置、买家感觉不自然的情况下，可以通过仔细分析来判断一下这里的“水分”。最通用的一个防止自己上当受骗的杀手锏就是通过旺旺聊天来咨询卖家，旺旺聊天记录是被淘宝网系统一直保存的，是淘宝网在解决买家与卖家纠纷时的“法律依据”，因为卖家也许有胆子利用自己的专业性在宝贝详情页里迷惑甚至欺骗买家，但却不敢在旺旺聊天时欺骗买家。总之，购物经验总结为一句话就是“分清真伪，多多咨询”。

很多人在网上购买商品时，常常买不到适合自己大小的服装，不是大了，就是小了，严重打击了买家购物的积极性。最根本的原因是万千买家脑子里概念上的尺码标准只是一个相对的概念，没有统一的标准，实际上服装的尺码，不管是“大号，中号，小号”“S，M，L，XL”，还是“155，160，165，170”，在市场上都没有一个统一的数据标准，国码、标码、欧码纷繁复杂。买家在购买这些商品选择尺码时，就不能使用自己平常概念中的尺码，而是要以数据来说话，测量一个自己平时穿的衣服的大概数据，选择宝贝描述中的尺码表（见图 3-1-14），对应相关的数据来选择尺码，往往会取得非常好的效果。尺码名称的叫法和实际的大小会不一样，但尺码的数据是不会变的。

尺码	衣长(cm)	肩宽(cm)	平铺胸围(cm)	袖长 (cm)	裙摆 (cm)	平铺腰围(cm)	建议适合胸围
S	. 79	33	83	10.5	144	70	78-81
M	81	34	87	11.5	144	74	82-85
L	83	35	91	12.5	144	78	86-89

▲ 全部平铺手工测量的哦，测量方式不同，会 有1-2厘米的误差

图 3-1-14　宝贝描述中的商品尺码信息

4．订单提交页

提交宝贝购买订单的页面如图 3-1-15 所示，在这个页面中要确定自己的物流信息是否填写正确，商品的型号、颜色、尺码等是否选择正确，一般一个服装类的订单提交上去，有七个要素：商品货号、商品颜色、商品尺码、收件人姓名、地址、电话、邮编。如果有特殊的快递要求或其他要求，可以在备注里标明。对自己购买的商品心存疑惑时，可以购买退货运费险。

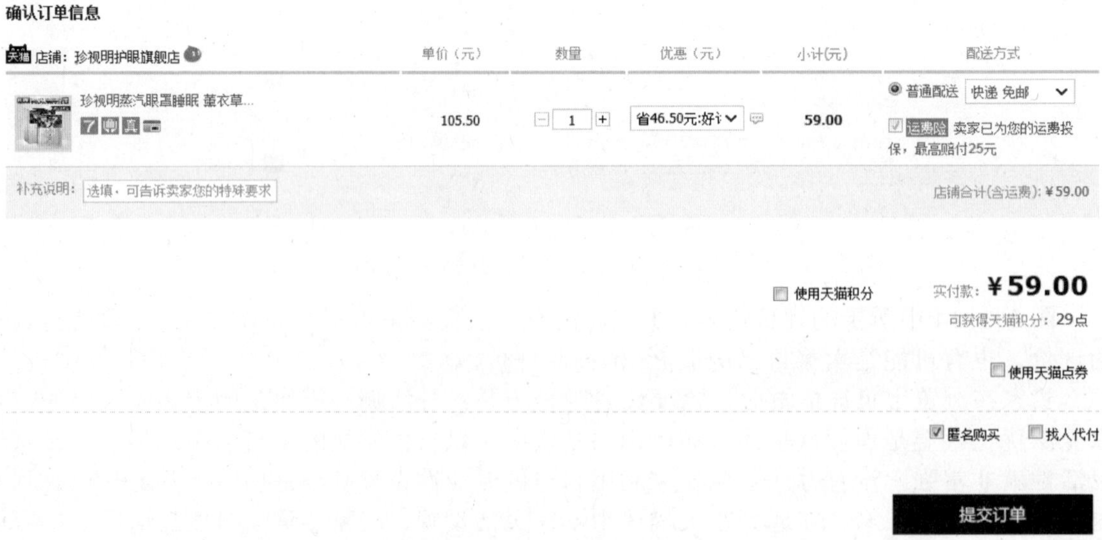

图 3-1-15　订单提交页面

买家在提交订单时花几角钱购买一个退货运费险，如果商品由于各种原因出现了退换货情况，将会由保险公司来赔偿买家的邮费损失。退货运费险是由淘宝公司与保险公司合作的一项业务，未来不排除淘宝公司会选择多家保险公司来合作，详细内容见 http://service.taobao.com/support/knowledge-1121384.htm?spm=a210c.1.3.9.ggtCRz，买家投保协议具体细则如下。

退货运费险（买家）投保协议

甲方：淘宝网买家

乙方：华泰财产保险股份有限公司

为了保障甲方由于与淘宝网参加 7 天无理由退换货商户协商一致的退货所引起的运费损失风险，提升甲方的购物体验，为甲方提供更为完善的交易流程，解除甲方在交易中的后顾之忧，根据《中华人民共和国保险法》等有关法律、法规，甲乙双方本着自愿、平等的原则，就甲方为其在淘宝网交易平台上所购买商品的运费投保退货运费险事宜达成以下保险协议。

一、投保

甲方作为投保人，为其在淘宝网交易平台上购买商品所支付的运费投保，并向乙方支付保险费。

甲方可以自由选择是否需要为其所购的商品投保退货运费险，以购物车形式拍下的每份订单，将作为一个整体仅需投保一次，保险价格以展示为准。

若甲方所购商品的卖方已为该商品投保了退货运费险，则甲方无须再次投保。

甲方仅可为每份订单投保一次退货运费保险。

二、保障范围及额度

仅承保通过淘宝网交易平台成交且支持“7 天无理由退换货”的商品。

最高保险金额为 25 元，每份保险合同实际保险金额为淘宝网交易平台所提供的与其签约的所有物流公司中，相同路线最低首重价格。

三、协议期限

本协议有效期自甲方所购商品的所属卖家发货时起，至甲方或甲方代表签收该货物之时起七日止，或甲方在线“确认收货”时止，以时间先后顺序较早发生者为准。

四、保险期间

保险期间自甲方或甲方代表签收货物之时起七日止，或至甲方在线“确认收货”时止，以时间先后顺序较早发生者为准。

五、保障项目及赔偿限额

保障内容	赔偿限额
在保险期间内，当网络购物行为发生后，因实物与网上展示不符或投保人与保险人协商一致的其他理由，买方或收货方在买卖双方约定的退货期间内退货，且卖方允许买方或收货方退货并承诺返还货款，保险人按照保险单约定的退货运费进行赔偿	按照淘宝平台签约的所有物流公司中，相同路线最低首重价格赔付，续重价格乙方不予赔付 如果由乙方指定的物流公司上门取货，则运费赔款支付给指定的物流公司而不再支付给甲方

具体内容以条款及保单约定为准。

六、保险费及支付方式

1．保险费的确定

乙方将以淘宝网交易平台所提供的与其签约的所有物流公司中，相同路线最低首重价格为每份保单实际保险金额及赔付基准，并根据该实际保险金额及相应费率向甲方收取退货运费保险保险费。乙方有权根据实际赔付情况对保险费率进行调整，并适用于其后投保的保险合同。（具体赔付金额请参考“买家运费赔付标准”）

2．支付方式

随甲方所购商品同时一次性通过支付宝支付。

七、理赔与服务

每份保险合同的理赔基本原则是在保险金额范围内以实际损失为限，对未实际发生的损失不予赔付。

例：若买家在同一个商家购物，在未使用购物车的情况下以两笔订单购买了两件商品且分别购买了保险。当发生退货时，若买家将两件商品以不同包裹分两次寄回，则乙方将根据实际发生的退货运费损失，在保额内赔付两笔运费；若买家在同一个包裹内一次性将两件商品寄回，则乙方将仅以实际发生的运费损失，在保额内赔付一笔运费。该笔运费以两件商品中先被确认同意的退货申请进行赔付，以时间先后顺序较早发生者为准。

支付宝将退货款划入买家支付宝账户后，华泰保险开始审核运费险理赔申请，审核时间需要72小时，通过审核后理赔款实时划入买家支付宝账户。乙方将该笔理赔款支付到甲方支付宝账户。

如果申请退货时甲方所填写的物流单号为不可查实的虚假单号，则乙方将不承担退货运费保险相应的保险责任。

如果买卖双方或一方故意制造保险事故，或在未发生保险事故的前提下谎称发生了保险事故，乙方不承担赔偿保险金的责任，并有权解除本合同，且不退还保费。

八、争议处理

在协议履行过程中，双方发生争议，应本着实事求是的精神及时协商解决。双方不能达成协议时，可提请杭州仲裁委员会仲裁。

九、协议的解除

如甲方完成支付后，因卖方缺货或甲方与卖方协商一致的其他理由，卖方无法发货或确认不进行发货，且同意为甲方全额退还货款，则本协议解除，甲方已支付的保险费将默认退回至其支付该笔保费的支付宝账户，如有特别约定的情况除外。

卖方一旦发货，则此协议将不能解除。

理赔注意事项：当在线完成退货操作并退款成功后，系统会自动为您提交理赔申请，但请您务必在线完成全部退款流程并填写实际发生且正确的物流单号，在没有完成退款前请勿点击“确认收货”。

5．订单支付页

订单支付页如图3-1-16所示，淘宝网可以选择的支付方式主要分为五种：储蓄卡、信用卡、现金或刷卡、消费卡、找人代付。其中，使用最为广泛的是网银储蓄卡、储蓄卡和信用卡快捷支付、网银信用卡。

图 3-1-16　订单支付页

快捷支付（含卡通）是支付宝联合各大银行推出的全新、最安全、轻松的支付方式。付款时无须登录网上银行，只需关联用户的信用卡或者借记卡，每次付款时只需输入支付宝支付密码即可完成付款。它具有安全、便捷、保障有力等三大优势。各家银行开通快捷方式的方法不同，最方便的是直接登录大众版网银就可以开通快捷支付（如招商银行），其次是需要登录专业版网银才可以开通，再次是必须到柜台才可以开通。整体上推荐大家一次性绑定，之后每次付款就不需要转网银页面那么麻烦了。招商银行等一些银行和支付宝合作比较深入，绑定快捷后同时开通了卡通的功能，可以实现即时提现，提现零手续费，即时到账。相对于其他银行普通提现免费、隔天到账、2 小时到账、提现收取手续费，卡通也是一个非常不错的选择，如图 3-1-17 所示。

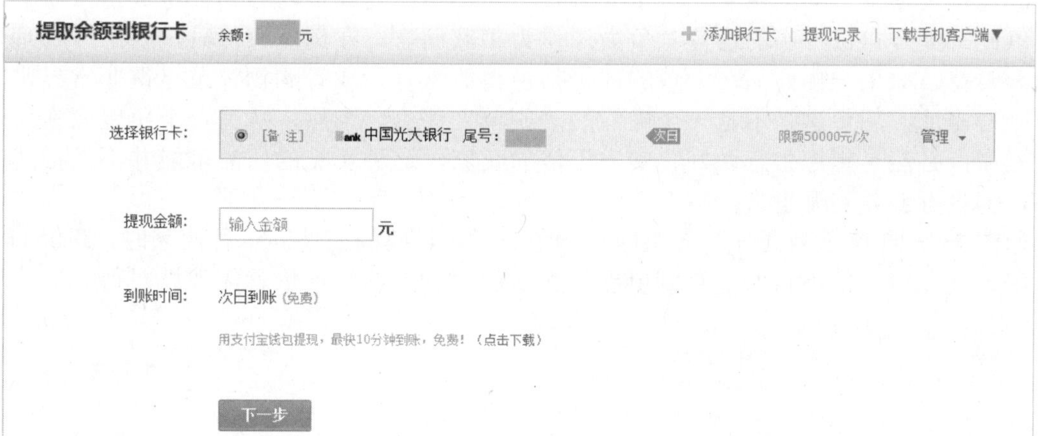

图 3-1-17　支付宝提现页面

关于信用卡支付，支付宝有相对复杂的体系。对于没有开通信用卡支付的商家，买家的每张信用卡每月只可以有 500 元的额度，用完即止。对于开通了信用卡支付的商家，买家付款限额基本上不受限制，但商家要被支付宝扣掉 1%的手续费。一次性付款商品 600 元及以上，就可以选择信用卡分期付款。淘宝网已经和中国银行、平安银行、中国农业银行、招商银行、光大银行、民生银行、中信银行、广发银行、建设银行、兴业银行等多家银行达成合作协议，支持以上银行信用卡在淘宝网上购物分期付款业务。分期手续费率及限额各家银行各不相同，一般而言低于信用卡账单分期手续费率，具体可以参考淘宝网官方说明页面 http://help.alipay.com/lab/help_detail.htm?help_id=249183。

6. 售后查询页

商品购买之后，需要在淘宝网后台查看物流信息、处理退换货。图 3-1-18 是一个商品购买完成之后的页面。买家可以直接点击“查看物流”链接，查看商品的快递信息，淘宝网和多家快递公司达成物流信息共享的合作，所以在淘宝网的后台直接可以同步看到快递信息。但也有一些快递公司未与淘宝网后台进行对接，如中国邮政的 EMS，就需要买家找到快递号，自己到中国邮政的官网，进行快递信息的查询。买家买到的商品不满意时，处理退换货是非常常见的事情，建议买家处理退换货尽量走淘宝后台官方的流程，而不是采用和卖家口头协商的方式，有了淘宝系统的介入和保障，退换货会更加流畅和快捷。口头协议虽然表面上看可以节省时间和步骤，但一旦出现问题，权益容易受到侵害，买家卖家之间的纠纷会旷日持久，费心劳力。

图 3-1-18　商品购买完成页面

7. 商品评价页

商品评价是淘宝网构建网购诚信体系的一大重要制度保障。商品评价是影响后来买家购买的一个非常重要的因素，商品评价的内容被淘宝纳入了搜索结果之中，对卖家非常重要。因此，卖家常常会采用雇人刷单的方式，来把自己的评价内容和评价数量做得非常好看，以此来提升自己网店的运营竞争力。作为买家而言，在浏览评价时，要用一种理性的眼光来看待，如果一件商品，大量的评价都说得非常好，或者购物记录显得非常异常时，就要小心谨慎，想想这是不是一个虚假的“刷单”评价。当然，从另一个角度而言，肯刷单的卖家，必然是想把生意做好、实力不俗的卖家，这种卖家的商品可能并不像描述的那么好，但也不会差到哪里去。

如图 3-1-19 所示为同一个人买同样颜色、不同尺码的三件同一种商品时，评价的话语一样好，就显得非常不自然，有刷单虚假交易的嫌疑，这种评价就需理性对待。

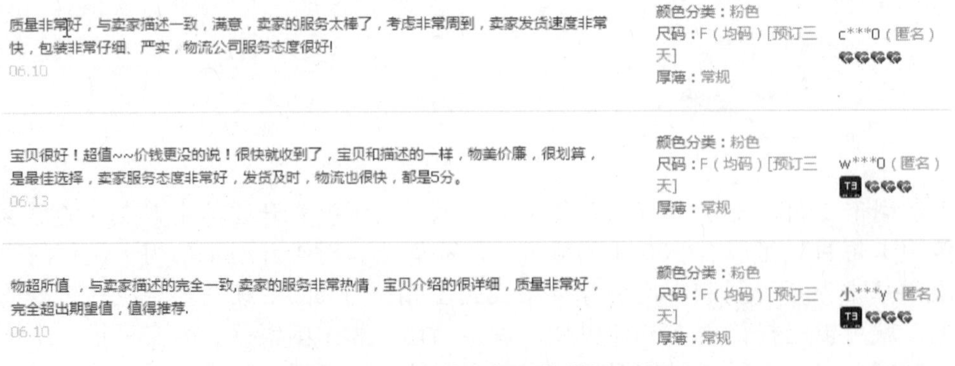

图 3-1-19　刷单虚假评价嫌疑页面

综上所述，要想成为一个真正的淘宝网购物达人，需要从细微处入手，了解一些淘宝平台的规则及卖家的实际情况，结合自己的常识，保持清醒的头脑，多加实践，时间久了，买得多了，自然就会有一套自己的心得体会了。

提示：

淘宝网店页面汇总

浏览页面类型	注 意 事 项
宝贝列表页	学会使用淘宝网购物选项，理解淘宝网系统服务的内涵
宝贝详情页	熟悉区分哪些内容是卖家自己随意设置的，哪些内容是淘宝网系统提供，卖家不能更改的
订单提交页	避免地址错误，学会使用留言和运费险
订单支付页	掌握各种支付方式的差异
售后查询页	学会查询物流信息，了解退换货系统流程
商品评价页	理解评价的意义和真相

三、拓展内容

在了解了淘宝网的一些规则之后，一些读者不禁思考，为什么淘宝网要制定这样的规则，而不是那样的规则？规则的设计是出于多方面利益考虑的，淘宝网在设计规则时，是如何平衡买家、卖家与自身利益的关系的？淘宝网发展到今天，已经是一个集合了 600 万卖家、2 亿买家、上百万电商相关服务人员的大的生态系统。在这样一个系统中，最大的根基来自于 2 亿买家，所以买家的利益应该是这个生态系统规则的制定者优先考虑的要素。比如，这个系统中有一条规定：天猫商城中的商品，如果未能在 72 小时之内发货，买家则可以申请商品价格 30%，最高不超过 500 元的赔偿，卖家不得拒绝。从这条规定中可以看出，当买家和卖家的利益发生冲突时，淘宝网的规则是向买家倾斜的。这里面很大的一个原因就是因为卖家对淘宝平台和买家而言是有很强的可替代性的，而买家对淘宝平台是没有可替代性的。少一个买家，淘宝网就少了一个用户，少了很多的交易额，用户走了就不会再回来，对淘宝网是种损失；而少一个卖家，他提供的服务马上又可以被其他卖家提供，对买家和淘宝网都毫无影响。无怪乎，媒体惊呼，自从有了淘宝网，有了网购，中国的消费者才体会到“顾客就是上帝”这句话的真正内涵。

淘宝网是一个商业网站，更是一家企业，企业的天职就是赢利，所以淘宝网自身的利益是制定规则时一个非常重要的原则，淘宝网尽可能在不影响买家购物体验的情况下，去攫取自身更大的商业利益。

例一：在淘宝网上任意搜索一个关键词，只要这个关键词下有商城的商品，那么排在前三位的始终是商城的商品，如图 3-1-20 所示。淘宝网店中的橱窗推荐是一个搜索排序的加分项，不同等级的店铺橱窗推荐的数量不同，最高级别的店铺，最多也只有不超过一百个橱窗推荐位，而商城里的商品，全部是橱窗推荐。

图 3-1-20 搜索结果前三名为商城商品

淘宝网为何要如此偏爱甚至是偏袒商城商品呢？难道是商城的商品就一定比 C 店好吗？恐怕未必，这么做的最根本原因之一，就是商城的商品销售出去之后，淘宝网自身可以得到销售提成，而 C 店的商品销售后，淘宝网无法得到销售提成。出于自身利益的考虑，淘宝网把每个搜索结果中最高排名、最热门、最高成交率的三个位置让给了商城，商城本身的商品数量具备一定的规模，从中按照相关排序规则选择出三个最优的商品来，虽然不比从全网（淘宝和天猫）数百万商品结果中选择出的结果好，但微小的差别也并不影响用户的体验，同时可以增加淘宝网的收入。

例二：百度搜索“刷销量”，可以得到 51.6 万个结果，如图 3-1-21 所示，可见这种行为由来已久，并形成了一定的影响力。

图 3-1-21　百度搜索“刷销量”

对于刷钻、刷销量、刷评价等淘宝网灰色产业问题，明显是危害买家利益的行为，淘宝网在技术上是可以实现大面积、深入打击的，淘宝网为何要采取“睁一只眼，闭一只眼”的态度呢？一方面是由于实施严格管控，会造成淘宝网成本的上升；另一方面是因为卖家的这种虚假交易行为，淘宝网本身是有利可图的。首先，在淘宝网发展的过程中，有这些人进行虚假交易，淘宝网佯装不知，对外宣传时，数据就显得非常好看。淘宝网对外宣称 2011 年交易额 7 849 亿元，2012 年交易额破 1 万亿元，这些华丽的数据背后蕴含着大量的水分，虚假交易做出了巨大而惊人的贡献，除了淘宝网自身之外，外人无从知晓。这种宣传极大地提升了淘宝网的品牌形象和知名度。其次，淘宝网直接从这些虚假交易中获得了收益。商城的每一笔刷单，淘宝网的销售提成照扣，商城的刷单与真实交易，淘宝网得到的实际扣点利益是一模一样的，刷得越多，淘宝网的收益就越大。对于那些刚刚开业的商城，还未能有客户和大量成交时，淘宝网的收益是很少的，但他们一旦刷单，就会给淘宝网贡献源源不断的销售提成扣点。淘宝网管理者要做的就是，不要让这种灰色行为泛滥成灾，始终在一个他们自身可以控制的范围内。一边唱高调，要打击刷单；另一边又去享受刷单给自己带来的巨大收益。

买家是淘宝系统的基石和衣食父母，淘宝网又格外重视自身的利益，这并不代表淘宝网不重视卖家的利益，毕竟买家享受服务，淘宝网收取的收益绝大部分来自于卖家，没有了卖家，买家享受不了服务，淘宝网也会完全无利可图。淘宝网对卖家的“苛刻”和“压迫”是有前提和条件的。对于一些不遵守淘宝规则，商品和服务毫无新意，在淘宝网上可替代性极强的卖家，淘宝网是非常苛刻的；而对于那些富于创新、小而美、商品和服务可替代性极小的商家，淘宝网是极力拉拢和维护的。其中，淘品牌天猫原创、特色中国等项目，就是淘宝网重点扶持的对象，在淘宝网的首页，给出了专门的流量链接，如图 3-1-22 所示。无偿输入大量的流量，进行广泛的宣传。

图 3-1-22　淘宝网首页扶持项目链接

总而言之，淘宝网在制定规则时，表面最重视的是买家的利益，实际上最重视的是自身的利益。对卖家，有利于淘宝网自身利益，有特色的就重点扶持；没有特色的就给个基本待遇，允许其在规则下参与竞争。随着淘宝网商品数量的增加，没有特色的商品，无法在占用淘宝网资源的情况下获取流量，而一个店铺的开启，总归会为淘宝网带来一定的活跃度，店家在没有了解规则的时候，会把自己的亲朋好友接到淘宝网内部，进入的人会对淘宝网产生更深一步的认识，因此，买家没有特色，对淘宝网有利而无害，所以淘宝网并不怎么打击那些没特色的“僵尸店铺”，因为淘宝系统本身，已经可以很好地过滤这些店铺带来的负面影响。

➘ 子任务 2　B2C 网站介绍

一、B2C 网站概述

B2C 是英文 Business to Customer（商家对顾客）的缩写，而其中文简称为“商对客”。“商对客”是电子商务的一种模式，指有货的品牌商、厂家、贸易商以公司的形式直接在网上开设网上商城或店铺，把自己的产品或服务直接通过网络销售给普通消费者。与 C2C 最大的区别就在于，在网络销售行为上，C2C 的卖家是以个人名义进行运营的，而 B2C 的卖家是以企业的名义进行运营的。在中国，电子商务发展到现在，C2C 和 B2C 之间的界限变得十分模糊，淘宝 C 店也有非常多年销售额上千万元的店铺，背后运营的团队也是一个注册公司，由于网店在注册之初是以创始人个人的名义注册的，后来不断发展壮大，创始人经营规模扩大后，就注册了自己的公司，而网店保持了原有的个人面貌。店铺所有权是个人的名义，但运营团队早已公司化，这种情况就很难去区分网店到底是 C2C 还是 B2C。阿里巴巴集团战略参谋长曾鸣就曾在 2009 年说过：“淘宝从来不是一个 C2C 模式，我们最大的特色是小 B2C，淘宝的 C 其实都是小 B。”

在这种大背景下，在国内，大家公认的卖货类 B2C 是指一些较大的卖货平台或者较大品牌的自营商城，卖货平台如天猫、易讯、京东、当当、亚马逊、库巴、苏宁易购等，较大品牌的自营商城如华为商城、海尔商城等。除了卖货类的 B2C 外，一些导购折扣，如机票、酒店、团购等也属 B2C。凡是以企业名义直接把产品或服务通过网络销售给普通个人消费者的网站，都被统称为 B2C 网站。综合购物类如天猫、QQ 网购等。垂直细分领域较有名气的网站，如数码家电 3C 类，京东、苏宁易购、国美商城、新蛋网、库巴网等；潮流服饰类，如凡客诚品、唯品会、梦芭莎、银泰网、麦考林等；鞋子箱包类，如麦包包、好乐买、名鞋库等；美容保健类，如乐蜂网、天天网、草莓网等；母婴玩具类，如红孩子、母婴之家、丽家宝贝等；日用百货类，如一号店、酒仙网、我买网等；导购折扣类，如蘑菇街、美丽说、返利网等；团购类，如美团、聚划算、拉手网等。这么多垂直网站，虽然有各自擅长的细分品类，但随着发展壮大，它们也在积极地扩展自己的品类，逐步让自己走上一个综合类的 B2C 网站。比如，京东商城以 3C 产品起家，发展起来之后，陆续拓展了图书、百货等品类，同时对外开放了服装等品类。凡客诚品以自主品牌服务为主，发展壮大后，又引入了品牌折扣商品。非常多的垂直 B2C 网站从一个细分领域进入市场中，在这个细分领域取得一定成就之后，就开始积极拓展新的品类，大有把自己打造成一个综合平台的趋势。

著名咨询统计机构艾瑞报告显示，2014 年中国网络购物市场交易规模达到 2.8 万亿元，同比增长 48.7%，仍然维持在较高的增长水平，如图 3-1-23 所示。根据国家统计局 2014 年全年社会消费品零售总额数据，2014 年，网络购物交易额大致相当于社会消费品零售总额的 10.7%，年度线上渗透率首次突破 10%。B2C 市场中，天猫市场份额占比超六成，京东占比为 18.6%，其余 B2C 网站中唯品会、1 号店、国美的增速均高于 B2C 市场整体增速。从以自主销售为主的 B2C 市场来看，京东占比近五成，苏宁易购占比达到 8.5%，唯品会占比达到 7.7%，其他项中小米手机官网发展迅速，整个市场集中度依然较高。艾瑞分析认为，阿里巴巴及京东等综合性电商企业在进行多元化发展的同时，其他电商企业也纷纷在行业内寻找自己的生存空间，从供应链整合、产品拓展、品牌打造、服务优化等各方面持续发力，提升企业的核心竞争优势，因此网络购物行业竞争格局将持续演进。

图 3-1-23　中国网络购物市场交易规模

二、B2C 网站运营

B2C 网站运营一般采用两种方式：自营与平台。自营销售指 B2C 网站自己联系供货商，在自己网站上直接销售商品，商品的采购价与销售价之间的差额为自己的利润。京东的 3C 产品和当当的图书音像产品均采用这一模式。平台模式指平台出租店铺，商家自己在平台上开设店铺，自己经营，遵守平台的规则，并向平台方支付一定的店铺使用技术服务费，销售出的商品按照平台的约定给予平台销售扣点，平台本身不参与商品销售的过程，只制定规则进行监督，提供技术支持，如天猫、QQ 网购就采用平台的模式。在一般的 B2C 网站中，自营和平台往往是同时存在的，如京东商城，数码家电类的商品以自营为主，服装类的商品则以平台招租模式为主。

一种商品到底是适合自营还是适合平台招租，关键看哪种方式能更好地满足消费者的需求，能提供更好的服务和更低的价格。自营较大的优势在于物流配送和商品的供应链管理，劣势在于如果商品非标准化，需要专业性的客服解答，自营就难以满足要求。平台招租优势在于有自己的客服团队和专业的运营团队，对产品非常了解，通过自己的包装和服务，可以给产品提升附加值。自营的商品往往标准化程度非常高，像京东的 3C 产品、当当的图书音像产品、凡客诚品的男士衬衫，消费者在购买这些商品时，对服务的要求非常低。如消费者在购买图书时，只需要了解一下书的名称、作者等基本情况，如图 3-1-24 所示，再看一下书的大概提纲简介，不需要去询问太多其他的问题，这本书拿到手后，实际的商品和自己从网络上获取的信息得到的期望基本是一致的。

图 3-1-24　图书信息

如果是一件连衣裙，在淘宝网上数据包装得非常精美细致的连衣裙可以很好地获得卖家的青睐，并卖出较高的价格，在购买前，买家还要通过旺旺反复咨询关于连衣裙款式、材质、搭配等非常多的专业知识，最终一个包装到位、服务品质较高的卖家，可以把连衣裙以较高的价格销售出去，客户满意度也非常高。而一个不懂行的人来销售这款连衣裙，可能水平较低的页面设计直接就使消费者拒而不理了，如图 3-1-25 中第一个与第四个的比较，一款一模一样的衣服，不同的表现形式，给人完全不同的感觉。专业沟通过程中的专业知识，也远非平台可以解决的，一个平台就算有自己的客服部，也不可能同时精通上百万件商品的特点和特性。

图 3-1-25　商品包装对比

相对而言，标准化程度非常高、消费者对产品的差异化感觉非常小的产品，服务在销售过程中影响较小的产品相对适合自营，如手机充值、游戏币充值、大品牌统一型号的家电、手机、电脑、数码产品等。标准化程度相对低、服务在销售过程中影响比较大的产品则需要进行平台招租，如服装类、化妆品类、家居类商品。技术在不断地进步，创新也在不断地涌现，平台自营和平台招租的产品两者也在相互融合。

➘ 知识链接

商家对 B2C 网站的选择

对于一个商家而言，选择入驻哪个平台，最主要的因素要看平台是否适合自己的产品，入驻以后的成本与收益是否可以达到一个对自己比较有利的水平。每家平台的运营水平不一，用户结构不同，收费标准也各不一样，截至 2013 年 6 月，以服饰为例入驻各大 B2C 平台的费用如下：

1）天猫保证金 10 万元，平台使用费 6 万元，扣点 5%；

2）京东保证金 1 万元，平台使用费 6 000 元，扣点 8%；

3）当当保证金 1 万元，平台使用费 6 000 元，扣点 8%；

4）一号店保证金 5 000 元，平台使用费 3 600 元，扣点 6%；

5）QQ 商城保证金 2 万元，平台使用费 6 000 元，扣点 5%；

6）亚马逊保证金 0 元，平台使用费 0 元，扣点 10%。

入驻后平台上的产品销售和普通的淘宝 C 店几乎没有差异，只是由于是企业，平台对卖家的要求更高，处罚更重。以淘宝网及天猫为例，同样是销售的商品，被买家拍下后发现没有货了，C 店给买家退款就可以了，而天猫 B 店则要因为自己违反了天猫不许无货空挂的规定，除了全额退款之外，还需要赔偿买家商品价格 30%、最高不超过 500 元的赔偿金。

在电子商务的五大核心要素信息流、流量、诚信、支付、物流中，淘宝网只有物流较落后，其他四项远远领先，是行业标准的制定者，其他 B2C 网站大多是模仿者和追随者。物流方面由于淘宝网没有自建物流，因此远落后于京东的自建物流。在家电、家具等大件商品的快递配送方面，淘宝网的商品需要出高额的费用，而京东则可以直接免掉邮费，如图 3-1-26 所示。

图 3-1-26　淘宝商品自付邮费

京东是自建物流，订单规模化后，物流的价格会降低，服务品质会提升，而淘宝网的卖家采用的是第三方物流，物流的价格和服务水平均不由卖家来控制，只能被动地接受快递公司的价格和服务，成本上面要么自己从利润中帮买家垫付，要么直接转移给买家。快递费用的高涨就制约了淘宝网这种使用第三方物流的平台招租模式在一些特殊行业的发展，比如家电、家具行业，普通的一台电冰箱，从北京快递到重庆，费用要 100 多元，服务品质也难以得到保障；而自营物流的快递成本只有不到 50 元，服务品质也相对较好。

物流是影响用户体验非常重要的一环，淘宝网由于物流的滞后，直接使得购物体验变差，据说从 2011 年起，由于用户体验变差，淘宝网每年流失大量的中高端客户到京东一类用户体验较好的 B2C 平台中去。马云成立菜鸟网络，企图彻底解决物流瓶颈，具体效果如何，还要等待时间的验证。

任务 2　淘宝平台营销

子任务 1　淘宝网搜索优化

一、搜索情况

对淘宝网这样一个商品数量巨大、信息量巨大的网站，搜索成了用户迅速找到自己想要的信息的最重要手段之一。到底搜索对淘宝网用户的影响有多大，请看著名第三方统计工具 alexa 对淘宝网各个子页面的统计情况，如图 3-2-1 所示。

站点 淘宝网 的排名查询结果 [查看详细信息 | 历史数据查询已恢复可查当月数据]

当日排名	排名变化趋势	一周平均排名	排名变化趋势	一月平均排名	排名变化趋势	三月平均排名	排名变化趋势
10	0	10	⇩1	9	⇩1	8	⇧1

网站排名数据 统计的 淘宝网 下属子站点 被访问比例 及 人均页面浏览量 列表

被访问网址 [67 个]	近月网站访问比例	近月页面访问比例	人均页面浏览量
item.taobao.com	25.91%	24.13%	8.58
s.taobao.com	23.70%	16.98%	6.60
taobao.com	65.69%	10.61%	1.49
trade.taobao.com	14.76%	6.13%	3.82
bbs.taobao.com	10.57%	3.75%	3.27
login.taobao.com	15.33%	2.51%	1.51
m.taobao.com	7.66%	2.16%	2.60
ju.taobao.com	3.61%	2.00%	5.10
cart.taobao.com	6.91%	1.79%	2.38
shoucang.taobao.com	3.86%	1.15%	2.74

图 3-2-1　淘宝网 alexa 查询信息

淘宝网搜索子域名 s.taobao.com 是仅次于宝贝详情页子域名 item.taobao.com、淘宝网访问量第二大的页面，可以看出，搜索是用户在淘宝网上最常用的应用之一。买家在利用搜索进行购物时，基本的流程是：输入某个关键词，得到搜索列表页，在搜索列表页的众多结果中选择一个或多个自己喜欢的商品，点击进入宝贝详情页，浏览宝贝详情页，了解宝贝的具体信息，从而决定是否购买该商品。从这样一个购物的过程中可以看出，关键词下面呈现的搜索列表页的商品排列顺序，将直接决定着买家可能看到哪个商品，这种呈现是商品成交的最重要的前提条件之一。如淘宝网搜索“连衣裙”，如图 3-2-2 所示。图中找到相关宝贝 19 174 607 件，在淘宝网的数据中，“连衣裙”这个关键词下，商品自然排序按照从左到右、从上到下的顺序，商品的顺序依次为 1，2，3，4，5，…，19 174 607。上千万件的商品，淘宝网不可能全部呈现。还可以发现，淘宝网一共只呈现 100 页，每页每行有 4 个宝贝信息，一共有 11 行，计每页 44 个宝贝。在淘宝网系统设计的理论实践中，每一个关键词下面，不论数据库中真正的宝贝数量有多少个，只有排在最前面的 4 400（100×44）个宝贝才可以得以呈现，用户才有可能看到这些宝贝。这仅仅是淘宝网的理论设计，实际的情况是，绝大多数普通的用户不会去浏览十页以后的内容，从首页开始，页数越大，浏览的用户数就会越小，也就意味着，实际的情况是，哪怕有上千万的宝贝，绝大多数淘宝买家可能看到、浏览到的宝贝数量不过 10 页，440 个。如果你的商品排在 440 名之外，就意味着基本上不会有买家可以通过这种方式看到你的商品，更不用提成交了。

在淘宝网的搜索模型中，上百万数千万的宝贝，最终只挑选出 4 400 个展示，真正有价值的也不过 440 个，这些商品是如何挑选出来的呢？淘宝网又是如何来确保平台内部 600 万商家之间公平竞争的呢？商品的排序，考虑到用户体验和商家的公平性，淘宝网采用了两大核心原理：轮流显示和优先显示。

图 3-2-2　淘宝网搜索连衣裙

二、轮流显示

为了实现众多商家之间的公平性，淘宝网给予了每个商家平等的基本权利，按照宝贝下架时间的顺序，把某个关键词下的宝贝全部按下架时间排一个序，去除其他因素，离下架时间越近的宝贝，排名就越靠前，每一个宝贝都有公平排到前面的机会。在某个关键词下面商品数量较少时，轮流显示起到了非常大的公平作用，但同时也产生了很大的一个弊端。假如某一关键词搜索页面下正常有 10 个宝贝，淘宝网这一页面每天正常有 500 个流量，忽略其他因素，假定这些宝贝可以平分页面的流量，每个宝贝将得到 50 个流量。突然其中一个宝贝的卖家招募了 90 个分销商（或者在自己店铺内重复铺货），每个分销商都将这个卖家店铺中的宝贝复制一份，而对于这种复制，淘宝的系统无从识别。于是结果就变成淘宝网的系统认为这个关键词下的宝贝数量由 10 个变成了 100 个，而这一页面每天的正常流量依然是 500 个，于是每个宝贝得到了 5 个流量。对于没有招募分销商的卖家而言，他们的宝贝得到的流量从 50 个下降到了 5 个；对招募了分销商的那一个卖家而言，他的宝贝得到的流量从 50 个上升到了 455（91×5）个，占据了整个流量的 91%，近乎一个垄断性的地位。

轮流显示机制下分销或重复铺货的对比				
	流量总数	宝贝数量	非分销宝贝得到流量	分销宝贝得到的流量
分销前	500	10	50	50
分销后	500	100	5	455

在这种情况下，大家可以想象，把 9 个不同的宝贝与 91 个相同的宝贝混在一起排序，以前买家搜索这个关键词，一眼可以看到 10 款宝贝，而现在搜索这个关键词，一眼看去，将会是大量重复的宝贝，如图 3-2-3 所示。这种现象不仅破坏了淘宝网卖家之间的公平竞争原则，同样也极大地破坏了用户的体验。在流量就是销量、销量就是利润的基本常识下，这种方式给卖家带来了巨大的利益。当然在实际的情况中，淘宝网不可能允许卖家做到 91%的垄断，卖家也很难达到这一水平，一般情况能达到一个关键词下 10%的流量，就可以获取巨大的收益了。

图 3-2-3　重复铺货造成的问题

这种重复铺货的方式，使商品数量占据的总比重越小，对用户体验的伤害就越小，当同一个商品只是在每一页的 44 个宝贝中出现 2 次时，对用户体验的影响就几乎可以忽略为零了，能够在 44 个宝贝中，记住两个宝贝是一模一样的买家，已经是微忽其微了。随着商品数量的增加，淘宝网技术的发展，已经使这种情况有所缓和。淘宝网技术的方式是指，把系统已经判定为一模一样的商品，多个宝贝只显示一个位置，只展示其他评分最好的宝贝，同时提供一个链接（见图 3-2-4），供买家自己选择不同的商家进行购买。

图 3-2-4　淘宝网技术识别同一款宝贝

淘宝网搜索同时有一个规定，同一店铺，哪怕同一关键词下面有多个宝贝，最多也只

将最好的 N 个宝贝进行展示。利用分销多开店铺，即使是同一批宝贝，由于不同店铺内的宝贝评分各不相同，这就造成了在同一关键词下分销后，这批宝贝就有可能获得多个展示位，突破淘宝网只给两个展示位的限制。

重复铺货有巨大的利益，也有现实的需求，淘宝网的技术识别与卖家实际利益之间进行着一场博弈。卖家希望在不影响用户体验的情况下，尽可能多地利用重复铺货，获取更大的收益；淘宝网则希望杜绝卖家的这种行为，因为这种行为对其他卖家构成了不正当竞争。“屁股决定脑袋”，双方此消彼长，争斗不止，同时也正是因为这种争斗促进了平台的发展。

三、优先显示

优先显示，一是指通过对宝贝数据打分，打分高的宝贝被认为是优质的宝贝，优质的宝贝在排前时将显示更多的时间，比如，在轮流显示机制的大前提下，一个宝贝打 60 分，一个宝贝打 80 分，打 80 分的宝贝排前时可能显示 10 分钟，而打 60 分的宝贝排前时，只显示 5 分钟；二是指商品数量非常多时，即使是同一时间段，离下架时间都非常近，可供展示的宝贝数量远远大于可供展示的位置时，优质的宝贝将替代一般的宝贝进行展示。

优先显示的排序最突出的表现就是淘宝网的人气搜索，这种夸大了销量在评价宝贝是否优质的权重的做法促成了一个巨大的刷销量、刷人气的虚假交易市场。优先显示使得淘宝平台展现了非常强烈的“马太效应”，对卖家而言，强的越来越强，弱的越来越弱。在优先显示为主的机制下，一个宝贝一旦排名上升后，自然流量大涨，自然销量大涨，形成了一种先天性的优势，可以持续一周甚至一个月霸占某个关键词的前几位。买家常常会发现一种奇怪的现象，今天来搜索“连衣裙”，排在前面的是这几款宝贝，明天来搜索，还是这几款宝贝，后天来，依然是这几款宝贝。对卖家而言，通过正常手法上升的通道已经被完全堵死，只有采用灰色的手法，而刷流量、刷人气，以求自己的宝贝通过这种虚假的方式获得了人气排名之后，从人气排名的持续稳定性中，可以获取大量的自然流量和自然订单。你刷我也刷，谁不刷，谁吃亏；谁刷得狠，谁获得的收益巨大，市场形成了一种极其恶劣的“劣币驱逐良币”的现象。淘宝网对此采取“睁一只眼，闭一只眼”的态度，一切刷的行为淘宝网都洞若观火，有据可查，但它只考虑自己的利益和某种奇怪的逻辑而放任这种行为。在 QQ 中随便搜索一下“刷销量”的 QQ 群（见图 3-2-5），就可以看出这个市场已经很庞大了。

图 3-2-5　QQ 群搜索“刷销量”

优先显示产生的第二个重大影响就是价格低的商品大量涌现。淘宝网加大优先显示的权重，开始的手法过于粗暴，简单地认为销量好的宝贝就是优质的宝贝，太过于夸张了销量在评判商品是否优质中的比例。大家不钻牛角尖，不拿小概率事件说事，用常识，用通用性的分析可以知道，价格低的商品的销量肯定要比价格高的商品销量大得多，价格低的商品的质量肯定要比价格高的商品质量差得多。但这样一个常识在淘宝网上却变了味，淘宝网的规则认为销量大的商品就是好商品，形成了一个“质量差=价格低=销量大=优质商品”的怪圈，这个逻辑得到了一个“实际质量差=淘宝优质商品”的谬论。虽然淘宝网已经修正了人气搜索，削弱了它的权利，但这样一个谬论在淘宝网上依然存在。

随意搜索“连衣裙”，可以看到，价格低到难以至信的商品依然排在了最前列，销量也出奇得好，如图 3-2-6 所示，而这种商品的质量同样令人难以恭维。作为一个营销人、一个卖家，对于淘宝网的规则，我们可以批评，可以评判，但最终的目的不是当评论家，也不是有极强的动机去帮淘宝网修正这个服务，而是要利用好这样的规则，为自己的运营带来极大的利益。在这种机制下，作为一个卖家和营销人，应该清醒地认识到，“刷”是必须认真对待的，低价是比较好卖的。

图 3-2-6　淘宝网低价商品排前

➘ 子任务 2　淘宝网类目优化

在商品进行发布时，淘宝网为了给系统分类，设置了非常多的系统类目（见图 3-2-7），根据每种类目下的特性，淘宝网对类目下的商品进行了许多关键属性和非关键属性的规范性指导，希望通过系统的强制性设置，使得平台对全网发布的 2 亿件商品有一个明确而清晰的分类，对如此众多的商品具备的基本特性，有一个全面而完整的把握。

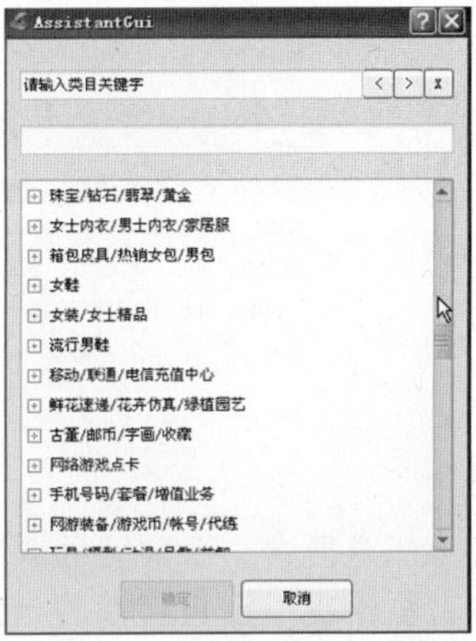

图 3-2-7　淘宝网系统类目

在对应的每一个类目下，淘宝网系统后台规定了商品必须有很多关键属性和非关键属性，每一个属性又对应若干属性值。系统可以通过类目和属性值对商品有一个全面的特性把握，如图 3-2-8 所示。

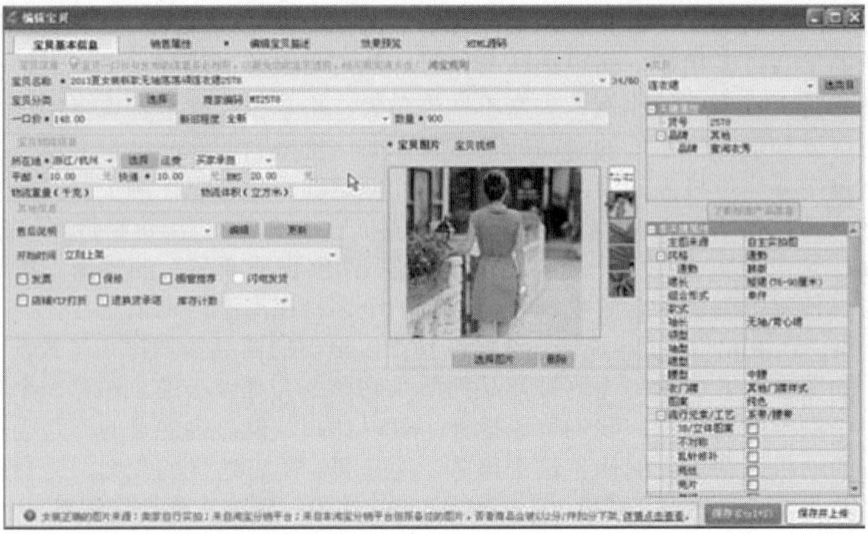

图 3-2-8　某款连衣裙后台发布页

如一款连衣裙，淘宝网要求卖家在发布信息之初就对连衣裙按系统的要求进行细致的划分，类目是连衣裙，品牌是蜜桃衣秀，货号是……风格是……淘宝网只需要对这些设置进行监督和监管，一旦查出某个商品放错了类目或属性，比如裤子放到了连衣裙类目下，欧美风格选成了淑女风格，系统就会对它进行提示，并进行一定程度的警示和处罚。处罚主要是进行扣分制，一旦某一商品扣分过多，淘宝网将会采取强制下架、关店等严厉处罚。所以，卖家一般不会去故意放错类目。后台类目的正确放置，为淘宝网前台商品按类目展示提供了便利。搜索虽然可以满足用户的需求，但很大一部分购物用户对直接导航式的分类有强大的偏爱，因此淘宝网不能像搜索引擎网站百度一样简简单单一个框，而采用了繁多的类目罗列方式，如图 3-2-9 所示。

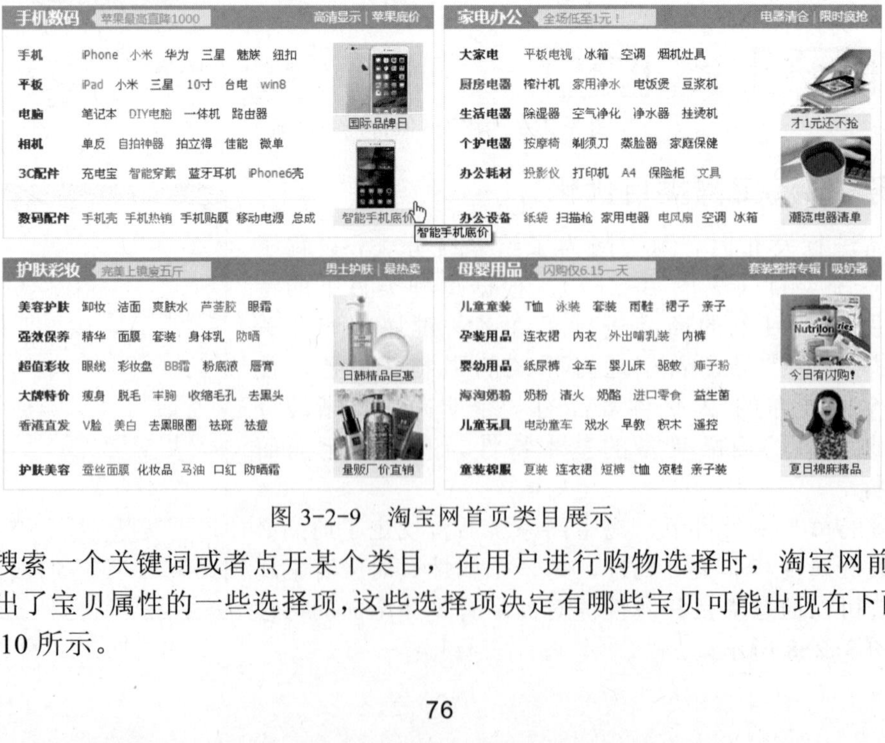

图 3-2-9　淘宝网首页类目展示

任意搜索一个关键词或者点开某个类目，在用户进行购物选择时，淘宝网前台在商品列表页给出了宝贝属性的一些选择项，这些选择项决定有哪些宝贝可能出现在下面列表中，如图 3-2-10 所示。

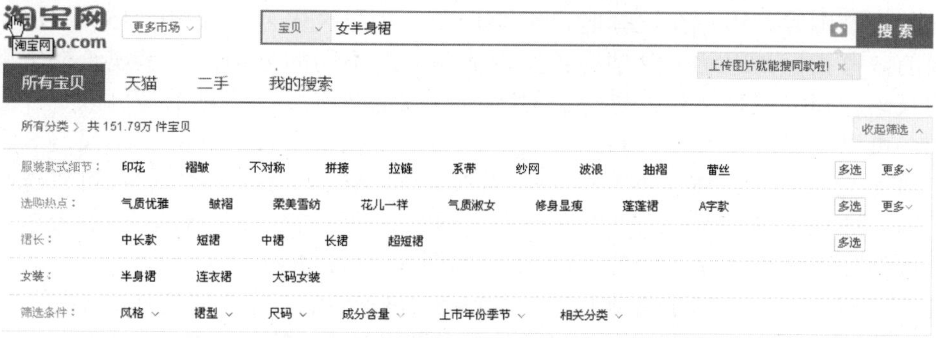

图 3-2-10　淘宝网前台列举宝贝属性选择

淘宝网发布宝贝时，对于属性的选择虽然有指导性的建议，但并非所有属性都必须添加，对属性的选择也有一定的灵活性。淘宝网前台列举的只是淘宝网系统得到的属性，如果一个宝贝发布时，没能选择某种属性，当用户在淘宝网前台点击这个属性时，就不可能看到这个宝贝的信息。比如对一款半身裙来说，如果它的风格是淑女的，那么风格这个选项在半身裙类目下宝贝发布时，并非是一个必选项，卖家如果没有选择淑女选项，买家从淘宝网前台点击淑女这个类目时就不可能出现这个宝贝。

对于单个商品而言，卖家可将属性尽可能加全加满，并给自己的宝贝打上尽可能多的标签属性，这样它在前台就可以承接到更多的流量，被更多的买家看到，最终给卖家带来更大的收益。对于那些相似的属性，比如淑女、OL、小清新、甜美、萌系风格类的，这些风格只是一种笼统的说法，并非有一种严格的区分标准，同一件衣服，可以说是淑女的，也可以说是 OL 的，甚至说是甜美的也不为过。在这种情况下，对于单个商品，卖家最好选择那些对自己相对有竞争力的属性值。比如选择淑女，自己可以排到前 3 页，获取较多流量；选择甜美自己就只能排到 10 页以后，获取流量的机会较少。从实用的角度考虑，这种情况下就应该选择淑女，以使自己达到更大的优化效果。

在实际的操作中，并没有很好的量化数据，可以清楚地得知一个宝贝到底是选择淑女对自己有利，还是选择甜美对自己有利，选择哪一种，大多是凭卖家的一种感觉和经验。实际的效果如何，同样无从考证，这需要非常精密的一系列软件监测系统的配合，才能得到实际的数据。对于分销商品而言，当属性出现这种多个可选项的情况时，不同的分销商拿到的数据包就应该包含不同的属性，以此使得分销的多个重复商品，一方面可以避开淘宝网系统重复铺货的监测，另一方面可以利用商品的复制覆盖到更多的范围。以服装类的商品为例介绍一下具体的方法。

1）品牌：如果分销的服装是中小品牌或者可忽略品牌时，供货商的目的只是想低调地出货，扶持分销商，每个分销商应该有一个自己的品牌，尽管是一模一样的商品，但它在不同的店铺内就属于不同的品牌了。

2）货号：不管销售的商品是否注重品牌，每个分销商应该有一个自己独有的货号，一来防止用户比价，二来防止淘宝网系统认为自己是重复商品。

3）风格：淑女、OL、小清新、甜美、萌系等之间的差异并非很大，分销时应该给不同的分销商设置不同的属性值，以使其与全店整体风格相适应。同时，这样可以实现商品的全覆盖，即把鸡蛋放在多个篮子里。

4）尺码：尺码的标准从来都不是统一的，从来没有一个统一的数据规定 M 号的肩宽、胸围、衣长、腰围等，用户在选择时，S、M、L，小号、中号、大号，155、160、165 也不是重要的参考指标。因此，分销应该实现的是，对不同的分销商，呈现给淘宝网系统尽可能多的尺码选择，但是不要太过分。对于尺码淘宝网前后台的显示是可以不一致的，前台的说明，可以不受后台实际选择的影响。比如，一款衣服有正常的三个尺码 S、M、L，分销商 A 在后台可以选择淘宝网默认的尺码 XS、S、M，分销商 B 在后台可以选择淘宝网默认尺码 S、M、L，分销商 C 可以选择淘宝网默认尺码 M、L、XL，而前台展示的说明部分，全部都是附上相关说明的 S、M、L，如图 3-2-11 所示。

经过这样的优化，一款衣服原本只能覆盖到淘宝网前台的三个尺码选择，现在变成了五个，提升了自己获取展示和流量的机会。这种办法是对淘宝网系统的一种很好的弥补，并不违规。

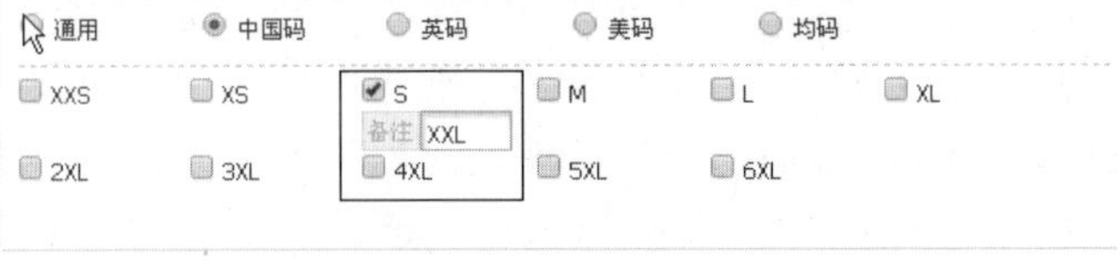

图 3-2-11 淘宝网销售属性前后台不一致

5）颜色：尽量选择与淘宝网后台提供的一致或相近的颜色，对有多种混合色时，如黑白色，在不同的分销商处选择不同的颜色，分销商 A 选择黑色，备注黑白条，分销商 B 选择白色，备注黑白条。颜色的备注要尽可能文学化、文艺化，可带给用户美妙的、高雅的感觉，如图 3-2-12 所示。

图 3-2-12 颜色备注文学化、文艺化

6）销售属性的特殊用法：销售属性是买家选择商品之后，进行最后确认购买的地方，因此，很多聪明的卖家会在此处进行商品或服务重要信息的提醒，提醒用户了解店铺及商品的重要信息，避免因为买家疏忽造成的购物体验问题，引发商品的退换货及纠纷。因为买家毕竟不是专业的，面对形形色色商品的不同标准和不同的卖家服务，买家的心理默认值和店铺能提供的商品与服务会有一定的偏差。销售属性处进行再次提醒，可以很好地减少这种沟通的误差，形成更好的购物体验，如图 3-2-13 所示。

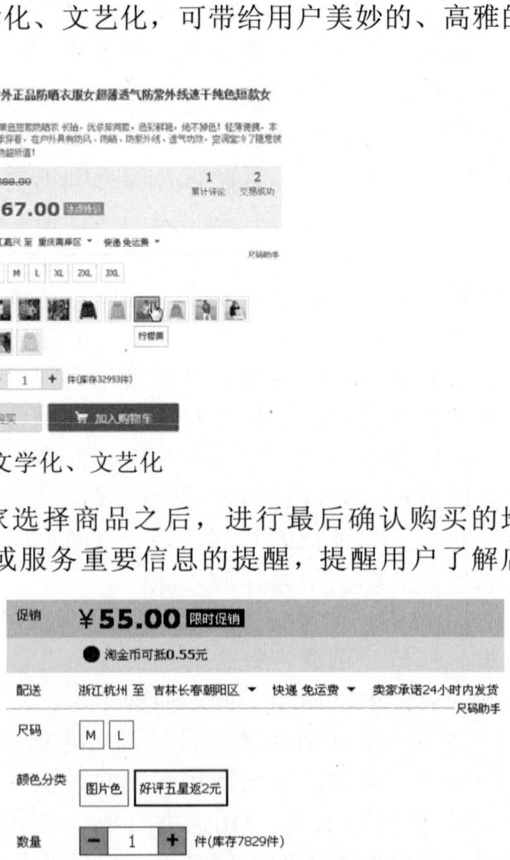

图 3-2-13 销售属性提醒

总而言之，类目和属性的选择，基本遵循

两个大的原则：一是提供选项尽可能和系统一致或相似；二是在不违规的前提下，扩大自己的覆盖范围。要做到这两点，并不容易，分销的属性全覆盖方案，需要有一个完整的软件思路来进行支撑，才有实际的操作意义，如果纯粹是用手工一个一个操作，实际并没有太大的可行性，最终得到的效果也不会太好。同一商品属性的多样化，是一种很好的避免淘宝认为重复铺货、进行流量抑制的方法，也是提供个性化数据包和个性化服务的一个非常重要的前提条件。

➘ 子任务 3　淘宝活动

搜索和类目是淘宝用户常规聚集的地方，那里面的页面设置相对较为稳定，改进往往也非常小心谨慎，因为涉及太多的用户体验和感受，往往改动时都是从小处着手，渐渐改观。具体往哪个方向改，改动之前用什么样的数据来说明这种改动会受到广大用户的欢迎呢？如何不断地提升淘宝网用户对淘宝网系统的喜爱度和忠实度呢？如何测试一种新的营销想法和创意是否会受到市场的认可呢？为了解决这些问题，确保淘宝网全网良性、创新地向前发展，淘宝网采用了大量的活动。

有数千个淘宝网小二，分管着淘宝网各个类目，结合各自类目下商品的特性、消费者习惯、淘宝网资源、消费数据分析等多种因素，创新设计出种种非常有针对性的活动。活动一经设计成功，交由淘宝网程序员进行活动相关的程序开发，程序开发完成后，在卖家中进行宣传，招募卖家互动，进行活动的实施。在每一个卖家的后台，都会有一个活动页面，点开之后，可以看到大量的活动内容，如图 3-2-14 所示，有兴趣的卖家可以参看活动的详细介绍，决定自己是否参加该活动。

图 3-2-14　淘宝网卖家后台活动列表

这些种类繁多的活动，就是淘宝网小二各种营销创意的实际产物，但这些创意是否可以真正落地，促进买家与卖家之间的良性沟通，引爆买家的热情，为卖家带来实实在在的销量，尚未可知。淘宝网小二这是在尝试，淘宝网营销中心鼓励这种尝试，每一个活动一旦上线，淘宝网都给出一定的资源进行支持。因此，在参加活动初期，费用成本相对而言非常低。即便活动没有达到预期的效果，卖家跟随淘宝网小二进行尝试，亏损的可能性也不是很大，即便亏损，亏损程度也较轻微。活动一旦成功，带给卖家的收益将是非常巨大的。

如果一个活动反响巨大，基本达到预期的效果，或者超出了预期的效果，淘宝网会马上拿出更多的资源，加大宣传力度来打造这个活动。如淘宝网为了2012年的“双十一”大促销活动，投入大量人力、物力、财力，提前数月进行筹备，投入近5亿元的宣传经费。随之而来的是，活动的门槛、参与活动的商家数量也会大大地提升，在给卖家带来更大收益的同时，也带来了更大的竞争和成本。同时，活动本身还面临着市场的挑战，消费者在活动反复举行后会减弱兴趣，使活动的效果大大降低，并且在效果降低到一定程度后，活动就会被取消。

由此可见，淘宝网活动具有以下特点。

1）淘宝网活动是淘宝网进行营销测试的一种手段，实际效果只可预测。

2）参加一个新活动，初期风险较小，收益却可能会很大，但需要卖家有一定的专业人员去研究活动，积极配合淘宝网参加活动，同时也要有可供参加活动的资源。

3）一个活动一旦发展成熟，有可能会演变成一种巨大的商业模式，形成淘宝网上一个单独的业务体系，如淘宝网的聚划算；也有可能会成为一种一时性的活动，昙花一现或花开一季，如搭配促销、淘代码等。

“双十一”光棍节、聚划算、淘金币、天天特价等一系列成功的活动，都是从淘宝网卖家后台的活动列表中一步一步走向壮大的，现在这些活动已经发展得非常成熟，门槛也提得很高，中小卖家无缘，投入一次活动的成本也变得非常巨大，巨大的亏损和巨大的收益并存。作为一个真正明智的卖家，不论大小，都应该重视淘宝网活动的创新，紧跟淘宝网的脚步，在自己能力和精力允许的情况下，参加活动多多益善，让淘宝网小二的智慧和淘宝网系统的支持为自己的店铺运营开僻一条新的道路。

➘ 子任务4　淘宝直通车

淘宝直通车，用一句话来讲，就是淘宝网的竞价排名。在一些页面除了按规则的自然排序外，预留一些直通车的广告位，哪个卖家的宝贝承诺点击一下给淘宝网的钱多，淘宝网就让哪个宝贝排在前面。在理论上，用户搜索多少种不同的关键词，点击多少种不同的类目页面，就有多少组直通车的广告位。淘宝直通车的模块都有一个大的标题“掌柜热卖”。由于淘宝网搜索服务由自家购物搜索引擎一淘网提供，所以直通车又被完全移植到一淘网，掌柜热卖又叫一淘热卖。

淘宝网直通车推广，在给宝贝带来曝光率的同时，精准的搜索匹配也给宝贝带来了精准的潜在买家。淘宝直通车用一个点击，让买家进入你的店铺，产生一次甚至多次的店铺内跳转流量，这种以点带面的关联效应可以降低整体推广的成本和提高整店的关联营销效果。同时，淘宝直通车还给用户提供了淘宝网首页热卖单品活动和各个频道的热卖单品活动以及不定期的淘宝网各类资源整合的直通车用户专享活动。

一、淘宝直通车的好处

淘宝网直通车的好处如下。

1）被淘宝直通车推广了的宝贝，只要想来淘宝网买这种宝贝的人就能看到，大大提高了宝贝的曝光率，给卖家带来更多的潜在客户。

2）只有想买这种宝贝的人才能看到广告，给卖家带来的点击都是有购买意向的点击，带来的客户都是购买意向的买家。

3）淘宝直通车能给整个店铺带来人气，虽然推广的是单个宝贝，但很多买家都会进入店铺里去看，一个点击带来的可能是几个成交，这种整体连锁反应，是直通车推广的最大优势，久而久之店铺人气自然高起来了。

4）可以参加更多的淘宝网促销活动，参加后会有不定期的直通车用户专享的、淘宝单品促销的活动，加入直通车后，可以报名各种促销活动。

5）淘宝直通车能给店铺带来很高的流量。

6）免费参加直通车培训，并且有优秀的直通车小二指点优化方案，迅速掌握直通车推广技巧。

淘宝直通车系统里有一个淘宝网活动区，在那里有可以报名的各种淘宝网促销活动。基本的流程在后台报名的入口处，并有参加活动对宝贝的要求，卖家一个活动最多可以报名一个宝贝。然后审核的淘宝网店小二会从所有报名的宝贝中，挑选最适合上活动的宝贝。审核结束后，淘宝网店小二会单独通知被选中的卖家，让他们做好准备。可以持续关注直通车系统里淘宝网活动区的活动，因为持续关注会有很多活动机会，卖家一定可以找到适合自己的来报名参加的机会。

二、展示位置

1）搜索列表页，在类目列表页的右侧中上方有最多八个位置；下方有固定一排的五个位置，如图 3-2-15 所示。

图 3-2-15　列表页下方的直通车广告位

2）淘宝网站外广告：淘宝网有大量的站外广告，在其他网站上从事着流量贩卖的工作。即以低价从其他网站买得广告位，买得流量，通过直通车的方式从卖家处获得较高的收益。图 3-2-16 所示是淘宝网在网易上投放的卖家广告，该页面是网易的新闻页面。

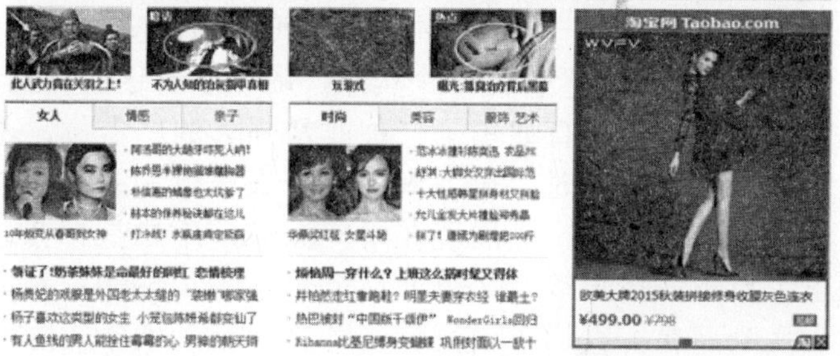

图 3-2-16　淘宝网在网易页面上投放的广告

这些广告点开后，会出现爱淘宝热卖的页面，如图 3-2-17 所示。图中下面所列的商品，均是参加了淘宝直通车的商品。试想一个正在浏览网易新闻页面的用户，看到淘宝网的广告后，点击进去，淘宝网需要付给网易 0.3 元的广告费；该用户在爱淘宝热卖的页面一共点击了三个商品进行浏览，淘宝网通过这三个点击一共收取三个卖家 1 元的广告费，从中赚取了 0.7 元。淘宝网如此这般的站外广告位，数以万计。

图 3-2-17　淘宝网站外广告点击后进入的页面

淘宝网的这种做法，看起来比较“无耻”，但有其存在的理由。由于网易上的广告费用相对较贵，进入的门槛比较高，比如网易可能要求一个位置一买三个月以上，每月 5 000 元。普通卖家不可能直接在网易上做广告，而且淘宝网进行这种方式有自己的先天优势，就是可以把众多商家的商品资源整合在一起，通过大数据的分析，更好地进行广告投放。既然它做了工作，收取适当的费用也是合情合理的。同时由于淘宝网有大量专业的技术人员，广告投放的效果也远比卖家自己投放的效果要好得多。

3）淘宝网自身站内的一些广告位，如优势位置或固定位置，有时会拿出来投放直通车的广告，如图 3-2-18 所示。广告位和固定位置放置直通车，只是为了拓展淘宝网自身直通车位置的数量和影响力，本身无可厚非。但有时淘宝网会把一些原本没有广告的优势位置拿过来投放成直通车的广告，主要的目的是为了增加淘宝网的收入。在淘宝网缺钱或者某个部门缺钱需要充业绩时，这种行为经常会发生。也有人说这种行为是为了测试和研究，这很明显是一种“忽悠”，如果是研究点击率和成交率，非直通车商品一样可以研究，用不着非要放直通车的商品。这种行为，再一次验证了淘宝网是一家商业网站的本质，不管他们讲得多么冠冕堂皇，多么有社会责任感，多么公平诚信，其自身的利益必然是放在第一位进行考虑的，在一些适当的时候，稍稍侵害一下卖家的利益，可以给淘宝网自身带来收益的情况下，淘宝网也会显得不那么公平和诚信。作为一个卖家，应该了解这些真相，不迷信，不盲从。

从以上三种位置可以看出来，直通车是一种非常强大的广告位，覆盖了非常巨大的流量，为卖家带来巨大营销便利的同时，也为淘宝网带来了巨大的收益。点击并不等同于营销，直通车可以做的仅仅是帮你把产品展现在用户面前，用户是否会选择进一步了解从而进行点击，点击浏览了宝贝详情页等众多页面后是否会购买你的商品，则不再是直通车的管辖范围了。对中小卖家而言，直通车引流量的意义，远远大于实际产生销量的意义。想要真正产生销量，还需要有更多的技巧和技术支撑。

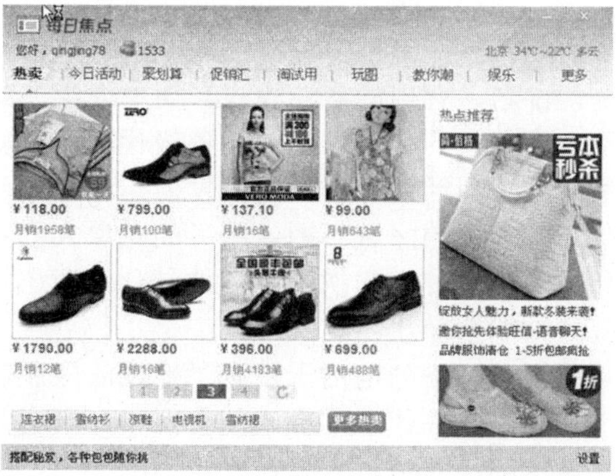

图 3-2-18　阿里旺旺弹出页中的淘宝直通车宝贝信息

三、扣费原则

扣费=下一名出价×下一名质量得分/本人质量得分+0.01 元（扣费小于等于本人出价和时间投放百分比之积）

四、直通车综合排名的影响因素

直通车综合排名的影响因素如下。

1）关键词：添加关键词时，要选择和宝贝所属类目、属性及标题相关的关键词，这样在质量得分上会有较高的分值。

2）宝贝信息：宝贝本身的类目、属性、标题、图片、详情页等信息和买家搜索意向要相符合。例如：把宝贝放在最相关的类目进行推广，遵守淘宝网商品发布规则；上传宝贝时，认真填写相关属性；宝贝属性和买家的搜索需求越吻合，质量得分越高。所以，属性填得越全，宝贝总体质量的得分越高。

3）宝贝标题与图片：增强宝贝本身的吸引力，例如，提高图片、详情页面质量，增加点击率。

4）推广信息的客户反馈或者使用感受等信息。

5）其他宝贝的相关因素。

五、不适合直通车的情况

众所周知，直通车是一种烧钱的广告模式，所以在决定“开车”之前最好先了解其操作的基础，如直通的质量得分如何计算、直通车的关键词如何选择、如何出价、如何提高点击率、如何提升转化率等。不然，没有任何基础地盲目“开车”，只会白白地浪费金财。

1）图片不好看的商品不要参加直通车。在直通车推广中，图片是获得点击率的最重要因素。图片不好看，甚至模糊不清，又如何吸引买家的关注呢？没有关注就没有点击率，没有点击率就没有流量，没有流量就等于没有销量，开直通车也就没有什么效果。

2）价格太高或太低的产品不适宜参加直通车。价格太高的产品，其转化率肯定不高；价格太低的产品，容易引起买家对其质量的怀疑。所以，选择参加直通车推广的产品价格要适中，这样才能保证投入和产出的正价比，用利润换回广告费。

3）没有销量的产品不适宜参加直通车。没有消费者会喜欢卖得不好的产品，参加直通车的产品性价比越高，销量越好，转化率就越高。

➘ 子任务 5　淘宝分销

分销是一种非常传统、古老、有用的商业模式，简单介绍就是，同一种货由不同的商家来进行包装销售。线下大量存在的传统渠道中的各级代理商，就可以算作分销的一种，不过传统的方式是由厂家或品牌商经由若干级的批发商，最后才到零售商手中。传统分销加盟制，使得不同的分销商所覆盖的区域不同，服务的对象人群不同，相互之间并不产生直接的竞争。因此，有高昂的加盟费和初次进货条件，分销商还必须自己押货，对于没有什么资金和资源的人而言，只能望而止步。

相对于传统渠道加盟系统，网络分销由于没有了地域的限制和地域保护，减少了批发商的层数，加盟费用几乎全免，一件代发的模式使得网络分销商几乎不需要存货，不需要关注货品的进销存及发货等供应链问题，只管做好自己的零售，赚取中间差价，大大扩展了分销商的数量。据淘宝网的不完全统计，截至 2012 年年底，淘宝网上 600 万店铺中，有 70%是分销卖家。

一、电商分销的特点

电商分销的特点如下。

1）一件代发，方便快捷。由供货商提供货源、产品数据包、产品图片，分销商只负责用淘宝助理等工具，把数据包传到自己网店中就可以进行网店运营了。前期的存货、图片拍摄、详情页制作等成本及风险均由供货商承担。买家在分销商店铺中以销售价购买了此商品，分销商就在供货商的网站上以进货价购买此商品。供货商见订单后，就安排人发货到买家手中。中间出现退换货等问题，分销商只需要走下流程，买家会把货退还给供货商。

2）门槛低。电商分销一般收取少量的加盟费，基本在 500 元以内，对一个信用等级高的卖家或者商城卖家，甚至是少收或不收。对于分销商而言，进入成本极低，只要有一个想做事的心思就行了，不存在资金上多大的门槛。

3）低风险。电商分销商使用一件代发的模式，自己不押货，收到买家货款时才会去供货商处下单，资金风险极小。只需要拿出一部分流动资金进行周转即可。因为买家付给分销商时，走的是电商平台，电商平台回款都有一定的周期，短则 3 天，长则 45 天。分销商到供货商处下单，下单的钱需要先行垫付出去。在这个时间周期内，垫付的钱会有一定的积累，生意越好，初期垫付的钱就会越多。一般的供货商付款都支持信用卡付款，信用卡的免息期也有 20～55 天，如果灵活运用信用卡进行资金周转，可以说电商分销完全成了“空手套白狼”的创业实践。

4）退换货无风险。换货，其实就是退货后再下单，其实际还是退货。买家退货，质量问题需要由供货商来承担来回的运费，非质量问题由买家承担来回的运费。分销商原则上几乎完全没有风险，但考虑到用户体验，在实际的操作过程中，一般换货时，分销商会适当减少一些自己的利润，来弥补买家的邮费损失，以使自己不失掉这笔订单。退货时，由于分销商付给供货商的邮费一般低于市场上的快递单发价格，分销商要求买家赔付的邮费价格是快递单发市场价，中间会有一个价格差，可以弥补分销商的操作损失。

二、分销的好处

分销的好处如下。

1）营销人员增多。供货商在招募完分销商后，几乎就不再需要对分销商做太多的管理。因为能够参与分销的人，一般都对电商行业有一定的了解，有一定的行业经验。基本的问题都可以自己解决，用供货商提供的分销网站，按照固有的流程就可以完成大部分工作。即使是一天出货 30 单，也不需要供货商有太多的服务。供货商一个售后客服，足以管理几十个分销的疑难问题。如果一个供货商有 300 家分销店铺，不仅自己可以收取 300 家的加盟费，而且相当于自己不用发工资，白白找了 300 个以上尽心尽力帮自己销售产品的销售经理，他们每销售一件商品，供货商都可以获取相关的利润。分销商是不拿底薪，不占用供货商的办公资源的。

2）营销体系扩大。如果一个供货商有 300 家分销商，就可以免费占用这 300 家店铺的流量资源、会员资源、推广资源。如果不考虑淘宝网对重复商品的识别，自己在淘宝网上的商品位数，就增加了 300 倍。比如自己有 200 款衣服，只有一家直营店，淘宝网上可以排名获取流量的商品就只有 200 个宝贝；有了 300 家分销商之后，淘宝网上可以排名获取流量的商品就变成了 60 000（200×300）个宝贝。上架一款新产品，直营店有 200 个老顾客，这款新产品会被 200 个直接看到；300 家分销商若每家平均有 50 个老顾客，那么分销商铺货之后，这款新产品在第一时间可以被 15 000（300×50）个顾客看到。

3）实现互联网上的全覆盖。电商平台非常多，淘宝网、天猫、京东网、苏宁易购网、亚马逊网、当当网、一号店等，每个平台的规则不尽相同，有的差别还非常大，光靠一个供货商，很难去了解这么多电商平台的规则，更不要提在这么多平台进行开店、销售运营了。分销商则可以根据自身的特点，帮助供货商将产品全面地覆盖到这些平台上去。分销商水平不一，技能多样，有的擅长京东网，有的擅长亚马逊网，这种社会化的人力资源就会很好地为供货商所用，实现供货商产品的全面覆盖。由于分销商多是手工操作，因此与各个平台进行对接的工作也由分销商直接完成了。产品的全覆盖，势必会扩大供货商商品的影响力和最终的出货量。

三、分销的条件

分销的条件如下。

1．分销商的招募与服务

分销对于供货商的要求相对较高，供货商首先要有大量的客服和编辑人员，进行分销商的招募和培训，对分销商进行服务。供货商需要一个专业的招商团队，持续不断地对目标分销人群进行宣传、营销，使其成为自己的分销商。要有一个简单快捷的分销培训体系，使得分销商可以快速地熟悉自己的产品及自己的分销供应链体系。一般这种供应链体系与别人相差不大，大家都差不多，这种培训也许会有别家帮自己做了。

2．供货商押货量较大

供货商与分销商之间关系比较脆弱，货源充足率和库存准确率是分销商非常看中的服务指标之一。供货商要应对众多分销商的发货需求，必须提前备下充足的货源。以女装为例，如果供货商提供了 100 款服装，每款服装平均有 2 个颜色，3 个尺码，那么 SKU 的数量就是 600 个，一个 SKU 备货 100 件来算，供货商必须备有 60 000 件衣服，一件衣服以 30 元的成本计算，光货款就需要 180 万元。而一个 SKU 100 件，可能只是某畅销款式，300 家供货商 1～2 天的销售量。分销商下单，一般是下午，而供货商必须在下午 16：00 之前就把当天下单的商品当天发出去，实际上留给供货商的时间非常少，基本上要求现货率达到 99%以上。供货商还需要有强大的补货能力，因为对畅销款而言，也许需要工厂隔 3～5 天就生产一次。生产太多，市场变化较快，容易把货押在手里。生产太少，会造成有单发不出货。分销商和买家的容忍度都是非常小的。有两三次下了单发不出货，或者迟发，会对分销商的店铺造成非常不好的影响，直接影响多项店铺运营指标，会使得分销商中止合作，这对供货商及分销商均造成较大损失。

3．分销网站

电商平台直营开店不需要运营单独的网站，更提不上网站功能了，分销起码要有一个自己的网站。这个网站作为供货商与分销商交流的主平台，所有的分销订单，不论是出自哪个电商平台、哪种销售模式，最终会汇总到这个分销网站上来，由供货商统一处理。这个网站最基本的要具备商品展示功能和支付功能。网站要有高度的稳定性，访问过程中要尽可能少地出现错误。网站使用人群并不是很多，因为对带宽的要求并不高。一般现在的分销网站，多是使用的 ecshop 或 shopex、hishop 一类的网上商城，价格也相对较为低廉，每年 3 600 元。

4．价格监控

供货商需要对分销商价格体系进行严格监控，少量分销商在经营不是很顺利时，很容易采用低价竞争的策略去打乱品牌的价格体系，对整个分销体系造成影响。实际上这种影响对一般的品牌而言非常小；对一些知名的大品牌，则影响较大。影响的大小取决于买家是否能够更加方便地比价。由于分销网站是独立于电商平台的，各种数据包内的设置是由供货商决定，分销商后来可能修改，对一般的非标品，没有太多的共性给买家，让买家顺利地比价。因此，为了维护分销商之间良性公平的竞争环境，供货商一般采用举报受理制和临时抽查制，对分销商的价格进行监控。但通常即使是查到，处罚的力度也并不大。毕竟，供货商与分销商只是一种软束缚。

5．运营技术指导

分销商作为个人，虽然运营经验较为丰富，但毕竟势单力薄。对于供货商而言，如果想让自己的产品更好地销售，自己的分销商更加紧密地团结在自己周围，需要组建一个运营研究团队，专一研究重要平台的规则，将这些一手的研究信息和研究成果告知分销商，形成一种长久持续的培训与交流。分销商增长的订单，会大大抵消研究的成本。同时这种持久性的培训，会对分销商形成较大的吸引力。

四、分销的类别

在淘宝网上，分销一般分为两种，自主搭建的分销平台和天猫供销平台。两者的区别如下。

1）宣传与招募：天猫供销平台有天猫供销平台官方的支持与宣传，比较容易招募分销商，尤其是有分销意向的店长会主动发出申请，供货商只需要进行审核就可以了。分销商的数量受天猫的限制，自主搭建分销平台，像是网络世界中的一个孤岛，宣传不太容易，在招募分销商上面需要人工主动出击，采用各种办法去尝试找到目标客户，成本较高，成功率也偏低。

2）订单操作：天猫供销平台分销系统后台操作非常简单，上传数据包、发货、退换货等操作会显得非常简单，操作基本可以实现一键完成。自主搭建分销平台，数据包一般由分销商自己下载，下载之后用淘宝助理进行适当修改后进行上传；在订单处理上，采用的往往也是买家在代销商店里操作，分销商在供货商店铺内操作。操作步骤涉及两个平台，相对较麻烦，如果出了错，或者退换货，流程复杂，会增加出错的概率。

3）分销商的数量与质量：天猫分销平台上由于宣传量较大，可以自由筛选，分销商质量属于中等水平，但数量受到天猫的限制，商品不再享有重复铺货的单独显示待遇，基本上只能享有分销商店铺自引流量和老客户的流量，难以享受到搜索及类目免费流量。故而，一般运营上相对有水平的供货商和分销商，均不愿意再使用官方平台，而选择自主搭建分销平台。自主分销平台上分销商数量不受限制，著名男装淘品牌格男仕在兴盛时，分销商达到上万家；分销商的质量也非常高，分销商自主开商城，年销售额过千万元的比比皆是。自主分销平台灵活性更大，更有隐蔽性，更贴近传统的渠道管理，享受重复铺货单独显示的待遇，如图 3-2-19 所示，享有同一商品个性化数据包的待遇，使得同一个商品可以在分销商的手中经过包装后变化万千，为市场上提供充分的需求供应，满足了不同人群对商品的多样化需求。

图 3-2-19　自主分销平台下商品可以享受重复铺货显示

4）自主分销网站的建立：自主分销网站一般是由开源的或收费的网上商城系统提供的，如免费的 ecshop，收费的 shopex；开源软件免费提供，即使授权，价格也比较低，围绕 ecshop 相关的二次开发程序也相当成熟，插件、模板都可以以较低的价格获得。搭建一个简易的自主分销平台，只需要去购买一个域名，一个支持 PHP+Mysql 的空间，懂一点基本的网站维护功能就可以了；如果有一些特殊的装修需求、功能需求，还可以付费购买一些模板及插件；整个费用不到 1 000 元。这种完善的体系，极大地促进了自主分销网站发展。

➘ 知识链接

一、直通车注意事项

中小卖家不要争夺热门关键词：关键词的热度越高、流量越大，其竞争也会越大，需要花的钱也就越多，中小卖家是无法承担的，所以不要盲目地争夺那些热门关键词，锁定长尾词也是个不错的选择。

直通车操作的技巧就是避实就虚，找出自己有相对优势的地方，做好供应链的优化，自己的点击率越高，进店转化率越高，最终每次点击所付出的费用就会越低，这就会形成一个良性的循环。相反，如果自己的商品供应链没有做好，即使出了高价，获得了展示，但由于点击率非常低，转化率不高，也会造成广告费用激增，被系统认为是劣质宝贝，进一步降低自己的质量得分，如果还想继续待在直通车展示的位置，就需要付出更多的广告费。电商都是普通产品，产品单个订单的利润较低，并不足以支付高昂的广告费用，最终会得不偿失。

二、分销的未来

1）平台内部：以淘宝网为例，淘宝网希望识别分销产品，而自主分销网站则希望自己的商品不被识别出来。两者形成了矛盾。传统单一的千人一面的数据包，长久发展下去，必然会被淘宝网所不容，被买家所不容。因此，未来分销必然会转向于提供千人千面的个性化数据包。商品虽然是一样的，但表现的方式却大大不同：同一款衣服，在一个主打白领 OL 的店铺，图片展示的将是一种 OL 风格的穿法和价格；在一个主打休闲娱乐的店铺中，图片展示的将是一种休闲风格的穿法和价格。风格多样化，品牌、货号、价格，甚至均随之多样化，一种商品就出现了百种风情，自然会受到淘宝的欢迎。供货商将不能再简单地把自己定位于单一的供货，而是要帮助分销商打造自己店铺“小而美”的风格，帮助分销商形成自己独有的风格，留住老客户。

2）全网覆盖：随着电商平台的发展，电商平台开放得越来越多，销售方式也越来越多样化，如直营、零售、分销、供货、团购、入仓、预售、微商、朋友圈营销、U 站、O2O 等。供货商的分销网络必将跳出单一的网络平台，更多地走向全网覆盖的道路。

3）营销技术研发中心化支持：对电商平台的各项活动、政策方向的变动、潜在的鼓励元素等，供货商要有专门的研究小组，研究的成果要通过技术、程序、培训的方法在第一时间以最便利的方式传达到各个分销商的店铺中去，利用分销商店铺的多样性，实现这一研究成果转化利益的最大化。同时，可以收集更多的样本数据，对研究的成果提供有力的真实数据，作为进一步优化的重要信息来源。对分销商的营销活动要给予充分的技术和资源支持，如对于分销商无力购买，或不愿意购买的营销软件、邮件群发、CRM 系统、网店工具、论坛抢楼工具等，供货商应在自己能力范围内，组织开发团队，开发出相关软件，供自己的分销商免费使用，可以限制使用的范围为仅限于供货商提供的商品。总而言之，供货商要和分销商共同成长，分工明确，才能使分销的道路越走越好。

任务 3　淘宝数据分析

子任务 1　量子恒道统计

量子恒道统计是一套免费的网站流量统计分析系统，致力于为所有个人站长、个人博主、网站管理者、第三方统计等用户提供网站流量监控、统计、分析等专业服务。量子恒道统计是通过对大量数据进行统计分析，深度分析搜索引擎蜘蛛抓取规律、发现用户访问网站的规律，并结合网络营销策略，提供运营、广告投放、推广等决策依据。

一、量子统计工具安装与使用

步骤 1：进入量子恒道统计网站首页 http://linezing.com/，如图 3-3-1 所示。

步骤 2：进入用户登录页面，登录或注册账号，如图 3-3-2 所示。

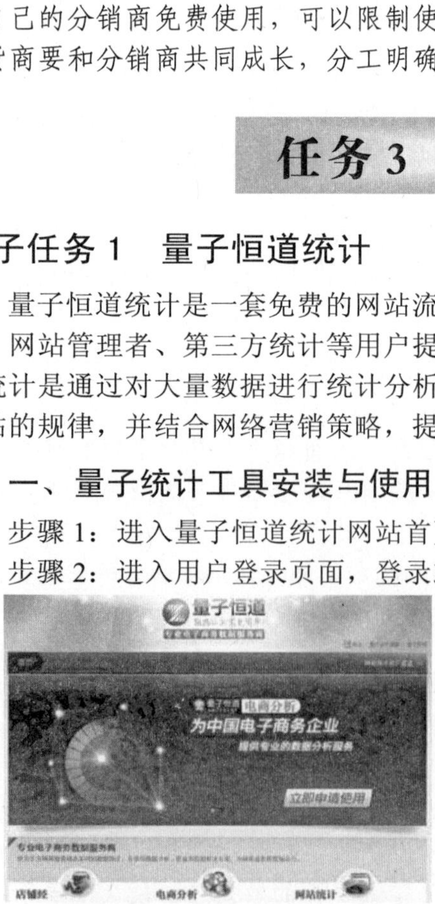

图 3-3-1　量子恒道统计网站首页

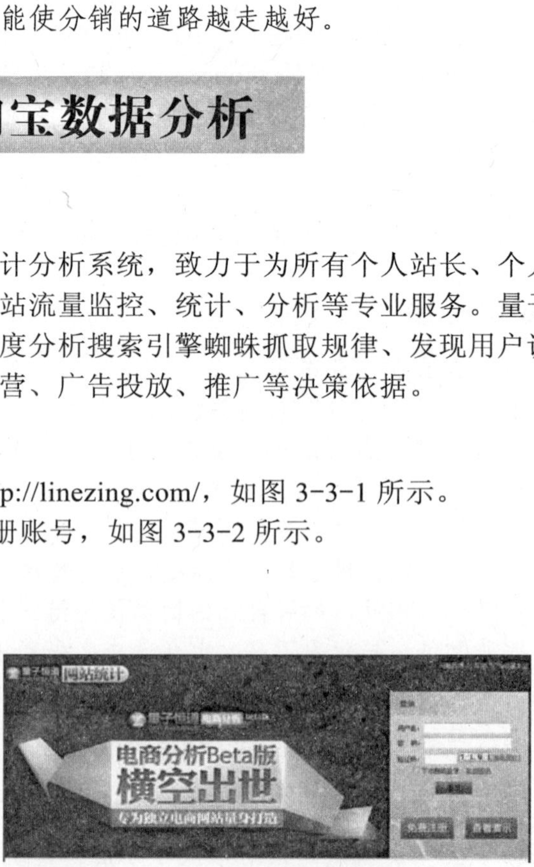

图 3-3-2　量子恒道统计用户登录页面

步骤 3：注册登录账号后，进入后台系统，如图 3-3-3 所示。

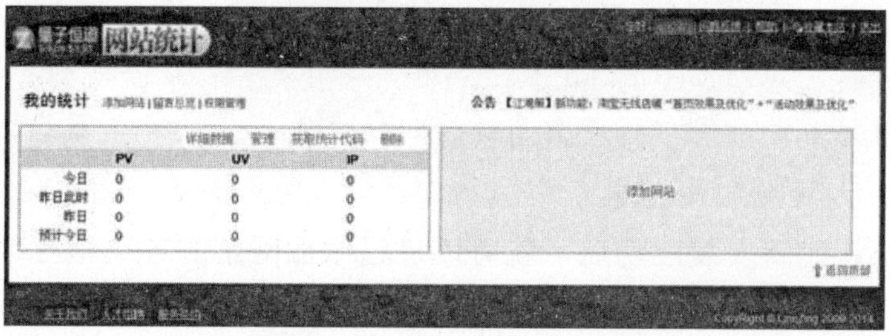

图 3-3-3　量子恒道统计后台页面

步骤 4：点击“添加网站”，进入添加网站页面，如图 3-3-4 所示。

图 3-3-4　添加网站页面

步骤 5：返回图 3-3-3 所示页面，点击“获取统计代码”，进入获取统计代码页面，如图 3-3-5 所示。

图 3-3-5　获取统计代码页面

提示：

复制“统计代码”或“引用图片统计”：如果是采用“添加统计代码”的方法，可以将复制到的统计代码嵌入网站页面的 html 代码中，一般放置在页面底部</body>之前，以完成统计代码部署；如果是采用“引用图片统计”的方法，可以将复制到的引用图片地址嵌入网站的页面中，以完成统计代码部署。

步骤 6：待统计代码安装成功后，就可以进行添加网站的各项指标统计了。这主要包含如下几项统计：综合报告、最近访客、时段分析、每日分析、IP 来源分析、搜索引擎分析、关键词分析、访问来源分析、详细来源分析、访问地区分析、被访主机分析、被访页面分析、访问入口分析、访问出口分析、客户端分析。

二、量子恒道统计的统计类专业术语

量子恒道统计的统计类专业术语如下。

1）浏览量（PV）：指店铺各页面被查看的次数。用户多次打开或刷新同一个页面，该指标值累加。

2）访客数（UV）：指全店各页面的访问人数。所选时间段内，同一访客多次访问会进行去重计算。

3）收藏量：指用户访问店铺页面过程中，添加收藏的总次数（包括首页、分类页和宝贝页的收藏次数）。

4）浏览回头客：指前 6 天内访问过店铺当日又来访问的用户数，所选时间段内会进行去重计算。

5）浏览回头率：指浏览回头客占店铺总访客数的百分比。

6）平均访问深度：访问深度是指用户一次连续访问的店铺页面数（即每次会话浏览的页面数），平均访问深度即用户平均每次连续访问浏览的店铺页面数。【月报-店铺经营概况】中，该指标是所选月份日数据的平均值。

7）跳失率：指表示顾客通过相应入口进入，只访问了一个页面就离开的访问次数占该入口总访问次数的比例。

8）人均店内停留时间（秒）：指所有访客的访问过程中，平均每次连续访问店铺的停留时间。

9）宝贝页浏览量：指店铺宝贝页面被查看的次数，用户每打开或刷新一个宝贝页面，该指标就会增加。

10）宝贝页访客数：指店铺宝贝页面的访问人数。所选时间段内，同一访客多次访问会进行去重计算。

11）宝贝页收藏量：指用户访问宝贝页面添加收藏的总次数。

12）入店页面：指单个用户每次浏览店铺时查看的第一个页面。

13）出店页面：指单个用户每次浏览店铺时查看的最后一个页面。

14）入店人次：指从该页面进入店铺的人次。

15）出店人次：指从该页面离开店铺的人次。

16）进店时间：指用户打开该页面的时间点，如果用户刷新页面，也会记录下来。

17）停留时间：指用户打开本店最后一个页面的时间点减去打开本店第一个页面的

时间点（只访问一页的顾客停留时间暂无法获取，这种情况不统计在内，显示为“—”）。

18）到达页浏览量：指到达店铺的入口页面的浏览量。

19）平均访问时间：指打开该宝贝页面到打开下一个宝贝页面的平均时间间隔（用户访问该宝贝页后，未点击该页其他链接的情况不统计在内，显示为“—”）。

20）全店宝贝查看总人次：指全部宝贝的查看人次之和。

21）搜索次数：指在店内搜索关键词或价格区间的次数。

三、量子恒道统计中销售分析类术语

量子恒道统计中销售分析类术语如下。

1）拍下件数：指宝贝被拍下的总件数。

2）拍下笔数：指宝贝被拍下的总次数（一次拍下多件宝贝，算拍下一笔）。

3）拍下总金额：指宝贝被拍下的总金额。

4）成交用户数：指成功拍下并完成支付宝付款的人数。所选时间段内同一用户发生多笔成交会进行去重计算。

5）成交回头客：指曾在店铺发生过交易，再次发生交易的用户。所选时间段内会进行去重计算。

6）支付宝成交件数：指通过支付宝付款的宝贝总件数。

7）支付宝成交笔数：指通过支付宝付款的交易总次数（一次交易多件宝贝，算成交一笔）。

8）支付宝成交金额：指通过支付宝付款的金额。

9）人均成交件数：指平均每用户购买的宝贝件数，即人均成交件数=支付宝成交件数/成交用户数。

10）人均成交笔数：指平均每用户购买的交易次数，即人均成交笔数=支付宝成交笔数/成交用户数。

11）当日拍下-付款件数：指当日拍下、且当日通过支付宝付款的宝贝件数。

12）当日拍下-付款笔数：指当日拍下、且当日通过支付宝付款的交易次数。

13）当日拍下-付款金额：指当日拍下、且当日通过支付宝付款的金额。

14）客单价：客单价=支付宝成交金额/成交用户数。单日“客单价”指单日每成交用户产生的成交金额。

15）客单价均值：指所选择的某个时间段，客单价日数据的平均值。如【月报】中，客单价均值=该月多天客单价之和/该月天数。

16）支付率：指支付宝成交笔数占拍下笔数的百分比，即支付率=支付宝成交笔数/拍下笔数。

17）成交回头率：指成交回头客占成交用户数的百分比，即成交回头率=成交回头客/成交用户数。

18）全店成交转化率：全店成交转化率=成交用户数/访客数。单日“全店成交转化率”指单日成交用户数占访客数的百分比。

19）全店转化率均值：指所选择的某个时间段，全店成交转化率日数据的平均值。如【月报】中，全店转化率均值=该月多天转化率之和/该月天数。

20）促销成交用户数：指参与宝贝促销活动的成交用户数。

21）宝贝页（促销）成交转化率：指参与宝贝促销活动的成交用户数占宝贝页访客数的百分比。“按月”“按周”查看报表时，该指标是所选时间段内日数据的平均值。

22）支付宝（促销）成交件数：指买家参与宝贝促销活动产生的支付宝成交件数。

23）支付宝（促销）成交笔数：指买家参与宝贝促销活动产生的支付宝成交笔数。

24）支付宝（促销）成交金额：指买家参与宝贝促销活动产生的支付宝成交金额。

25）非促销成交用户数：指未参与宝贝促销活动的成交用户数。

26）支付宝（非促销）成交件数：指买家未参与宝贝促销活动产生的支付宝成交件数。

27）支付宝（非促销）成交笔数：指买家未参与宝贝促销活动产生的支付宝成交笔数。

28. 支付宝（非促销）成交金额：指买家未参与宝贝促销活动产生的支付宝成交金额。

四、直通车数据量子恒道统计术语

直通车数据量子恒道统计术语如下。

1）展现量：指推广宝贝在淘宝直通车展示位上被买家看到的次数，不包括自然搜索。

2）点击量：指推广宝贝在淘宝直通车展示位上被点击的次数。

3）点击率：指推广宝贝展现后的被点击比率（点击率=点击量/展现量）。

4）花费：指推广宝贝被点击所花费用。

5）平均点击花费：指推广宝贝每次被点击所花的平均费用（平均点击花费=花费/点击量）。

6）平均展现排名：指推广宝贝每次被展现的平均排名（平均展现排名=每次展现排名的加总/展现量）。

➘ 子任务 2　淘宝数据魔方

数据魔方是淘宝网官方出品的一款数据产品。它主要提供行业数据分析、店铺数据分析。其中包含了品牌、店铺、产品的排行榜，购买人群的特征分析（年龄、性别、购买时段、地域等）。除此之外，数据魔方还提供了淘词功能，主要用来优化宝贝标题，通过使用效果更好的关键词来提升搜索排名。数据魔方的第一时间，还可以给卖家提供实时的运营数据支持、店铺的实时成交情况，行业的实时成交情况，是运营活动的得力助手。其一，通过“数据魔方”平台，商家可以直接获取行业宏观情况、自己品牌的市场状况、消费者行为情况等，但是不能获得竞争对手的数据；其二，通过第三方研究机构合作的方式，商家可以直接向研究机构获取服务。

一、数据魔方的成长经历

淘宝网 2010 年 3 月 30 日在上海正式对外宣布，将首度面向全球开放数据，商家、企业及消费者将在未来分享到其海量原始数据，但数据开放将有原则、分层次地进行。淘宝网站还将与第三方专业研究机构为商家带来基于数据之上的分析、解读、业务建设等服务，协助商家培养其通过读数据指导业务的能力。淘宝网占据中国网络购物 75% 的市场份额，由此每天产生的数据量达到了 7 个 TB，大约等同于 7 000 GB 的数据容量。这些数据容量当中大部分是由消费者、商家产生的，另外还包括物流公司和内部数据的一些信息等。

2009 年 8 月，淘宝网开始组建数据魔方团队，完成前期的用户需求调研。

2009 年 10 月，淘宝网发布第一个数据魔方内测版本。

2009 年 12 月，淘宝网发布第二个数据魔方内测版本，并邀请宝洁、麦包包等用户参与内测。

2010 年 4 月，数据魔方专业版正式上线，数据开始服务于品牌企业和大卖家。

2010 年 6 月，数据魔方标准版正式上线，数据开始服务于千千万万的中小卖家。

2010 年 11 月，数据魔方加上线上店铺分析功能，做到数据经营化。

2011 年 3～5 月，数据魔方进行一系列的用户体验优化，提升用户对产品的满意度。

2011 年 6 月，数据魔方加入淘词功能，以关键词为切入点，迈出了对原始数据披露的第一步。

数据魔方没有免费版本，有一年 360 元的标准版和一年 3 600 元的专业版两个版本，如图 3-3-6 所示，两者在功能上有一定的差异。

数据魔方对于一般类型的中小卖家而言，实际的意义在于分析数据，拿到分析到手的数据去找出自己店铺的问题以及自己店铺同别人的差距，从这些分析数据中去看自己实施的优化计划、推广方案，是否真正起到了效果，作为自己检验实践的一种重要的参考佐证。

图 3-3-6　数据魔方的两个版本

二、淘词搜索

淘词功能是对于中小卖家非常重要的功能，通过淘词可以帮自己获取更多淘宝网用户关注的动向，合理地调整和优化自己的关键词，如图 3-3-7 所示。

关键词	搜索次数	占比	点击次数	商城点击占比	搜索人数	点击率	当前宝贝数	转化率	直通车
1 情侣钥匙扣	6,778	53.06%	3,788	17.32%	1,615	55.89%	142,231	6.59%	1.05
2 情侣钥匙扣 创意	974	7.62%	487	17.86%	286	50%	31,471	4.00%	0.81
3 情侣钥匙扣 刻字	542	4.24%	258	7.36%	159	47.6%	2,822	0.55%	0.35
4 情侣钥匙扣 韩国	277	2.17%	76	17.11%	86	27.44%	7,734	0.00%	1.16
5 情侣钥匙扣会说话	174	1.36%	134	32.09%	79	77.01%	686	3.45%	0.25
6 情侣钥匙扣钥匙圈	132	1.03%	50	90.00%	34	37.88%	46,735	0.00%	0
7 情侣钥匙扣 包邮	112	0.88%	75	4.00%	29	66.96%	4,925	0.00%	0.29
8 情侣钥匙扣 可爱	110	0.86%	30	10.00%	35	27.27%	17,107	3.64%	0
9 情侣钥匙扣批发	105	0.82%	90	1.11%	40	85.71%	7,143	0.00%	0.46
10 四叶草情侣钥匙扣	87	0.68%	40	10.00%	14	45.98%	953	0.00%	0

图 3-3-7　淘词搜索“连衣裙”

三、获取关键词

卖家获取买家的关键词，一般有三个来源，关键词的相关词“你是不是想找”（如图 3-3-8 所示）、搜索框的下拉提示框（如图 3-3-9 所示）、数据魔方。前两种方法只是一种

相对性的估计，而最后一种数据魔方则是非常精准的数据分析。

图 3-3-8　相关搜索“你是不是想找”

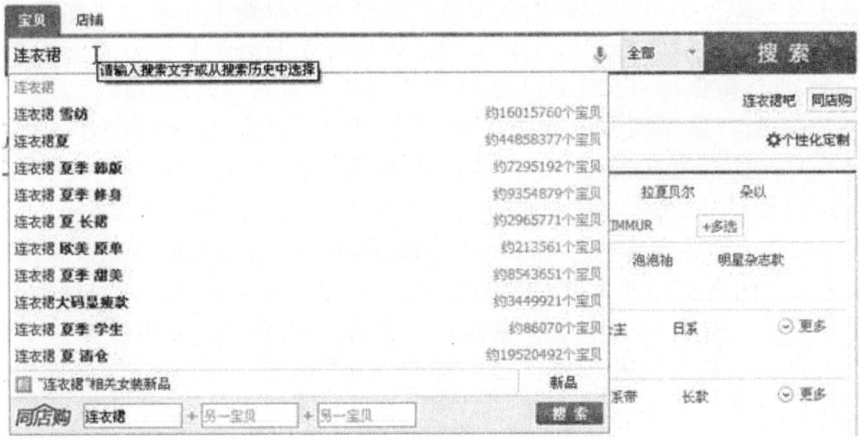

图 3-3-9　搜索框的下拉提示框

无论是相关搜索，还是下拉提示框，为什么会出现这些词，而不是其他的词呢？首先一点，这些词肯定是加入了淘宝网的数据库的。词那么多，为什么会加入这些词而不是其他的词呢？肯定是淘宝网认为这些词是更加重要的词，与主词有关联的词。淘宝网上有如此多的用户搜索关键词，每一个词都有相关搜索，淘宝网是如何判断这些词是否重要呢？数据应该来自于买家，买家搜索得多了，淘宝网就会认为这个词重要，于是把这个词纳入到数据库，由此可以得知：相关搜索和下拉提示框都是淘宝网上买家搜索比较多的词。这些词构成了我们从一个侧面分析买家行为的重要佐证。这样的猜测可以在淘宝指数和数据魔方处用实际的数据得到证实，数据魔方提供了更为真实、详尽的关键词数据，是卖家优化自己宝贝标题关键词设置的重要依据。

1．关键词的获取

通过“下拉提示框”“相关搜索词”“数据魔方淘词”三个渠道，每一种渠道都可以分层获取词，具体操作方法如下。

第一层：由一个词获取到 N 个词；

第二层：由第一层中获取的 N 个词获取到 $N \times N$ 个词；

第三层：由第二层中获取的 $N \times N$ 个词获取到 $N \times N \times N$ 个词

……

获取的词都是通过指数级增长的，三四层之后，获取的词的数量就非常巨大了，去除中间的重复词，也可以轻易获取到数以百计的关键词，如图 3-3-10 所示。

1--连衣裙秋冬
2--连衣裙春秋
3--连衣裙秋冬款
4--连衣裙冬长袖
5--连衣裙冬
6--连衣裙春秋潮
7--连衣裙冬新款
8--连衣裙女秋冬
9--连衣裙冬 毛呢
10--连衣裙女
11--连衣裙秋冬款
12--连衣裙秋冬款ol
13--连衣裙秋冬 韩
14--连衣裙秋冬胖mm
15--连衣裙秋冬潮
16--连衣裙秋冬 女
17--连衣裙秋冬红
18--连衣裙秋冬 新
19--连衣裙秋冬30-40
20--秋冬连衣裙配什么外套好看
21--连衣裙春秋潮
22--连衣裙春秋女
23--连衣裙春秋2015
24--连衣裙春秋胖mm
25--连衣裙春秋冬
26--连衣裙春秋装
27--连衣裙春秋a字
28--连衣裙春秋潮ol
29--连衣裙春秋v领
30--连衣裙春秋新ol
31--连衣裙秋冬款ol
32--连衣裙秋冬款 a
33--连衣裙秋冬款mm
34--连衣裙秋冬款xl

图 3-3-10　获取的关键词

2．关键词添加宝贝

关键词获取后，对关键词按宝贝进行分配，合理地布局到宝贝标题之中，就可以使自己的宝贝获取这些关键词的排名资格，完成淘宝网上热门关键词的全覆盖。注意，这里只是取得了排名

资源，并不代表可以排上去。因为淘宝网最多只显示 100 页结果，每页 44 个宝贝，所以一共是 4 400 个宝贝，而同一个关键词下面的宝贝数量何止千万。检验自己的宝贝关键词设置后是否获得了排名资格，最简单的办法就是使用店内搜索，搜索此关键词，如果该词可出来，即说明具备了这种排名的资格，如图 3-3-11 所示。

图 3-3-11　店内搜索测试关键词

3. 关键词排名跟踪

关键词与店铺进行关联之后，就需要日常去监测，跟踪这些关键词的排名。总的原则有：没有排名的，提升其排名；有排名的，让排名变得更好。像刷单、直通车、活动等都与关键词排名关系密切。以刷单为例，主要是为了使排名较差的关键词，排名变得更好，获取更多的展示机会，从展示中获取点击，再从点击中获取真正的自然成交。这些自然成交会为宝贝首图的点击率、宝贝详情页的停留时间、客服响应速度、询单转化率、宝贝成交率、成交客单价、卖家售后服务等供应链提供数据支撑，不完善的地方可以非常有针对性地进行修正。供应链完备之后，就可以尝试通过直通车、钻展、聚划算等付费推广了。由于供应链已被做了很大程度的优化，商品在平台上有较大的竞争力，付费广告的投入产出比会变得非常高，打破广告投入亏损的临界点，才能使店铺进入一个良性发展的过程。

➘ 子任务 3　营销效果分析

从量子恒道统计和数据魔方处得到数据后，一个网店运营人员应该经常性地对网店数据进行营销效果分析，具体分析的内容如下。

1）每周数据分析。用户下单和付款不一定会在同一天完成，但一周的数据相对是精准的，所以我们把每周数据作为比对的参考对象，主要的用途是通过比对上周与上上周数据间的差别，了解运营做了哪方面的工作，产品做了哪种调整，相对应的数据也有哪些变化，如果对比数据没有提高营销效果，说明此方法有问题或者本身的问题并不在此。

2）网站数据。网站数据指 IP、PV、平均浏览页数、在线时间、访问深度比率、访问时间比率等。这是最基本的数据，每项数据提高也都不容易，这意味着要不断改进每一个所发现问题的细节，同时不断完善购物体验。

3）运营数据。运营数据包括总订单、有效订单、订单有效率、总销售额、客单价、毛利润、毛利率、下单转化率、付款转化率、退货率。每日数据汇总，每周的数据一定是稳定的，主要比对上上周的数据，重点分析内部的工作，如产品引导、定价策略、促销策略、包邮策略等。分析时思考三个问题：①对比数据，为什么订单数减少了但销售额增加了，这是否是好事？②对比数据，为什么客单价提高了但利润率降低了，这是否是好事？③对比数据，能否做到销售额增长、利润率提高、订单数增加。

4）用户分析。会员分析数据有：会员总数、所有会员购物比率（新会员、老会员）、会员复购率、转化率。

5）流量来源分析。流量来源分析是为运营和推广部门指导发展方向的，除了关注转化率，还有像浏览页数、在线时间、访问深度等都是评估渠道价值的指标。

6）内容分析。内容分析主要有两项指标：首页装修和宝贝详情页的购买率。查看哪款产品的销售差，哪款产品的销售好，基本会说明一些问题，然后全体团队重点讨论，发现问题，给出意见，再依次进行改进。

营销的原理并不多，但在形式上却千变万化，最重要的是通过实际得到的数据，进行最有针对性的营销。经常分析营销数据，对自己的营销方式进行适当的调整，对一个成功的营销项目的运行非常有帮助。

➘ 子任务 4　会员营销

随着电子商务发展越来越成熟，电子商务平台的流量红利越来越少，卖家的广告成本越来越高，这些逼迫卖家越来越重视会员营销。会员营销是一种成本低、效果好的营销方式，非常有利于品牌与店铺的发展。在电子商务平台内，以淘宝网为例，最常用的会员营销就是会员折扣与发放优惠券。会员折扣是指对曾经在店铺内购买成功过的买家，可以根据其交易金额的多少，给予一定的商品折扣，从而提升顾客的忠诚度，形成更高的复购率和转化率。

对于中小卖家而言，手中掌握的会员信息，更是一个很好传递自己店铺信息、直达精准用户的一个优质渠道。会员和店铺本身是隔开的，但当店铺获取了会员的详细信息后，通过技术分析，就可以分析出一部分客户会员的需求，从而主动针对会员进行营销。由于这种营销具有高度的精准性，不仅不会让顾客觉得广告的骚扰，让人反感，反而会增加会员对店铺服务的高度认可。全网范围的以“双十一”“双十二”这样的大型活动为例，电子商务平台会发放大量的优惠券，同时会鼓励卖家针对自己的客户发放优惠券。发放优惠券的成本几乎为零，而客户的精准度非常高，因此转化效果也非常好。

以淘宝交易为例，店铺可以获取的淘宝会员信息如下：姓名、地址、手机号、支付宝号、邮编、消费记录、邮箱、淘宝会员名、QQ 号等。这些信息进行相互组合，可以开展形式多样的会员营销。如图 3-3-12 所示，可以看到买家的旺旺名称、真实姓名、加密支付宝及地址等。如图 3-3-13 所示，可以得到买家的地址、邮编、手机号、姓名等信息。

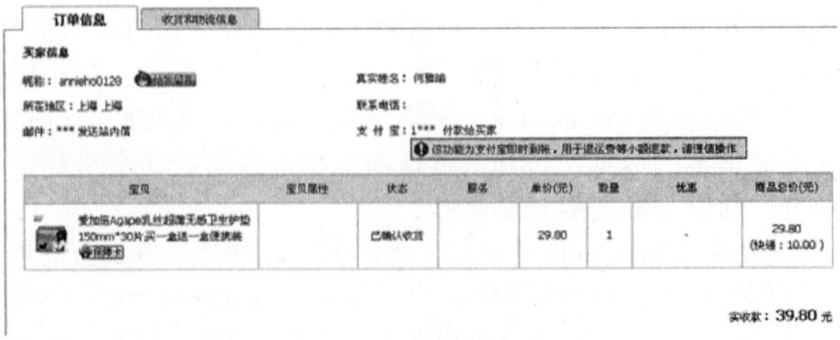

图 3-3-12　订单信息

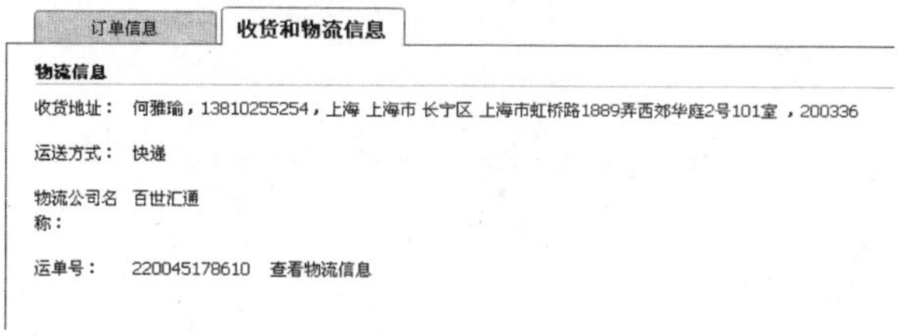

图 3-3-13　收货和物流信息

获得消费者信息后，卖家可以用于老客户关系的维护，采取多种形式进行新的营销。

一、邮件营销

“邮箱+消费记录分析”，可以通过对消费记录的算法分析，直接向目标客户精准地投放广告营销邮件。这些邮件只要具备了精准性，确定是用户需要的，就大大减少了骚扰性，而增加了信息性，这样会受到用户的喜欢，转化率也会变得越高。邮件营销的成本几乎为零，不会产生太多的外部费用，而且可以实现程序自动发送。因此，范围可以变得大一些。对于少量获取不到邮箱的用户，可以采用“手机号码”@qq.com 或@163.com 等方式来测试对方的邮件地址。

二、短信营销

“手机号码+消费记录分析”，根据消费记录的手机短信营销，不仅具有很好的精准性，而且强制性很强。短信营销属于强制性引发关注的广告，同样也会有一些营销成本，正常的市场价，最低可以做到 4 分钟一条短信，投放率达到 99.9%。一万条短信，最少是 400 元，适用于转化率高的 VIP 用户。

三、优惠券会员卡营销

“旺旺号+消费记录分析”，利用淘宝网、天猫等平台自身的开放特点，可以对目标用户实施优惠券营销、会员卡营销。优惠券淘宝网目前一天可以发放 16 000 条，会员卡发放不受限制。这两种方法，同时也是淘宝网官方活动，如“双十一”“双十二”经常采用的方式。

四、红包营销

“支付宝账号+消费记录”，利用支付宝红包的特点，可以拿出一笔费用，给自己的目标客户发放红包，指定消费的具体店铺和消费的目标产品。

➘ 知识链接

量子恒道统计的功能

点击连接世界，数据生产价值。在信息化的时代，没有数据，就没有信息；没有对数据的分析和挖掘，就没有获得数据真正的价值；没有对数据的预测，就没有对商业的洞察力和判断力。如何透过现象看本质？数据从产生那天起背后就蕴藏了深刻的规律。通过使用统计工具不断地科学分析和挖掘，就能帮助用户无限地接近规律，理解规律，帮助用户最大程度发挥数据的价值，帮用户预测未来，洞察商机。

量子恒道统计系统提供的主要功能：提供全部统计站点流量总览、管理统计站点、获取统计代码等。提供留言查看、删除功能。报表解读、导出数据：量子统计所有的分析报表均提供导出数据功能，并且报表附有弹出设计的解读功能，帮助用户深入迅速分析报表意义。

任务评价

项目3　电商平台内营销　评价表

班级________学号________姓名________　　　　　　　　　　　　____年__月__日

职业能力	评价指标	自评结果	小组评价结果	教师评价结果	备注
认识电商平台	1．能列出 C2C 及 B2C 电子商务模式概念 2．能列出淘宝网店的商品特点及页面类别				
淘宝平台营销	1．能说出轮流显示和优先显示的特点 2．能区分淘宝搜索优化和类目优化 3．能辨认淘宝活动类别，并进行基本的活动申请操作 4．能列出淘宝直通车的展示位置 5．能列出淘宝分销的条件				
淘宝数据分析	1．能说出统计指标 2．能安装并使用量子统计工具 3．能使用淘宝数据魔方 4．能根据统计数据进行基本分析 5．能列出会员营销方式				
营销意识	能树立电商平台营销意识、数据分析意识				

注：评价结果用 A、B、C、D 四个等级标出，A 为优秀，B 为良好，C 为合格，D 为不合格。

项目4 网络广告

本项目让学生学习网络广告内容，主要学习任务如下：

任务1 认识网络广告

任务2 网络广告计价方式

任务3 网络广告联盟形式

【知识目标】

✧ 理解网络广告的概念、优势及发展趋势；
✧ 掌握网络广告的主要形式；
✧ 掌握网络广告的计价方式；
✧ 熟悉网络广告联盟的广告形式及展示原理；
✧ 理解常见网络广告联盟形式。

【技能目标】

✧ 能列出网络广告的主要形式；
✧ 能列出网络广告的计价方式；
✧ 能列出网络广告联盟的广告形式；
✧ 能列出网络广告联盟展示原理；
✧ 能区分搜索引擎广告联盟、淘宝联盟、一般广告联盟。

【素养目标】

✧ 树立网络广告意识。

任务1 认识网络广告

子任务1 网络广告概述

一、网络广告的概念

网络广告是以数字代码为载体，采用多媒体技术设计制作，通过互联网广泛传播，具有良好的交互功能的广告形式。通俗来讲，网络广告就是在各种网络平台上发布的广告。它是企业以促进产品销售为目的，支付一定费用，利用网站上的广告横幅、文本链接、多媒体的方法，在互联网刊登或发布广告，通过网络传递给互联网用户的一种高科技广告运作方式。

二、网络广告的优势

网络广告的市场占有率正在以惊人的速度增长，网络广告发挥的效用越来越明显。广告界将网络广告宣传为继传统四大媒体（电视、广播、报纸、杂志）之后的第五大媒体。众多国际级的广告公司都纷纷成立了专门的“网络媒体分部”，以开拓网络广告这一巨大市场。

网络广告的优势表现在以下六个方面。

（一）传播范围广

网络广告的传播范围极其广泛，不受时间和空间的限制，可以通过国际互联网络把广告信息 24 小时不间断地传播到世界各地。据联合国国际电信联盟（ITU）及中国互联网络信息中心（CNNIC）研究报告显示，截至 2014 年年底，全球网民已突破 30 亿人，中国网民规模达 6.49 亿人，2014 年互联网在全球使用率增长为 6.6%，网络广告的受众群体正在不断加速发展壮大。作为网络广告的受众，只要具备上网条件，任何人在任何地点都可以随时随意浏览广告信息。

（二）交互性强

在网络上，受众是广告的主人，在当其对某一产品产生兴趣时，可以通过点击进入该产品的主页，详细了解产品的信息。而厂商也可以随时得到用户反馈的宝贵信息。

（三）针对性明确

网络广告目标群确定，由于点击阅读信息者即为有兴趣者，所以可以直接命中有可能的用户，并可以为不同的受众推出不同的广告内容。尤其是行业电子商务网站，浏览用户大都是企业界人士，网上广告就更具针对性了。

（四）受众数量可准确统计

利用传统媒体做广告，很难准确地知道有多少人接受到广告信息，而在互联网上做广告可通过权威公正的访客流量统计系统精确统计出每个客户的广告被多少个用户看过以及这些用户查阅的时间分布和地域分布。这样，借助分析工具，成效易体现，客户群体清晰易辨，广告行为收益也能准确计量，有助于厂商正确评估广告效果，制订广告投放策略，对广告目标更有把握。

（五）灵活、成本低

在传统媒体上做广告，广告发布后很难更改，即使可改动往往也需付出很高的经济代价。而在互联网上做广告能按照需要及时变更广告内容，当然包括改正错误。这就使经营决策的变化可以及时地实施和推广。作为新兴的媒体，网络媒体的收费也远低于传统媒体，若能直接利用网络广告进行产品销售，则可节省更多销售成本。

(六)感官性强

网络广告的载体基本上是多媒体、超文本格式文件，可以使消费者亲身体验产品、服务与品牌。这种以图、文、声、像的形式，传送多感官的信息，能让顾客身临其境地感受商品或服务。

三、网络广告的现状

网络广告给整个广告行业带来了一股新兴力量，并且凭借自身独特的优势，正在发挥着不可忽视的作用。在欧美，特别是美国，互联网已经在人们的生活中扮演着不可或缺的角色。在我国，它起步较晚，但发展速度却是惊人的。由于互联网的发展和网络广告的发展密不可分，所以网络广告备受关注。

（一）网民的增长，为网络广告市场的扩大提供有力保障

广告的存在是需要受众的，网络广告同样需要网民。网民越多，网络广告的市场越大，自然就会有更多的广告主青睐网络广告。2015 年 1 月发布的《中国互联网信息中心（CNNIC）第 35 次调查统计报告》数据表明：截至 2014 年 12 月，我国网民规模达 6.49 亿人，互联网普及率为 47.9%。我国手机网民规模达 5.57 亿人，较 2013 年年底增加了 5 672 万人。网民中使用手机上网人群占比由 2013 年的 81.0%提升至 85.8%。网民数量的极大增长，给网络广告带来了更多的潜在客户。

（二）从事网络广告的人数增加，给网络广告业带来光明前景

现在，越来越多的企业，特别是中小企业发现，网络广告是企业宣传最好的方式之一。一方面，中小企业的规模不大，可用于广告、宣传的资金有限，在传统媒体上，只能做些不起眼的小幅广告或分类广告，效果不明显。但随着上网人数的迅速增加，网络广告的影响力也越来越大。另一方面，网络广告以其多样化的表现形式和传播方式，更能满足企业的不同需求。所以，网络广告越来越受到企业、社会的青睐。

网络广告的从业人员数量也在不断增长。他们一般经过专业培训，对各种制作软件使用熟练，精通平面设计、三维动画等。近年来专业技术人员及专业的设计工作室在我国十分普遍，他们一般为各类型企业提供专业的服务，包括网络广告的创意、设计、制作、维护。这些专业网络设计人员对网络广告抱有热忱的希望，并对其前景充满了信心。而且网络广告的制作技术和设计软件不断推陈出新，它们日新月异的变化和发展，也为网络广告未来的发展添砖加瓦。

（三）网络广告拥有最具潜力和活力的消费群体

目前，网民中 10～19 岁人群比例为 24.0%，20～29 岁人群比例为 30.4%，30～39 岁人群比例为 25.3%。19 岁以下的学生族没有经济来源，20～29 岁的群体虽然经济基本独立，但缺乏对高档产品的消费能力，自然都是消费弱势群体。但网民中 40 岁以上各年龄段人群占比均有不同程度的提升，互联网在这些群体中的普及速度加快。我国 30～39 岁的网民增长速度远远高于 30 岁以下上网用户的增长速度，他们是最具有消费能力的。随着这部分强势消费群体的加入，网络广告可以说拥有最具潜力和活力的消费群体。

（四）网络广告已经在广告业中发挥着越来越重要的作用

与传统媒体报刊、广播、电视广告及近来备受垂青的户外广告相比，网络广告具有得天独厚的优势，是实施现代营销媒体战略的重要部分。

（五）网络广告的表现形式丰富多彩

除了目前较常见的横幅广告、按钮广告、插页广告（弹跳式广告）、墙纸广告、电子邮件广告、电子公告板（BBS）、表单广告、关键词广告、动感宽银幕广告、擎天柱广告（竖立式的 Banner 广告条）、互动游戏式广告等以外，随着网络技术的不断更新，我们相信将来会出现形式更多样、技术更先进的网络广告。

➘ 子任务 2　网络广告的主要形式

网络广告的主要形式有以下几种。

一、网幅广告（包含 Banner、Button、通栏、竖边、巨幅等）

网幅广告是以 GIF、JPG、Flash 等格式建立的图像文件，如图 4-1-1 和图 4-2-2 所示，定位在网页中大多用来表现广告内容。同时，广告还可使用 Java 等语言使其产生交互性，用 Shockwave 等插件工具增强表现力。

图 4-1-1　网幅广告（1）

图 4-1-2　网幅广告（2）

二、文本链接广告

文本链接广告是以一排文字作为一个广告，用户点击后可以进入相应的广告页面，如图 4-1-3 和图 4-1-4 所示。这是一种对浏览者干扰最少，但却较为有效果的网络广告形式。有时候，最简单的广告形式效果却最好。

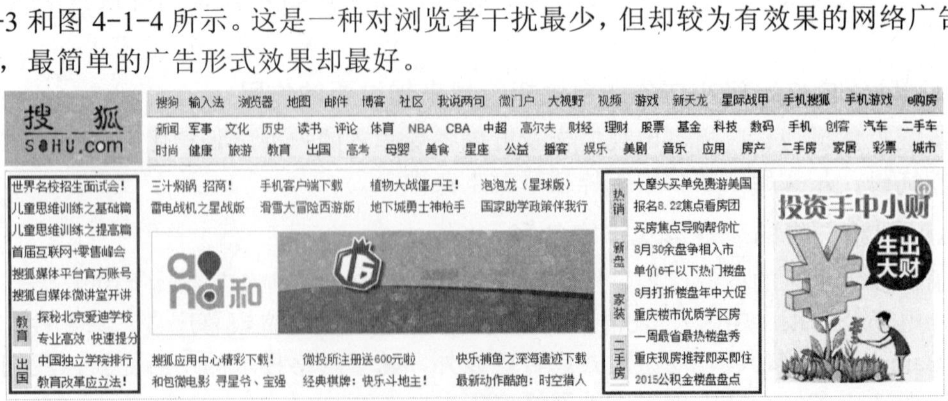

图 4-1-3　文本链接广告（1）

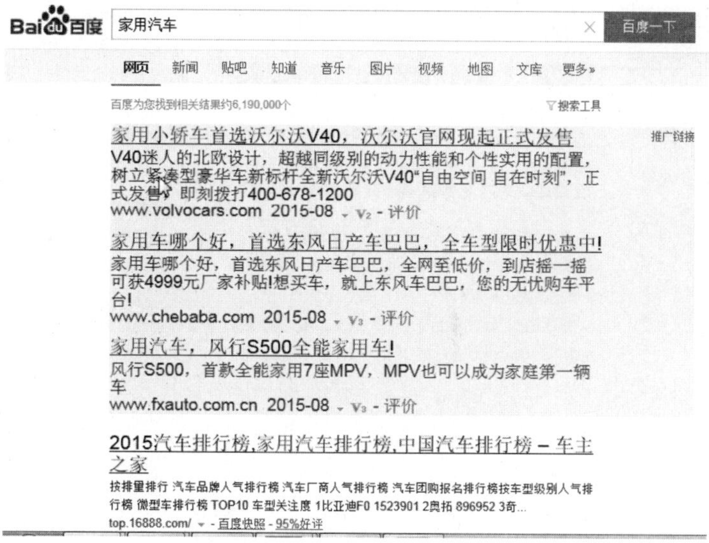

图 4-1-4　文本链接广告（2）

三、电子邮件广告

电子邮件广告具有针对性强（除非是肆意滥发）、费用低廉的特点，且广告内容不受限制。特别是针对性强的特点，它可以针对具体某一个人发送特定的广告，为其他网上广告方式所不及，如图 4-1-5 所示。

图 4-1-5　电子邮件广告

四、赞助式广告

赞助式广告的形式多种多样，它能在传统的网络广告之外，给予广告主更多的选择，如 TCL 赞助搜狐世界杯频道，某电脑品牌冠名某 IT 网站。广告与内容的结合是赞助式广告的一种形式，从表面上看起来它们更像网页上的内容而并非广告。在传统的印刷媒体上，这类广告都会有明显的标识，指出这是广告，而在网页上通常没有清晰的区分界限，如图 4-1-6 所示。

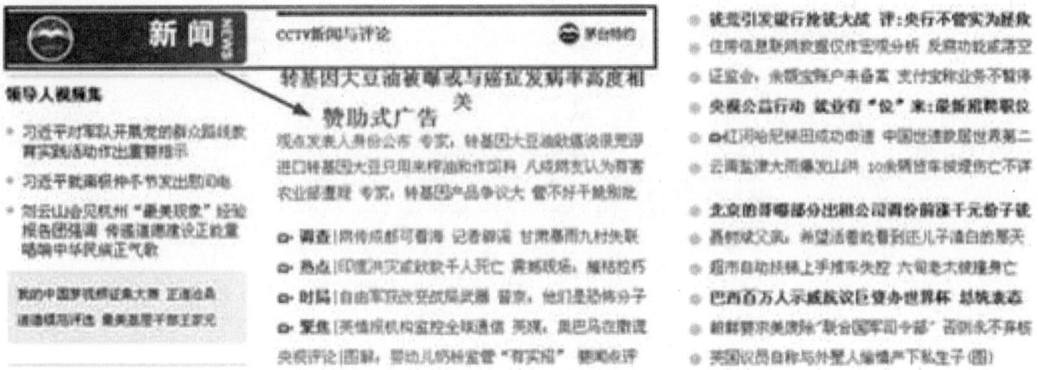

图 4-1-6　赞助式广告

五、插播式广告（弹出式广告）

访客在请求登录网页时强制插入一个广告页面或弹出广告窗口，如图 4-1-7 所示。它们有点类似电视广告，都是打断正常“节目”的播放，强制访客观看。插播式广告有各种尺寸，有全屏的也有小窗口的，而且互动的程度也不同，从静态的到全部动态的都有。浏览者可以通过关闭窗口不看广告（电视广告是无法做到的），但是它们的出现没有任何征兆，肯定会被浏览者看到。

图 4-1-7　插播式广告

六、其他广告形式

另外，还有视频广告（如图 4-1-8 所示）、巨幅连播广告、翻页广告、电子书广告等。

图 4-1-8　视频广告

知识链接

网络广告的出现对于传统广告学来说是一种新型的广告学，网络广告的一个主要的特点就是其交互性无可比拟。传统广告的沟通机制属于单向信息交流，消费者被动地接受各种信息，不能与信息发送者及时沟通。同时，由于广告空间昂贵而有限，通常比较感性化，对目标顾客的选择性较差，属于大规模发送，最终效果难以评价。有些广告商选择聘请专业市场调查公司进行各种问卷调查来弥补这一缺陷，但这种方法费时、费力、费财，往往不能得到准确结果，或者由于周期过长而影响广告主下一步的营销决策。网络广告弥补了这个缺憾，交互性强是网络广告区别于传统广告最显著的特性。网络媒介实现了信息互动，用户可以轻松获取需要的信息，广告主也可以通过网络服务系统随时了解用户的喜好，随时得到用户反馈，并根据要求迅速回应。交互式沟通使网络广告具备前所未有的活力和竞争力，这种交互式的沟通使网络广告与电子商务紧密结合，受众能够直接做出购买决定，在线实施交易。

互动沟通使网络广告独具个性，满足了消费者的需求。不同于其他广告的"推送"方式，网络广告的魅力和娱乐性得到了网民的自发关注和参与，有效减少了反感和抵触情绪，并达到理想的广告传播效果。而从实际操作来看，网络广告的发展现在有四种趋势。

1）管理从无序状态趋于有序状态。就是说管理更加规范化，这有两方面的因素来推动：一是国家对网络广告管理的重视，比如国家工商局刚刚颁布了一些试行的规范和要求，从中可以看出政府对网络广告经营的重视；二是网站本身也需要把网络广告管理规范化和完善化，在创业的阶段，网络的人员素质、管理经验都存在一些薄弱的环节，而现在网络公司正在逐渐走向成熟。

2）价格问题。价格战一直在混乱中进行，有些网站甚至完全免费，这是因为网站数量增加得很快，有些网站为提高知名度从而增加一些市场份额，纷纷都把价钱往下降，竞争非常激烈。另外，客户在市场中日渐成熟，甚至比某些从业人员还在行，因此价格的透明化势在必行。

3）网络广告的形式已经开始多样化和复杂化。

4）客户趋于多样化。从刚开始的 IT 企业，比如联想、诺基亚、Intel 这些客户，发展到今天的如房地产、汽车、药品等客户，最让人感到振奋的是消费品行业也开始介入网络广告，希望通过网络推广形象和产品。

另外，客户行业的类型也有很大变化，原来的很多客户都是一些跨国企业，基本上是一些国外知名的大公司，现在很多国内企业，包括民营的、国营的，甚至私营的，也愿意投入网络广告。怎么用少量的钱来达到比较大的效果，这对网络广告业来说是一个挑战。

任务 2　网络广告计价方式

子任务 1　网络广告投放的主体

网络广告投放是指商家选择适合自己产品特点的网络平台去投放广告，以促进销售，对网站来说，展示商家广告也能获得利益。网络广告投放过程中主要有两个主体，如图 4-2-1 所示，一是广告主，即投放广告的商家；二是网站主，即接收商家投放广告到自己平台的网站。网站是网络广告的载体，广告主通过网站将网络广告展示给广大网站访问者。

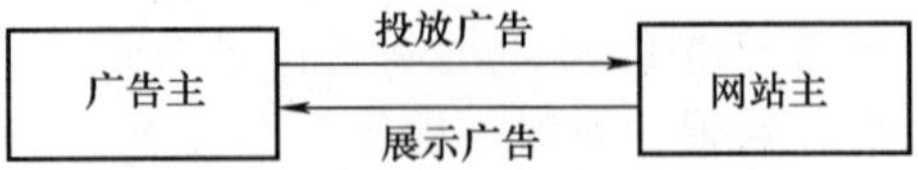

图 4-2-1　网络广告投放的主体

广告主按照网络广告的实际效果（如销售额、引导数等）向网站主支付合理的广告费用，以达到节约营销开支、提高知名度、扩大企业产品的影响、提高营销质量的目的。网站主则通过广告联盟平台选择合适的广告主并通过播放广告主的广告提高收益，同时节约大量的网络广告销售费用，轻松地把网站访问量变成收益。

➘ 子任务 2　网络广告的计价方式

广告主和网站主之间约定网络广告计费方式。一个网络平台会包含有数十个甚至成千上万个网页，网络广告所投放的位置和价格就牵涉到特定的页面以及浏览人数的多少。这好比平面媒体（如报纸）的“版面”“发行量”，或者波媒体（如电视）的“时段”“收视率”的概念。

一、CPM

CPM（Cost per Mille，或者 Cost per Thousand、Cost per Impressions），即每千人成本，是指一千人看到网络广告，广告主所付费的一种模式，是按照有多少人看到你的广告来收费。按访问人次收费已经成为网络广告的惯例。

CPM（千人成本）指的是广告投放过程中，听到或者看到某广告的每一人平均分担到多少广告成本。传统媒介多采用这种计价方式。在网络广告中，CPM 取决于“印象”尺度，通常理解为一个人的眼睛在一段固定的时间内注视一个广告的次数。比如，一个广告横幅的单价是 1 元/CPM 的话，意味着每一千个人次看到这个 Banner 的话就收 1 元，以此类推，10 000 人次访问的主页就是 10 元。至于每 CPM 的收费究竟是多少，要根据以主页的热门程度（即浏览人数）划分价格等级，采取固定费率。国际惯例是每 CPM 收费从 5 美元至 200 美元不等。

二、CPC

CPC（Cost per Click、Cost per Thousand Click-Through），即每点击成本，是指以每点击一次计费。这样的方法加上点击率限制可以加强作弊的难度，是宣传网站站点的最优方式。但是，此类方法有不少经营广告的网站觉得不公平，比如，虽然浏览者没有点击，但是他已经看到了广告，对于这些看到广告却没有点击的流量来说，网站成了白忙活。有很多网站不愿意做这样的广告，据说是因为传统媒体从来都没有这样做过。

三、CPA

CPA（Cost per Action），即每行动成本，是指按广告投放实际效果，按回应的有效问卷或订单来计费，不限广告投放量。CPA 的计价方式对于网站而言有一定的风险，但若广告投放成功，其收益也比 CPM 的计价方式要大得多。广告主为规避广告费用风险，只有当网络用户点击旗帜广告、链接广告主网页后，才按点击次数付给广告站点费用。

四、CPS

CPS（Cost per Sale），即每销售成本，是指按销售效果计费，销售成功后按照销售金额支付一定比例佣金的计费方式。淘宝客就是一种典型的 CPS 广告方式。

五、CPR

CPR（Cost per Response），即每回应成本，是指以浏览者的每一个回应计费。这种广告计费充分体现了网络广告“及时反应、直接互动、准确记录”的特点，但是，这个显然是属于辅助销售的广告模式，对于那些实际只要亮出名字就已经有一半满足的品牌广告要求，大概所有的网站都会给予拒绝，因为得到广告费的机会比 CPC 还要渺茫。

六、CPP

CPP（Cost per Purchase），即每购买成本，是指广告主为规避广告费用风险，只有在网络用户点击旗帜广告并进行在线交易后，才按销售笔数付给广告站点费用的计费方式。无论是 CPA 还是 CPP，广告主都要求发生目标消费者的“点击”，甚至进一步形成购买，才予付费；CPM 则只要求发生“目击”（或称“展露”“印象”），就产生广告付费。

七、其他方式

很多国内的网站是按照“一个月多少钱”这种固定收费模式来收费的，这对客户和网站都不公平，无法保障广告客户的利益。虽然国际上一般通用的网络广告收费模式是 CPM（千人印象成本）和 CPC（千人点击成本），但在我国，一个时期以来的网络广告收费模式始终含糊不清，网络广告商们各自为政，有的使用 CPM 和 CPC 计费，有的干脆采用包月的形式，不管效果好坏，不管访问量有多少，一律一个价。尽管现在很多大的站点多已采用 CPM 和 CPC 计费，但很多中小站点依然使用包月制。

八、对比不同计价方式

相比而言，CPM 和包月方式对网站主有利，而 CPC、CPA、CPS、CPR、CPP 和 PFP 则对广告主有利。目前比较流行的计价方式是 CPM 和 CPC。

任务 3　网络广告联盟形式

子任务 1　网络广告联盟概述

一、网络广告联盟的含义

广告联盟通常指网络广告联盟，即集合中小网络媒体资源（又称联盟会员，如中小网站、个人网站、WAP 站点等）组成联盟，通过联盟平台帮助广告主实现广告投放，并进行广告投放数据监测统计，广告主则按照网络广告的实际效果向联盟会员支付广告费用的网络广告组织投放形式。1996 年亚马逊通过这种新方式，为数以万计的网站提供了额外的收入来源并且成为网络 SOHO 族的主要生存方式。

二、网络广告联盟三要素

网络广告联盟包括三要素：广告主、联盟会员和广告联盟平台。涉及的内容有广告与联盟会员网站匹配、联盟广告数据监测和统计、联盟广告付费方式、联盟分成模式等。

网络广告联盟广告主是指通过网络广告联盟投放广告，并按照网络广告的实际效果（如销售额、引导数、点击数和展示次数等）支付广告费用的广告主。相较网络广告代理而言，通过广告联盟投放广告的广告主多为中小型企业或者是互联网网站，品牌广告主投放的广告费用还相对较少，通过广告联盟投放广告能节约营销开支，提高营销质量，同时节约大量的网络广告费用。

网络广告联盟会员是指注册加入网络广告联盟平台并通过审核，且至少投放过一次联盟广告并获得收益的站点。

广告联盟平台通过联结上游广告主和下游加入联盟的中小网站，通过自身的广告匹配方式为广告主提供高效的网络广告推广，同时为众多中小站点提供广告收入的平台。本书中的网络广告联盟平台指拥有中小站点（网站或 WAP 站点）资源的联盟平台。

子任务 2　网络广告联盟的广告形式

一、CPM 弹窗形式广告

根据独立 IP 用户访问广告联盟旗下合作媒体的网站时，弹出广告商的目标页面来计费，相同 IP 的用户 24 小时内反复弹出只计费一次，如果弹窗被浏览器拦截，将不会计费。

这种广告形式对于用户群较大的广告商来说是一种性价比很高的推广形式，在迅速提升网站访问量的同时，会沉淀下很多用户，对于初创的网站来说无疑是很好的推广选择。

展现形式：直接全屏弹出要宣传的页面。

二、CPC 点击形式广告

根据用户访问广告联盟旗下合作媒体的网站时，点击页面上用户所感兴趣的广告商广告条，到达相应的广告页面来计费，相同 IP 的用户 24 小时内反复点击相同广告商广告条只计费一次。

这种广告形式可以比较精准地获取对广告主广告内容感兴趣的用户，对宣传效果非常有帮助，一般对于做品牌宣传的广告主非常适用。

展现形式：网页固定或漂浮广告条以及文字链接形式。

三、CPA 注册形式广告

根据用户访问广告联盟旗下合作媒体的网站时，点击页面上用户所感兴趣的广告商广告条，到达相应的广告页面后并完成相应的注册或者信息提交要求来计费，相同 IP 的用户 24 小时内反复注册或提交信息只计费一次。

这种广告形式可以最直接地让广告主获取用户或者想要用户提供的信息，一般适合阶段性的活动或者对需要累积注册用户的广告商比较适用。

展现形式：网页固定或漂浮广告条以及文字链接形式。

四、CPS 销售提成形式广告

根据用户访问广告联盟旗下合作媒体的网站时，点击页面上用户所感兴趣的广告商广告条，到达相应的广告页面后并完成购买行为来计费。

这种广告形式最大限度地保证了客户的推广要求，零风险，一般适合电商类和有充值功能类的客户。

展现形式：网页固定或漂浮广告条以及文字链接形式。

五、CPV 富媒体形式广告

根据用户访问广告联盟旗下合作媒体的网站时，网站右下角会出现带关闭按钮的浮动图片或者视频窗口，当广告展示完毕，会根据独立 IP 展示广告的次数来计费，相同 IP 的用户 24 小时内反复展示相同广告商广告条只计费一次。

这种广告形式最大限度地保证了客户广告的曝光量，位置极佳，对于品牌和网站活动宣传有很好的推动作用，性价比极高，适合绝大多数的广告客户。

展现形式：网页右下角跟随漂浮的图片或视频。

子任务 3　网络广告联盟展示原理及工作流程

一、网络广告联盟展示原理

最常用的百度联盟、Google Adsense、搜狗联盟都属于 CPC 付费模式。商家只需要注册这些广告联盟，验证自己的网站后领取广告代码，将代码添加到自己的网站就可以实现广告的展示。

广告展示的内容是广告联盟根据网页的内容和用户在其对应的搜索引擎中的搜索历史决定的。比如，经常在搜索引擎中搜索“化妆造型”，那可能会看到比较多的化妆品和化妆培训类的广告。

网页内容影响广告展示，网页的内容将很大程度上决定展示广告的内容，所以商家有必要提供更加详细的网页内容，这会有助于广告联盟的广告精准投放，增加点击率。如果自己的网站内容不够丰富，都难以通过 Google Adsense 的审核。

二、网络广告联盟工作流程

网络广告联盟工作流程如下。

1）前期准备。

① 广告主需按照自己的营销目标，设置线上营销路径，配合营销的效果要求，设计相关的网站及页面。

② 广告主需设计与营销活动配套的多个创意广告宣传图片，供网站站长选择。

2）设置广告活动。

① 确定营销效果要求及单位效果结算价格。

② 设置广告投放区域及投放网站类型。

③ 提供营销数据说明，数据修正说明。

④ 上传广告图片。

⑤ 提供广告的链接地址。

⑥ 确定广告活动的开始与结束时间。

⑦ 确定与不同营销效果匹配的代码。

3）粘贴代码与技术测试。

将代码粘贴至网站的相关页面，并进行技术测试。

4）开始投放。

① 告知网站长新的广告活动。

② 选择提出申请的网站主。

5）投放中。

① 查看报表。

② 调整广告及营销策略。

6）结算费用。

定期结算广告费用（详见广告主的费用及结算）。

7）投放结束。

➘ 子任务 4　常见网络广告联盟形式

一、搜索引擎广告联盟

搜索引擎广告联盟指以搜索引擎应用为核心的广告联盟。联盟的组织者为搜索引擎服务商。搜索引擎联盟是伴随百度、Google 等搜索引擎网站的发展而成立的，具体的模式比如在各加盟网站上放置搜索框，供用户使用搜索功能，既为网站自身带来了便利，也提高了搜索引擎的点击率，而且搜索引擎也会根据各家网站所贡献的搜索量支付给加盟网站一定的费用，这样就达到了双赢的效果。这类的联盟往往是由搜索引擎公司发起成立的，如百度、Google、雅虎、搜狗等。

（一）百度广告联盟

1. 百度联盟

依托于全球最大的中文搜索引擎，百度联盟提供比较有竞争力的互联网流量变现专业服务。百度联盟致力于帮助合作伙伴挖掘流量的推广价值，同时为推广客户提供最佳回报，如图 4-3-1 所示。

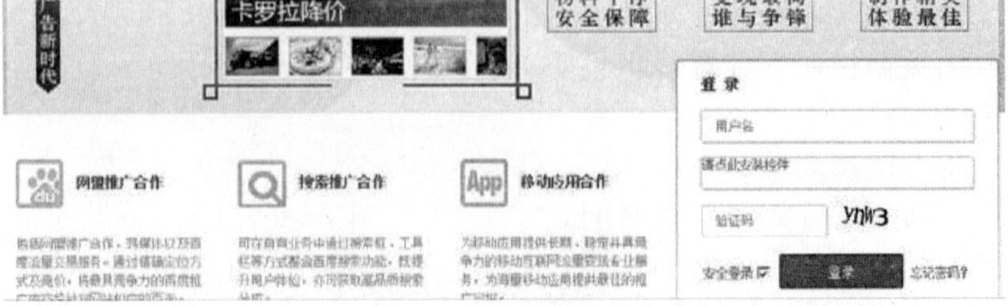

图 4-3-1　百度联盟

简单地说，百度联盟是一个广告联盟，它通过吸收广告主的广告，然后将其展现在不同的联盟成员（网站主）的平台中，通过广告的展现、点击、注册等方式获得收益，最后再按一定的比率将收益返还给联盟成员（网站主）。

百度联盟与网站、软件、网吧、电信运营商、终端厂商等多类伙伴紧密合作，打造简单、可依赖的专业媒体平台。迄今为止，百度联盟已推出了搜索推广合作、网盟推广合作和鸿媒体合作等多种业务合作形式。此外，百度联盟先后推出先锋论坛、联盟志、联盟认证、“常青藤”成长计划、互联网创业者俱乐部等多项举措帮助伙伴成长，并汇集伙伴力量发起“联盟·爱”公益平台回报社会。到 2011 年，百度联盟累计注册网站已经超过了 60 万个，日均曝光量超过了 50 亿次；并与国内外五百余款知名软件、几十家网吧应用服务提供商合作，将搜索服务推送到上亿台电脑终端上，影响力几乎覆盖所有中国网民。

百度联盟的业务形式主要有网盟推广合作、搜索推广合作、鸿媒体合作、应用平台合作等形式，具体介绍如下。

（1）网盟推广合作

网盟推广就是广告联盟的合作模式，也是当前最多人采用、最普遍的百度联盟创收产品。百度联盟的网盟推广合作业务就是广告主在投放广告以后，联盟成员在自己的对应平台上进行广告展现、获取点击，然后获得分成收益的一种推广方式。

网盟推广可以分析联盟成员网站页面的内容，并将与主题最相关的百度推广内容投放到网站相应的页面，为推广客户和网站主带来推广内容投放效益的最大化。网站用户通过点击广告产生百度推广收入，网站主就可以从百度获得相应的分成。

目前，网盟推广是最普遍的百度联盟产品，已经有超过 50 万家网站参与其中，网民在上网过程中看到各种网站上标注“百度推广”字样的广告均是网盟推广。

通常情况下，站长习惯将百度网盟推广看作“百度联盟”的最常见方式，站长圈日常沟通中提到的“百度联盟”大多也就是指的百度联盟网盟推广。

（2）搜索推广合作

百度联盟搜索推广合作，是为合作伙伴提供的搜索支持服务。合作伙伴通过软件、网站、网吧等渠道，在让自己的用户便捷地使用搜索引擎的同时，还能根据用户搜索的关键字显示最相关的百度推广内容，从而为合作伙伴带来收入。搜索推广合作初始分成比例是 30%，之后会根据合作商与联盟的合作形式、流量规模及质量、合作时长等因素提高分成比例，最高可达 50%。搜索推广合作主要合作类型业务如下。

1）软件合作。软件作者、软件公司可以申请参与百度工具栏和地址栏产品合作、百度浏览器产品合作、Hao123 产品合作以及软件直接调用搜索合作等合作方式，在为软件用户提供高质量搜索服务的同时，软件作者、软件公司也可获得百度推广分成。

2）网站合作。网站主也可以申请网站搜索合作，通过调用百度搜索结果，可以向用户提供搜索功能，并获得百度推广分成。

3）网吧合作。网吧软件提供商或网吧主可以通过设置浏览器首页为百度、百度地址栏合作和添加百度搜索桌面快捷方式等方式与百度展开合作。

4）其他战略合作。百度与联通、电信、移动、手持设备，电脑终端等运营商有不同层次的战略或业务合作，为细分到地市区县的用户服务。

（3）鸿媒体合作

鸿媒体是百度旗下的精准品牌展示广告网络，依托百度全球最大网民行为数据库和世界领先的技术实力，通过独有的“天目”技术，洞察受众真实需求，建立受众搜索行为档案库，并按广告主的需求精准锁定目标受众，进行一对一的品牌沟通。鸿媒体整合高端优质网络媒体资源，在黄金位置展现高冲击力的富媒体推广内容。鸿媒体在提升高端媒体流量变现能力的同时，还能实现高端媒体的品牌推广价值，打造强势品牌形象。根据不同的产品类型及服务，百度为联盟会员提供最优厚的分成价格。目前鸿媒体业务为会员邀请制，其特点如下。

1）海量覆盖。整合百度联盟优质媒体，覆盖中国 95%以上网民，均为品牌推广主提供，能有效提升网站品牌知名度。

2）精准锁定。品牌广告，从未如此精准，利用“天目”技术收集和分析海量消费者的百度搜索行为，直接了解消费者最真实的需求，匹配并展示最合适的广告。

3）整合传播。创新性的整合展示与搜索，提升百度指数，最大化品牌推广效果。

（4）应用平台合作

应用开放平台是开发者及应用提供者通过加入百度应用开放平台而获得基金奖励的业务合作模式。百度准备投入数亿元资金，面向平台所有开发者及应用提供者，以鼓励创新应用的开发。百度应用开放平台是一个开放式的数字产品平台，通过百度搜索的精准定位，将在线应用直接展现给亿万网民，同时开发者还能获得百度应用开放平台提供的基金奖励。自百度应用开放平台上线以来，已经吸引了包括在线小游戏、在线阅读、在线视频、在线工具等众多优质内容的加入。

2．百度推广

仅知道了百度联盟还不够，对广告主、网站主来说，还需要知道百度推广，因为百度推广和百度联盟有着密切的关系。

百度推广是百度推出的一种按效果付费的网络推广方式，通过简单便捷的网页操作即可给企业带来大量潜在客户，有效提升企业知名度及销售额。每天有超过数亿人次在百度查找信息，企业在百度注册与产品相关的关键词后，就会被主动查找这些产品的潜在客户找到，如图 4-3-2 所示。

图 4-3-2　百度推广

具体来说，企业在购买百度推广服务以后，通过注册提交一定数量的关键词，自身的推广信息就会率先出现在网民相应的搜索结果中。当用户利用某一关键词进行检索时，在检索结果页面就会出现与该关键词相关的广告内容。关键词广告在特定关键词的检索时才会出现在搜索结果页面的显著位置。例如，企业主在百度提交了“笔记本”这个关键词，当网民查找“笔记本”信息时，该企业就会优先被找到，百度按照实际点击量（潜在客户访问数）收费，每次有效点击收费从几角钱到几块钱不等，由企业提交关键词的竞争激烈程度所决定，如图 4-4-3 所示。

图 4-3-3　百度搜索推广

3. 百度联盟与百度推广的关系

百度联盟中所有展现的广告，都是由百度推广提供的。百度推广的所有广告并不全部放在百度联盟中展现。除了百度联盟以外，百度推广中吸收的广告主广告，还大量地以搜索推广等方式展现在百度的搜索结果中。

（二）Google 广告联盟

与百度联盟类似，Google 广告联盟主要是指 Google AdSense，它为各种规模的网站主提供了一种免费、简单的赢利方式，即通过在网站上展示具有针对性的 Google 广告来获得收益。另外，网站主还可以利用 AdSense 为网站用户提供 Google 搜索功能，并通过在搜索结果页上展示 Google 广告获得收入。通俗地讲，就是在网站主的网站页面中播放 Google 的广告，当用户在浏览网站主页面时，如果有用户点击，并且点击以后会在页面中产生一系列行为，如注册、评论，甚至购买等，网站主就会得到一些报酬。不同的广告或者方式会采用不同的结算方法，如按点击率、显示广告数、产生行为等，如图 4-3-4 所示。

通过展示 AdSense 内容广告，网站主可从 Google 向广告主收取的费用中分得 68%的金额，而通过展示 AdSense 搜索广告，网站主可从 Google 向广告主收取的费用中分得 51%的金额。

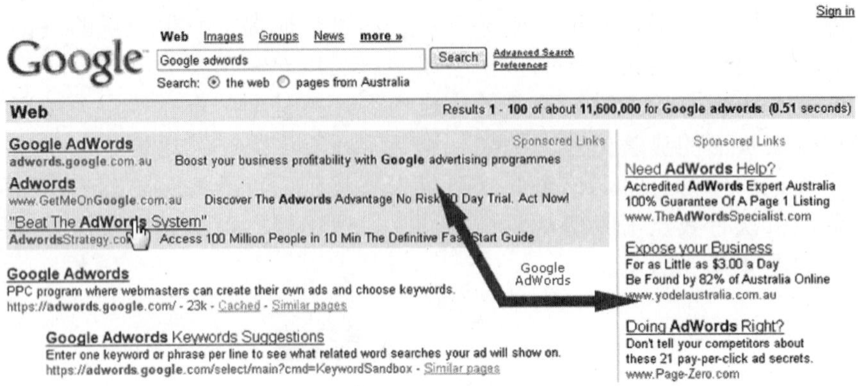

图 4-3-4 Google 广告

二、淘宝联盟

（一）阿里妈妈

2012 年 12 月，阿里巴巴营销平台重新启用“阿里妈妈”品牌与域名，原先的“淘宝联盟”变成阿里妈妈平台下的一个业务线。阿里妈妈从以服务淘宝系商家为主的联盟平台，升级为面向全网广告主的开放交易平台。2013 年阿里妈妈成为阿里巴巴集团旗下对外开放的媒体聚合营销平台，并主攻三大业务线，分别是：以淘宝客（按成交效果计费）为主要产品的淘宝联盟，以橱窗（按展示效果计费）为主要产品的 Tanx 平台以及发展中的无线联盟。在阿里巴巴集团的管理架构中，阿里妈妈将依然隶属于一淘事业群，如图 4-3-5 所示。

图 4-3-5 阿里妈妈首页

数据显示，目前该平台已经拥有 50 多万名活跃的合作网站及伙伴，数百万卖家会员，日均 PV 覆盖超过 45 亿，几乎占据了全网近 50%的网络广告展示覆盖量。升级后的阿里妈妈平台覆盖了数百万淘宝网卖家及包括亚马逊、当当网、1 号店等在内的数十家独立 B2C 购物网站，3 亿推广商品。2012 年，针对广大站长的分成金额已经突破 30 亿，总分成金额是 2011 年的两倍，其中广大个人站点、草根站长获得的分成最多，占比 31%。来自艾瑞的最新数据显示，阿里妈妈平台已经稳居市场前列，占国内广告联盟平台 39.6%的市场份额。

（二）淘宝联盟

淘宝联盟是阿里妈妈旗下产品。它主推三种产品，一是搜索推广，二是组件推广，三是淘宝客推广，如图 4-3-6 所示。

图 4-3-6　淘宝联盟首页

1．搜索推广

搜索推广提供经典的淘宝网搜索框和关键字搜索链接。淘宝网搜索框有良好的用户认知度，自定义尺寸及展现样式，类目匹配，优化商品搜索结果，保证较高的收益，平均 40 个点击就有 1 笔成交，适用于以下类型的网站。

1）行业网站、网址站、娱乐网站、垂直网站、网址站。

2）网站有稳定的访问量，丰富的内容，用户习惯搜索。

3）网站信息量大，却缺乏搜索技术，无法有效利用自有资源。

4）自定义关键字搜索，适合博客、论坛、微博、QQ 等推广途径。

2．组件推广

组件推广是淘宝联盟特有的推广形式。它是一种提供实用性功能，同时植入推广信息的推广模式。组件功能贴近网民需求，同网站内容和主题充分融合，作为网站的一部分而存在。目前的组件包括：手机/游戏充值框、天气预报、美容咨询工具、试衣间等，适用类型如下。

1）网址站及各类垂直行业网站。

2）对用户体验要求高的网站。

3）需要某些功能性组件的网站。

4）没有技术实力或资源开发相关功能的媒体。

3．淘宝客（店铺/商品）推广

淘宝客是指帮助淘宝网卖家推广商品并按照成交效果获得佣金的人（可以是个人或者网站）。

淘宝客推广是一种按成交计费的推广模式，淘宝客只要从淘宝客推广专区获取商品代码，任何买家（包括淘宝客自己）经过淘宝客的推广（链接、个人网站、博客或社区发的帖子）进入淘宝卖家店铺完成购买后，就可得到由卖家支付的佣金。

区别于淘宝直通车的按点击付费，淘宝客是按照实际的交易完成（买家确认收货）作为计费依据的。淘宝客支持按单个商品和店铺的推广形式，商家可以针对某个商品或店铺设定推广佣金。佣金可以在 5%～50%范围内任意调整，较高的佣金设置将会受到更多的淘宝客青睐。

淘宝客推广具有如下优势。

1）提供最底层推广元素，满足各类自定义推广需求。

2）推广精准到店铺和商品，直击用户需求。

3）推广内容和推广途径完全自定义，灵活多样。

4）推广流程简单，一键获取推广代码，甚至不需要拥有自己的网站。操作简单，加入即可获得站外优质流量投放推广。

5）低投入高回报，按成交效果付费，广告展示及点击都不计费。

6）佣金设置灵活，可具体到单品及流量来源渠道，针对性强，满足店铺个性化推广需求。

淘宝客推广适用类型如下。

1）网站主题集中，浏览人群集中的媒体。

2）希望推广内容和网站内容充分结合的媒体。

3）没有自己的网站，使用博客、论坛、微博、QQ 等途径推广的推广者。

4）拥有技术实力进行应用开发的站长或媒体。

淘宝客推广准入要求如下。

1）卖家信誉达到一颗心级及以上。

2）店铺综合 DSR 达到 97.5%。

三、一般广告联盟

前面介绍的以百度联盟、Google AdSense、阿里妈妈为代表的综合性第三方广告联盟个个都实力雄厚，知名度超高，是最受欢迎的一个阵营。除此之外，还有独立第三方广告联盟，这一阵营虽然没有第一阵营的规模实力，但凭借自己的独特定位和价格优势也是各自独霸一方，比如梦芭莎广告联盟、亿起发联盟、多麦 CPS 联盟等，如图 4-3-7、图 4-3-8、图 4-3-9 所示。

图 4-3-7 梦芭莎广告联盟网站首页

图 4-3-8　亿起发联盟网站首页

图 4-3-9　多麦 CPS 联盟网站首页

➘ 知识链接

一、网络广告联盟的优势

（一）低营销成本保障广告效果

联盟营销是按效果付费，因此与不能够保障效果的购买广告位不同，它可以有效控制广告费，实现广告费用与广告效果挂钩。广告主通过在具有潜在目标顾客的联盟会员网站上投放广告，诱导用户访问广告主网站及购买商品。只有当购买行为或注册会员等实际效果发生时才支付费用，广告主以最小的营销费用得到最好的效果。

（二）选择广泛

无论对广告主还是联盟会员来说，在一个公共联盟营销管理系统平台上进行广告投放交易，都会扩大自己的选择余地。广告主可以根据联盟会员的网站排名和拥有的潜在受众来选择适合自己广告的网站；而联盟会员也可根据自己网站的风格选择合适的网络广告。

（三）更广的网络覆盖面以及品牌强化

如果广告主的网站在 Google 或百度等搜索结果中的排名较低，而联盟会员网站却可能在排名较高的位置中占据了一半，甚至排在前三位，那么，广告主无需特别对自身网站进行网站优化，或者 Google 排名等方面的建设就可直接凭借自己在联盟会员网站上的链接（Link）和旗帜广告（Banner）吸引目标市场的大部分潜在用户。

（四）集中精力进行产品开发和销售服务，提高工作效率

由于这种广告投放形式完全将广告投放问题交给中间的联盟营销服务商来做，对于广告双方（联盟会员和广告主）来说，既可以基本解决网站访问量问题，又可从繁杂的营销问题中解脱出来，商家可以集中精力进行产品开发、客户服务等主营活动，从而大大提高工作效率。

（五）可计算的结果，支持营销活动

联盟网络营销“按效果付费”的广告支付方式比传统方式最大的一个进步是：客户的每一个点击行为和在线活动都可以被管理软件记录下来，从而可以让广告主了解广告费用的用途，使其支付的每一分钱都用在刀刃上；另外，强大的联盟营销管理平台具有跟踪记录和分析记录，并使用这些记录分析来为产品开发和营销策略提供科学决策依据的功能。

（六）准确、可靠的费用结算

资费行为是建立在准确的数据记录基础上的，所有费用都是在联盟营销管理平台上统一结算，无须人工操作。传统的合作营销体系是广告主与多家合作单位进行一一结算的，这样就为广告主带来了很多不便之处。采用中间管理平台后，一方面，中间管理平台完全按照各个联盟会员网站给广告主带来的效果统一进行结算，广告主最后只需要确认总的营销效果是否与广告费用相一致，即可解决与多数联盟会员网站的结算问题，为广告主减少了不必要的工作，节省了大量时间；另一方面，准确、可靠的费用结算系统也为联盟会员提供了佣金保障。由中间服务商 100%定期预付给联盟会员佣金的信用金保证制度可以确保佣金收入安全，保障了联盟会员的权利。联盟会员再也不需为佣金不能按期到账而担心了。

（七）额外的增值服务

提供中间联盟营销管理平台的服务商可以为广告双方提供许多额外的增值服务，这包括以下几方面。①有价值的市场营销报告。广告主开展营销活动时，中间服务商可以根据公共联盟营销管理平台上的统计数据为广告主提供业绩报告。报告内容可以包括根据广告条件发生的购买数、购买额、代理费等内容，还可以包括按不同时间段、不同网站以及购买详细信息等内容来评价客户网上行为的信息，以及其他广告主管理联盟网站所需要的有效资料。②其他营销活动支持服务，中间服务商还可以为网站促销活动提供策划及运作、E-mail 营销支持、与联盟网站进行交流及宣传活动等支持服务，提高广告主的营销活动效果。

二、网络广告联盟的发展趋势

随着广告联盟市场发展，中国网络广告联盟市场呈现以下几大发展趋势。

1）随着整体网络广告联盟市场成熟，广告主范围将逐步扩大，越来越多的传统广告主也将选择广告联盟作为网络广告的渠道之一。

2）广告联盟平台统计技术及服务水平将逐步提升，市场竞争加剧，造成优胜劣汰。

3）各类专业性较强的行业网站联盟将逐步形成，并成为联盟平台的重要组成部分，其带来的行业广告客户将有效改变广告联盟上游同质化现象。

4）未来广告联盟依然是众多个人站点收入的主要来源，一些优秀的个人站点将借此获得进一步发展的资源和资金。

5）作弊成本将越来越高，联盟市场将逐步规范化，网络广告联盟将成为网络广告市场

不可或缺的一员。

6）网络广告联盟将加强对广告监测系统的开发力度，以提供准确的广告行为监测报告来提升网络广告联盟整体服务水平。

7）网络广告联盟将由传统的、单一的服务模式，转向为中小企业提供更综合服务模式，形成一个以广告网络服务提供商的角色去整合门户资源和优质网络内容的服务提供商。如：企业搜索引擎付费优化业务、品牌营销业务等。

8）网络广告联盟将从以往主要依托 CPC 和 CPM 的广告形式，向 CPA 效果型广告形式转移。

9）随着中国互联网及电子商务的快速发展，除通过现有联盟平台投放广告外，越来越多实力较强的电子商务网站通过自身技术开发，推出了自主网站联盟，以推广自己的产品，有效降低相应的广告投入成本，提高 ROI，同时也可以通过自己的广告联盟系统更加了解网民行为。

任务评价

项目 4　网络广告　评价表

班级________学号________姓名________　　　　____年__月__日

职业能力	评价指标	自评结果	小组评价结果	教师评价结果	备注
认识网络广告	1．能列出网络广告的优势 2．能列出网络广告的主要形式				
网络广告计价方式	1．能区分网络广告投放的主体 2．能列出网络广告的计价方式				
网络广告联盟形式	1．能列出网络广告联盟三要素及其优势 2．能列出网络广告联盟的广告形式 3．能列出网络广告联盟展示原理 4．能区分搜索引擎广告联盟、淘宝联盟、一般广告联盟				
营销意识	能树立网络广告意识				

注：评价结果用 A、B、C、D 四个等级标出，A 为优秀，B 为良好，C 为合格，D 为不合格。

项目 5　网 络 推 广

本项目让学生学习网络推广内容，主要学习任务如下：

任务 1　微博营销
任务 2　微信营销
任务 3　邮件营销
任务 4　论坛营销
任务 5　新闻营销

【知识目标】

✧ 理解微博营销、微信营销、邮件营销、论坛营销、新闻营销的工作原理；
✧ 掌握微博营销、微信营销、邮件营销、论坛营销的实施方法；
✧ 了解新闻营销的展现形式。

【技能目标】

✧ 能够区分微博营销、微信营销、邮件营销、论坛营销、新闻营销；
✧ 能够列出微博常用术语；
✧ 能够列出微信营销的两种形式，即朋友圈和公众号的特点；
✧ 能够实施基本的微博营销、微信营销、邮件营销、论坛营销。

【素养目标】

✧ 树立网络推广意识。

任务 1　微 博 营 销

子任务 1　微博营销概述

一、微博的概念

微博是一种通过关注机制分享简短实时信息的广播式社交网络平台。微博用户之间可以相互关注，也可以单向关注。微博的内容简短，通常为 140 字以内，较为详细的内容可以使用长微博，或引用网址来说明。微博发布的是最新实时信息和公开化的信息，谁都可以浏览，是社交网络的一种重要应用。一个好的微博对流行元素的把握是非常重要的。流行就是热点，就是焦点。把握好这两点是最利于传播的，微博上的流行是有时效性的，最好是在流行刚刚成势的时候进入，如果在尾巴的时候进入，难以达到较好的效果。微博相当于广场演说，感兴趣的人会过来听你讲完，并参与互动，帮助扩散内容。

微博的内容要包含适应广大网友认知水平的题材和元素。这是非常大的一个挑战，也是非常容易理解的道理。流行音乐谁都会唱，但是不持久，经典音乐虽然小众，但是能够永恒。在微博上，如果你的产品是大众消费品，那就不要搞什么小清新，不要搞什么白富美，最俗的才是最好的。

二、微博相关专业术语

（一）传播形式

最初的微博只能发送 140 字的短文，承载内容有限，但后来，渐渐可以加入链接、图片、音频以至视频和引用等诸多功能。文字+链接=一条精准的软文；文字+链接+图片=一条优质的传播；文字+链接+视频=绝妙的视频营销……微博支持的形式越多，越能够与诸多营销手段进行基因重组，把其他营销的优点跟微博短、平、快的优点进行结合，从而形成一个强大的自媒体，这种传播比任何形式的营销手段都更加给力，如图 5-1-1 所示。

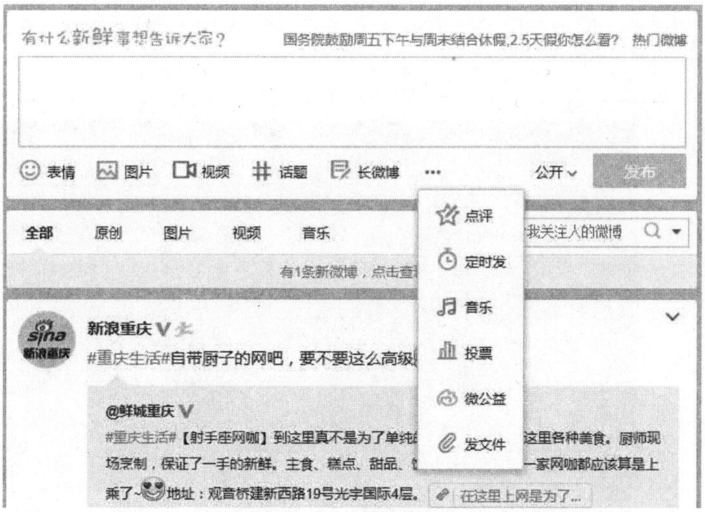

图 5-1-1　微博的传播

（二）粉丝听众

没有粉丝的微博无异于一潭死水，从营销角度看，没有粉丝，这个微博也就形同虚设，没有意义。粉丝是信息的接收者，同时也是潜在消费者。很显然，粉丝越多，粉丝的粉丝越多，传播效力就越大。微博并不是一个去中心化组织，粉丝越多，获得系统推荐吸粉的机会就越多，展示资源就越多。因此，粉丝是微博的生命线，如图 5-1-2 所示。

图 5-1-2 微博粉丝

（三）微博认证

被微博运营商官方认证成为知名微博博主，会获得系统推荐，会获得更多的粉丝，会更有权威性。以新浪微博为例，微博认证包括：个人认证、官方认证、雇员认证、海外认证等。以个人认证为例，需要同时满足下图中的五个条件。图 5-1-3 所示为微博个人认证条件。

图 5-1-3 微博个人认证条件

（四）互动方式

互动方式包含转播、点评、投票等。微博最鲜明的特点就是互动性强，互动周期短，能够第一时间达成互动，这也是微博发展如此迅猛的内在推动力。转播，即二次传播，假如平均每个博主粉丝有 5 000 个，如果有 10 个人转播一条微博，传播受众将瞬间达到 50 000 人，这 50 000 个受众又会有一定比例的转播，各自转播给自己的粉丝，如此循环下去，可以在短时间内将消息传播至非常广泛的范围。参与的人越多，话题会越热，系统推波助澜，给予更多的资源，信息会更进一步迅速扩散。图 5-1-4 所示为系统助推热门话题。

图 5-1-4　系统助推热门话题

（五）阅读量

新浪微博在 2013 年 3 月份悄然上线微博阅读数指标，用户可以看到自己微博的阅读数量。这个指标的引入，终于让微博的展现实现量化。阅读数的统计标准，是该微博在各个终端上的展示数量，有了这个数字，微博主就会对自己每条微博的传播效果有比较直观的理解。广告主在投放微博广告时，也有了数字化的精准概念。图 5-1-5 所示为微博阅读量。

图 5-1-5　微博阅读量

➘ 子任务 2　微博运营

一个微博，要想形成一定的影响力，首先需要有足够多的粉丝数量，这点是不容置疑的。经营一个微博，首要的就是要学会吸纳粉丝关注，俗称“吸粉”。粉丝数量是微博传播的核心要素，重中之重。当粉丝被吸引过来之后，只要博主的内容不特别让某个粉丝反感，正常情况下，一般都不会被取消关注。维护这些粉丝的存在和微博的活跃，必须有足够多让粉丝感兴趣的博文发出，也就是一定要有持续的、稳定的优质内容提供给粉丝。为提升粉丝的忠诚度和活跃度，需要适当与粉丝进行互动。吸纳粉丝、优质内容、粉丝互动，是一个营销型微博正常运营的必备要素。

一、吸纳粉丝

吸纳粉丝与优质内容，就如同一个古老的“鸡生蛋，蛋生鸡”的问题。一方面，有一定量的粉丝，优质的内容才能通过第一次传播，经粉丝的一次转发、二次转发、多次转发，形成更广的传播，把自己的优质内容呈现在更多的非粉丝阅读者面前，吸引这些人关注自己，成为自己真正的粉丝。如图 5-1-6 为微博互动，多粉丝与博主参与。另一方面，只有有了优质的内容，才能把普通路人阅读者变成自己的忠诚粉丝。

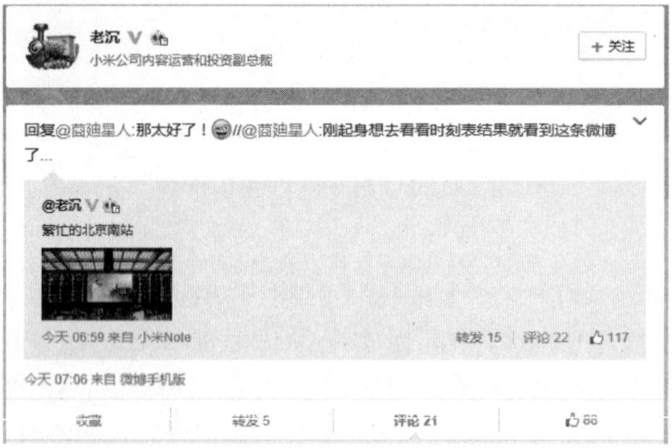

图 5-1-6　微博互动，多粉丝与博主参与

吸纳粉丝的第一步就是要粉丝看到自己的微博或自己的博文。因为腾讯、网易、搜狐等微博基本上都已经被战略放弃，影响力很少，从而新浪微博市场份额进一步扩大，市场领先地位明显，因此我们以新浪微博为例来进行介绍。如何让潜在粉丝看到自己的微博呢？具体方法如下。

一是出现在平台推荐的地方。微博名人堂，是目前新浪微博为众多读者推荐的一个认证过的优质博主分类列表。当一个新用户需要关注一个行业的一些优质博主时，就可以在这里查看新浪微博的推荐，从中挑选自己喜欢的专业的相关博主进行关注。由于这些博主经过新浪官方的审核，其质量相对有所保障，如图 5-1-7 所示。加入新浪的名人堂，首先需要对自己的博主身份进行认证，认证之后还需要自己将粉丝数量积累到一定程度。

图 5-1-7　新浪微博名人堂 IT 业界

二是让自己的博文与回复出现在潜在粉丝看得到的地方。当自己的粉丝数量相对较少时，为了使自己的潜在粉丝发现自己，并关注自己。可以采用以下几点办法。

1）热门博文处优质回复。当自己在热门博文处进行优质回复时，较好的回复内容，会引起浏览回复人的关注，变成热门评论。从而让自己形成展现，激发一部分潜在粉丝转化的可能，如图 5-1-8 所示。

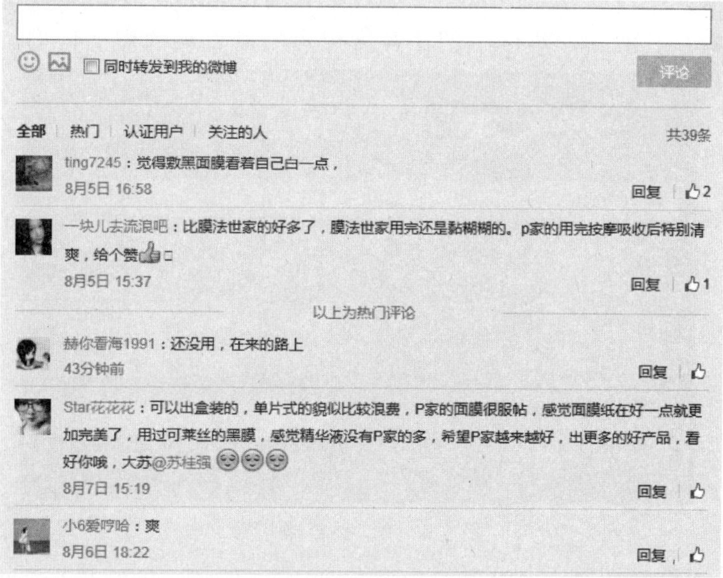

图 5-1-8　热门评论

2）针对热门话题，发表优质的博文。系统推荐的热门话题，是关注用户比较多的话题，针对这些热门话题发表优质的博文，会被关注话题的用户所看到，优质的内容会吸引他们关注自己。如图 5-1-9 所示为热门话题内容。

图 5-1-9　针对热门话题发博文

热门话题不仅仅是指系统推荐出来的热门话题或微博搜索热榜上的话题，只要是与自己的微博定位相关的，都可以算得上是热门话题。新浪微博除了系统自动推荐外，还有一项专门的“微指数”，用于查询各个关键词在微博上的搜索次数。如图 5-1-10 为孙杨微指数。任何网站，只要信息量足够大，单一的系统分类或编辑分类就无法满足需求，信息的获取和分发就需要依赖于搜索，搜索是以关键词为根基的，每个关键词会有搜索指数。这个指数达到一定值，就可以认定为热门。如百度有百度指数，淘宝有淘宝指数，新浪微博有微指数。微指数是获取新浪微博上舆论关注焦点的最直观的数据依据。

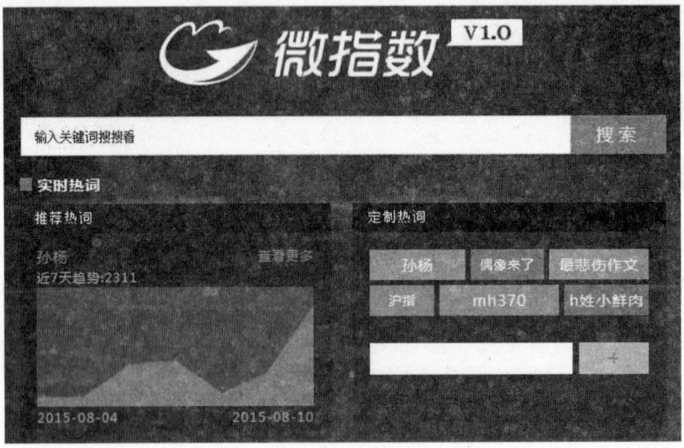

图 5-1-10　孙杨微指数

3）通过系统的提醒机制，主动引起潜在粉丝的注意力。目前为止新浪微博系统的提醒机制有@我的、评论、赞、私信、未关注人私信、新粉丝、好友圈（群消息）等七种方式。如图 5-1-11 所示为新浪微博系统提醒机制。

图 5-1-11　新浪微博系统提醒机制

① @我的：可以形成强有力的提示。优质内容的@我的，对于提醒有一定影响力的博主，可以获取对方的互动、推荐，将自己的优质内容呈现在这个博主的粉丝面前，获得一次免费的大力宣传。如图 5-1-12 所示小可 4869 这样一个普通的用户，因为@支付宝钱包的内容较为优质，支付宝钱包这样的大 V 给予的回复，直接将小可 4869 的博文呈现在了支付宝数千万粉丝面前。大 V 们本身也需要中小型的博主与他们有一种良性的互动，他们

的产品功能、应用场景，需要粉丝们进行实际使用，提供真实可信的证据予以证明。摸清大 V 们的需求，顺应需求，借力使力，可以起到事半功倍的效果。

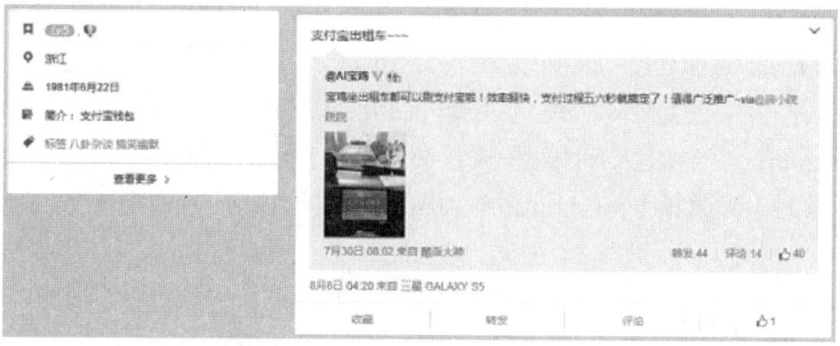

图 5-1-12　@有影响力的大 V 获得回应

② @普通用户：一般是精准定位的用户，给此用户提供一个精准的信息，以期获得关注。这种回复往往是大量的、普遍的，一般博文@的比例较少，博文一般用于@大 V 用户，借力打力。对普通用户@一般放在评论中，引发别人的关注与共鸣，宣传推送自己的信息。比如，你在帮一家重庆火锅店进行宣传时，首先可以通过软件，把最近在微博中，在线说想吃重庆火锅的用户找出来；其次以主账号发布一条火锅店的信息，最后用非常多的马甲账号依次回复不同的内容，分别@这些找出来的用户，以达到信息推送的目的。吸粉时，主账号发布介绍自己或某种东西的信息就可以了。

③ 评论和点赞：可以很好地达到吸引对方关注自己的目的，这种不吝啬的赞赏和鼓励，会得到对方积极的回应。配以优质的内容，会使自己获得广泛的好感与关注。

④ 私信：当自己有重要信息需要传播时，可以用私信的方式向精准人群积极推送。

⑤ 关注：当你关注对方时，对方会获得强有力的提醒，一些人把这种提醒的机制作为了一种吸粉方式进行推广，具体做法为，自己广泛去关注精准的目标人群，一般情况下，被关注人，有很大的比例会被吸引，去查看关注人的信息，关注人有优质信息时，会被反关注。这种反关注达成时，为避免自己关注的人过多，这种关注会被取消。这种办法多少有些不太道德，运用不好，反而会得不偿失，并不推荐使用。

对于上述的种种方法，平台管理方为了保障平台的有序进行，会对每天每个账号进行各种操作的数量进行监控和限制。因此真正运营一个大号，需要非常多的马甲小号一起协同，比如以评论的方式获取粉丝。假设新浪一天只允许评论 100 条，100 个马甲小号就可以评论 1 万条。同时，@精准普通用户、评论、点赞、私信等工具配合马甲小号的批量化操作，都要依赖于软件，不能靠人工来执行，这种操作，只有达到一定的数量级，每天千条以上，才会真正起到作用。如新浪微博转发大师，如图 5-1-13 所示。

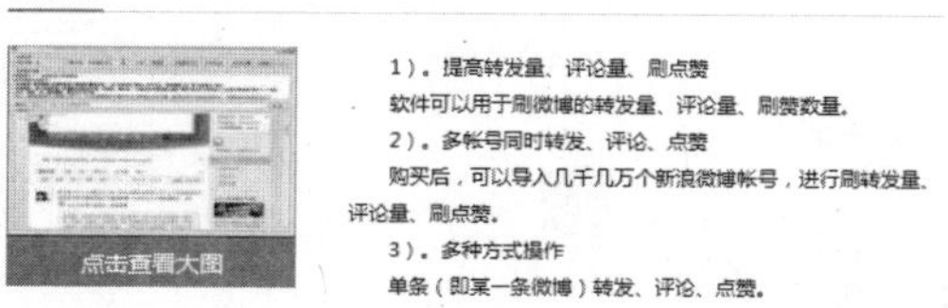

图 5-1-13　新浪微博转发大师

通过以上的种种方式，可以使自己的粉丝进入一个有序增长的过程。

二、优质内容的获取

优质的内容当然最好是原创，原创的信息可以是来自于自己的创新，也可以鼓励别人向自己投稿。博主本身每天要吸取大量的信息，对这些信息进行加工之后，发表自己的看法，形成一种半原创或伪原创。原创之外，还可以发布大量的引用内容。确立好自己固定的信息源，每天从这些信息源中，挑选出适合自己微博风格的内容，进行简要修正后，即可发布。微博本身就是一个最大的信息源，处理好这些信息的再加工，就可以使自己的优质内容源源不断。如知名微博博主任志强，就经常大量引用名言警句作为自己的微博内容，如图 5-1-14 所示。

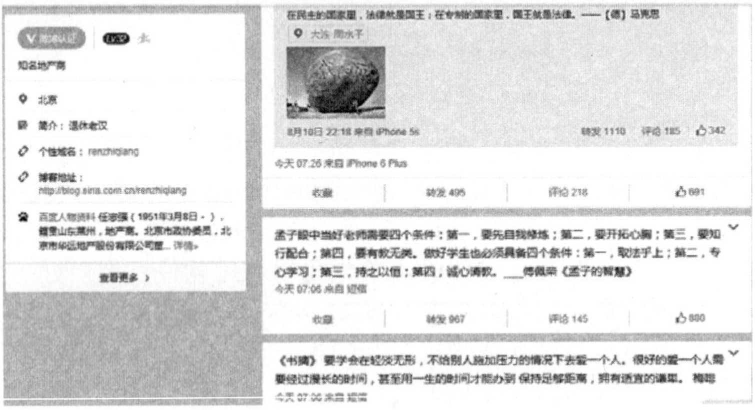

图 5-1-14 任志强微博引用名言

实际上粉丝对内容并不挑剔，只要内容的质量不是太次，水平不是太过低劣，都会受到粉丝的欢迎，因为愿意持续吸粉、持续发微博的人毕竟不多。微博内容切忌天马行空，没有自己的风格。

三、粉丝互动

博主为了提升自己粉丝的忠诚度和活跃度，可以适当与粉丝进行互动。比如，一些服务类的企业微博，可以做到有问必答、有问必应。一些微博经常会搞一些抽奖活动、转发奖励活动和答题活动来与粉丝互动。相当于用广告费来答谢粉丝，这些都不失为一种优质的运营方法。如图 5-1-15 为小米雷军与粉丝互动。

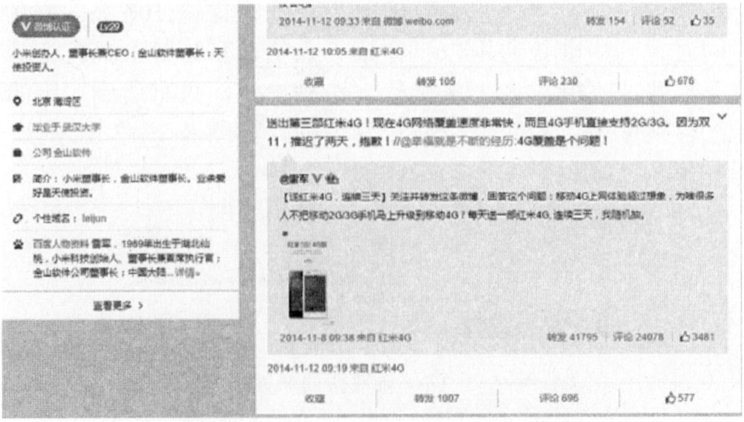

图 5-1-15 小米雷军与粉丝互动

微博的运营，既有道，又有术；既有文科的内容流，又有理科的技术流。“条条大路通罗马”，只要熟悉平台规则，熟悉微博的信息传播机制，根据自己的实际情况，采用最适合自己的办法，为用户创造价值，就一定能运营好微博。

知识链接

微博营销是指通过微博平台为商家、个人等创造价值而采用的一种营销方式。该营销方式注重价值的传递、内容的互动、系统的布局、准确的定位，微博的火热发展也使得其营销效果尤为显著。微博营销涉及的范围包括认证、有效粉丝、话题、名博、开放平台、整体运营等。当然，微博营销也有其缺点：有效粉丝数不足、微博内容更新过快等。自 2012 年 12 月后，新浪微博推出企业服务商平台，为企业在微博上进行营销提供一定帮助。

中国互联网已经全面进入微博时代。新浪微博、腾讯微博、网易微博和搜狐微博的注册用户总数已经突破 5 亿人，每日登录数超过了 4 000 万人。微博用户群又是中国互联网使用的高端人群，这部分用户群虽然只占中国互联网用户群的 10%，但他们是城市中对新鲜事物最敏感的人群，也是中国互联网上购买力最高的人群。

一、微博营销的概念

微博营销以微博作为营销平台，每一个听众（粉丝）都是潜在营销对象，企业利用更新自己的微博向听众（粉丝）传播企业信息、产品信息，树立良好的企业形象和产品形象。每天更新内容就可以跟听众（粉丝）交流互动，或者发布听众（粉丝）感兴趣的话题，传递企业想要宣传的信息，以此来达到营销的目的，这样的方式就是新推出的微博营销。

二、微博营销的理念

“以客户为中心的精准营销和主动式服务营销，在正确的时间把正确的信息传递给正确的人”的微博营销理念，也将引领微博精准化营销的发展。企业微博营销一个很关键的原则就是“一切围绕客户”。企业可以在客户不同的消费阶段与用客户进行互动，并逐步建立情感关系。在消费者认知阶段，可以主动发现潜在客户的需求，帮助消费者了解品牌和产品的基本功能；在消费者购买阶段，可以有针对性地回答客户咨询，促进购买决策的达成；在消费者使用阶段，通过贴心的互动让客户有更好的体验；最后很关键地要倾听客户对产品的评价和使用体验，并给予关注和奖励，促使客户更有动力地向身边的朋友推荐。

三、微博营销的重点

微博营销重在互动：微博是社会化营销的第一工具、第一平台，它的目标是扩大和客户互动的范围。许多参与微博营销的企业，多数停留在用有奖活动聚集粉丝的初级阶段，应该看到用这样的方法聚集起来的粉丝不能算精准受众。更好的方法是发布产品知识、搜索关键词、开展话题讨论，找到对一些特定关键词和话题有兴趣的受众，还有就是要花大力气积极与受众互动。一些企业微博营销的通病是只发布信息，不与跟随者交流，这样会使热情起来的粉丝失去激情。2008 年美国总统大选中奥巴马用微博作为参选工具，一般人只了解他的竞选团队用微博发布行程的特点，但是这个竞选团队对所有访问者都是一一主动追踪回复的。总统竞选对回复访问者都会如此耐心和细心，更不要说对我们企业了。

四、微博营销的特点

微博营销主要有以下特点。

1）立体化：微博可以借助多种多媒体技术手段，从文字、图片、视频等展现形式对产品进行描述，从而使潜在客户更形象直接地接受信息。

2）高速度：微博最显著的特征就是传播迅速。一条热度高的微博在各种互联网平台上发出后短时间内转发就可以抵达“微博世界”的每一个角落。

3）便捷性：微博营销优于传统推广，无须严格审批，从而节约了大量的时间和成本。

4）广泛性：通过粉丝进行病毒式传播，同时名人效应能使事件传播量呈几何级增长。

五、微博营销的目的与效果

微博营销的目的与效果主要体现在以下六个方面。

1）有效实现品牌建立和传播。<官方微博>

2）树立行业影响力和号召力，引导行业良性发展，传播企业价值观。<领导人>

3）产品曝光和市场推广。<市场>

4）发现目标客户，精准互动营销，完成客户转化和订单销售，全面分析营销效果。<客户>

5）无处不在的主动客服，服务真实客户。<客服>

6）企业的口碑实时监测，确保危机公关。<公关>

六、微博营销的误区

微博营销的误区主要有以下三方面。

1）目标不明确，使活动效果不明显。任何活动策划和实施之前都要确定一个明确的活动目标，以此来指导后续的活动计划，包括目标人群的锁定、活动细则的确定、活动海报的设计、活动文案的撰写以及前期和后期的活动宣传及总结等。如果目标不明确，既想提高产品被关注度、又想增加产品销量，反而会使活动没有明显的效果，做了也白做。

2）在活动中过多陈述企业和产品的信息。企业在营销的过程中，往往希望向消费者传播的企业和产品信息越多越好。所以在微博活动文案的撰写时会不受控制地将很多广告信息添加进去，使得文案内容过长，不便阅读，从而使微博活动失去了参与热度，减弱了活动的影响力。如果是为了促销，一定要掌握一定的技巧；如果不是为了促销，就一定要谨记防止这条错误的发生。

3）盲目设置大量礼品和奖励以拉动粉丝增长。企业设置大奖吸引消费者参与，换来的可能只是为了奖品而来的“无效粉丝”，并不是对企业形象传播和销售有促进作用的“活粉”。三个有影响力的“活粉”要比三十万个“僵尸粉”不知强上多少倍。更何况内行人一眼就可以看穿你的粉丝是否是企业的真实拥护者。所以，盲目靠大奖来增长粉丝对企业说是一种得不偿失的做法。

七、个人微博营销

很多个人的微博营销是由个人本身的知名度来得到别人的关注和了解的，多为明星、成功商人或者是社会中比较成功的人士，他们运用微博往往是通过这样一个媒介来让自己的粉丝更进一步地去了解自己和喜欢自己，微博在他们手中也就是平时用来抒发感情，功利性并不是很明显，他们的宣传工作一般是由粉丝们跟踪转帖来达到营销效果的。

八、企业微博营销

企业一般是以营利为目的的，其运用微博往往是想通过微博来增加自己的知名度，最后达到能够将自己的产品卖出去的目的。因为企业微博知名度有限，短短的微博不能让消费者直观地理解商品，而且微博更新速度快，信息量大，所以难度较大。企业微博营销时，应当建立起自己固定的消费群体，与粉丝多交流、多互动，多做企业宣传工作。

九、微博营销的技巧

微博营销主要有以下技巧。

1）注重价值的传递。企业博客经营者首先要改变观念——企业微博的“索取”与“给予”之分，而企业微博是一个给予平台。截至 2011 年，微博数量已经以亿来计算，只有那些能对浏览者创造价值的微博才有自身价值，此时企业微博才可能达到期望的商业目的。企业只有认清了这一因果关系，才可能从企业微博中受益。

2）注重微博个性化。微博的特点是“关系”“互动”，因此，虽然是企业微博，但也切忌仅是一个官方发布消息的窗口，要给人感觉像一个人，有感情、有思考、有回应、有自己的特点与个性。一个浏览者觉得你的微博和其他微博差不多，或是别的微博可以替代你，这样都是不成功的。这和品牌与商品的定位一样，必须塑造个性。有个性的企业微博具有很高的黏性，可以持续积累粉丝与专注，从而变得不可替代并且具有独特的魅力。

3）注重发布的连续性。微博就像一本随时更新的电子杂志，要注重定时、定量、定向发布内容，让大家养成观看习惯。当粉丝登录微博后，能够想着看看你的微博有什么新动态，这无疑是成功的最高境界，虽很难达到，但我们需要尽可能出现在粉丝面前，先成为粉丝思想中的一个习惯。

4）注重加强互动性。微博的魅力在于互动，拥有一群不说话的粉丝是很危险的，因为他们慢慢会变成不看你内容的粉丝，最后更有可能会离开。因此，互动性是使微博持续发展的关键。第一个应该注意的问题就是，企业宣传信息不能超过微博信息的 10%，最佳比例是 3%～5%。更多的信息应该融入粉丝感兴趣的内容之中。“活动内容+奖品+关注（转发/评论）”的活动形式一直是微博互动的主要方式，但实质上奖品比企业所想宣传的内容更吸引粉丝的眼球，相较赠送奖品，你的微博能认真回复留言，用心感受粉丝的思想，才能换取情感的认同。如果情感与“利益”（奖品）共存，那就更完美了。

5）注重系统性布局。任何一个营销活动，想要取得持续而巨大的成功，都不能脱离了系统性，单纯当做一个点子来运作，很难持续取得成功。微博营销虽然看起来很简单，但是对大多企业来说效果也很有限，从而被很多企业当做可有可无的网络营销小玩意儿。其实，微博这种全新形态的互动形式，它的潜力又有多少人能看清？发挥出的作用很小的原因是企业本身投入的精力与重视程度本就不高。企业想要微博发挥更大的效果就要将其纳入整体营销规划中来，这样微博才有机会发挥更多作用。

6）注重准确的定位。微博粉丝众多当然是好事儿，但是，对于企业微博来说，粉丝质量更重要。因为企业微博最终的商业价值，或许就需要这些有价值的粉丝。这涉及微博定位的问题，很多企业抱怨：微博人数都过万了，可转载、留言的人很少，宣传效果不明显。这其中一个很重要的原因就是定位不准确。假设自己为玩具行业，那么就围绕一些产品目标顾客关注的相关信息来发布，吸引目标顾客的关注，而非是只考虑吸引眼球，导致吸引来的都不是潜在消费群体。在起步阶段很多企业博客陷入这个误区当中，完全以吸引大量粉丝为目的，却忽视了粉丝是否是目标消费群体这个重要问题。

7）企业微博专业化。企业微博定位专一很重要，但是专业更重要。同场竞技，只有专业才可能超越对手，持续吸引关注目光，专业是一个企业微博重要的竞争力指标。

微博不是企业的装饰品，如果不能做到专业，只是流于平庸，倒不如不去建设企业微博，因为，作为一个“零距离”接触的交流平台，负面的信息与不良的用户体验很容易迅速传播开，并为企业带来不利的影响。

8）注重控制的有效性。微博不会飞，但是速度却快得惊人，当极高的传播速度结合传递规模时，所创造出的惊人力量有可能是正面的，也可能是负面的。因此，必须有效管控企业微博这把双刃剑。

9）注重方法与技巧。很多把微博定位成短信，然后随笔、闲聊。的确如此，但是对于一个企业微博来说就不能如此了。我们不是明星大牌，也不是普通百姓，我们开设微博不是为了消遣娱乐，创造企业的价值是己任。

想把企业微博变得有声有色，持续发展，单纯在内容上传递价值还不够，必须讲求一些技巧与方法，比如微博话题的设定和表达方法就很重要。如果你的博文是提问性的，或是带有悬念的，引导粉丝思考与参与，那么浏览和回复的人自然就多，也容易给人留下印象。反之带来新闻稿一样的博文，会让粉丝想参与都无从下手。

10）注重模式创新。虽然微博营销诞生不久，但有一些企业已经走在了前面，尤其是美国一些企业，已经取得了较为显著的成效，我们应该多参考借鉴这些成功案例，而后结合企业自身特点与客观环境进行创新。

十、微博营销的本质

微博营销的本质体现在以下三方面。

1）真诚：真诚是什么呢？真诚是微博营销的基础原则，做任何互动交流的基本原则。一提到营销，微博营销绝对是一个以年计算的长期行为。所以真诚原则在微博营销上比其他传统营销更为迫切，以真诚的态度对待你的听众—— 你的潜在朋友。

2）与粉丝互动：如果有人对你产品感兴趣，发表了评论，可以跟他互动，一般情况下，互动是与粉丝建立关系的重要手段。

3）原则：微博营销本质上是人际营销，如今，交朋友的原则与微博营销的重要原则缺一不可，不同的企业应该有不同的侧重点，灵活取舍，想做好微博营销就应该先把人际营销做好。

任务2 微信营销

子任务1 微信营销概述

微信营销是伴随着微信的火热发展而兴起的一种新型的网络营销模式。截至2014年年底，微信用户数突破6亿，用户注册微信后，可与周围同样注册的“朋友”形成一种联系，订阅自己所需的信息。商家通过提供用户需要的信息，推广自己的产品，从而实现点对点的营销。微信营销主要分为两种形式：微信朋友圈与微信公众号。

一、微信朋友圈

微信朋友圈主要针对的是微信的好友。由于移动互联网的兴起，用户对手机高度依赖，微信朋友圈这一强关系体系的信息传播能量非常巨大。微信是熟人圈子，可信度高，口碑影响力强，如图5-2-1所示，微信朋友圈的打开次数非常多，用户的忍耐度也非常高，因为朋友圈内都是自己非常熟悉的朋友，平时浏览朋友圈是为了获得朋友的信息，朋友分享的知识内容也往往非常合自己的口味。腾讯公司允许一个微信号最多可以有10 000个好友。

这种开放的传播机制，给予了朋友圈较大的营销价值。受众广泛、用户关注度高、信用度高等是朋友圈营销的基础。

图 5-2-1 微信朋友圈

二、微信公众号

微信公众号是开发者或商家在微信公众平台上申请的应用账号。该账号与 QQ 账号互通，通过微信公众号，商家可在微信平台上实现和特定群体的文字、图片、语音、视频的全方位沟通和互动，形成一种主流的线上线下微信互动营销方式。微信公众号目前有三种类型：服务号、订阅号、企业号。微信公众号一头连着企业线下的 ERP 系统，一头通过微信把这种 ERP 系统中的信息查询功能展示给广大的目标使用人群，通过二次开发，可以让使用者很轻松地完成一些信息查询、信息提交、信息操作等轻量应用。用户无须安装单独的 APP，也无须对用户进行软件使用培训，即可迅速上手。如图 5-2-2 所示为广东联通微信公众号。

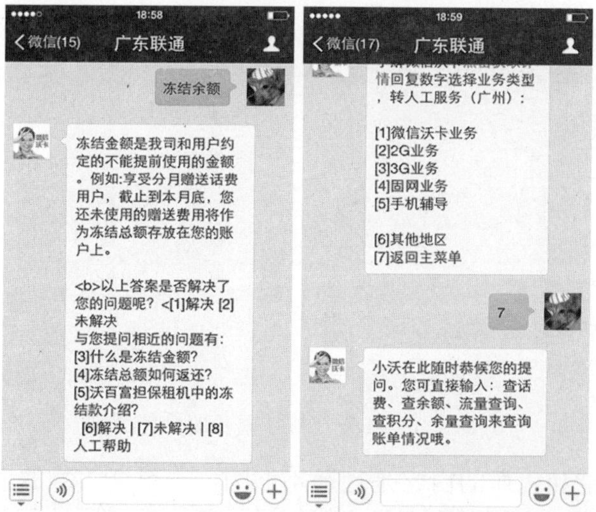

图 5-2-2 广东联通微信公众号

由于微信庞大的装机量和高频的使用黏性，企业或单位通过自己的微信公众号，可以迅速与普通用户形成一种联系，为用户提供更加优质、便捷的服务。一方面会大大提升用户的用户体验和自己的品牌美誉度；另一方面也使得这种自助形式的服务大大替换掉其他柜台、电话等高成本渠道的服务压力，为企业或单位节省大量的成本。以招商银行为例，截至 2013 年 6 月末，电子银行非现金业务替代率为 91.85%，其中，网上银行/手机银行替代率 88.23%，相当于节省 817 个网点和 6 058 个柜员，因此每年可节省大量运营成本。同时微信公众号的自助服务还将大大减少招商银行的电话客服坐席。

➘ 子任务 2　微信营销实施

一、服务号运营

服务号针对的目标人群主要是需要办业务的人群，这种账号重在服务性的功能，推广相对简单。服务性的功能需要深入自己行业的实际情况，对比同行其他微信公众号的运营功能，找出用户使用频率最高的应用，优化用户体验，做到功能齐全、分布合理、使用便捷即可。宣传推广，可以利用自己强大的线下优势，通过实体店二维码、人工推荐、短信通知、邮件提醒等方式，鼓励并吸引用户进行关注和使用。线上每多一个成功关注和使用的用户，线下就多减少一份压力。

二、订阅号运营

订阅号不同于服务号，它具有很强的营销属性，更像微博，需要吸引和自己相关的人员关注自己，从而扩大自己的产品或服务传播渠道，在同行竞争中获取优势。如同微博的运营一样，订阅号需要经历吸纳关注、优质内容、会员维护三个过程。服务号和订阅号在本质上并无两样，只是在具体的一些功能上略有不同。如图 5-2-3 所示为服务号与订阅号的功能区别。

服务号、订阅号的介绍（区别）

不同类型的公众号所具备的功能权限是不一样的，主要区别：

功能权限	普通订阅号	认证订阅号	普通服务号	认证服务号
消息直接显示在好友对话列表中			✓	✓
消息显示在"订阅号"文件夹中	✓	✓		
每天可以群发1条消息	✓	✓		
每个月可以群发4条消息			✓	✓
基本的消息接收/回复接口	✓	✓	✓	✓
聊天界面底部，自定义菜单	✓	✓	✓	✓
九大高级接口				✓
可申请开通微信支付				✓

图 5-2-3　服务号与订阅号的功能区别

订阅号仅仅有功能和优质的内容是远远不够的，一个订阅号的成功，取决于订阅的人数和这些人数的活跃度，这与微博极其相似。吸纳关注是订阅号运营的头等大事，除正常的优质内容宣传外，还需要用一些特殊的吸纳关注手段。

利用朋友圈信息发布的强制性，注册大量的马甲账号，这些马甲账号批量去添加大量的好友，直至 1 万。微信可以获取到手机的通讯录联系人，这样只需要知道对方的手机号码，批量导入自己智能手机的联系人中，微信系统就可以自动推荐加为好友，也可以通过手机联系人直接添加好友，如图 5-2-4 所示为从手机通讯录添加好友。

图 5-2-4　从手机通讯录添加好友

如果有 100 个微信账号，每个微信账号添加 5 000 个目标用户好友，这 100 个微信账号发布朋友圈信息时，可以覆盖到 50 万（100×5 000=500 000）目标用户。这 100 个账号的朋友圈，持续、长久地转发主订阅号的内容，在内容中加上会有吸引用户关注主账号的链接，如图 5-2-5 所示。

图 5-2-5　分享内容关注主账号

通过这种一个主订阅号提供优质内容，100 个个人微信账号负责初次朋友圈转发，100 个微信账号覆盖大量朋友圈好友的方式，持续不断地长久进行下去，可以使自己主账号的订阅数不断提升，从而使订阅号获得初期的积累，走向一个良性的口碑传播的道路。

微信账号添加方式相对比较容易实现，主要有微信号、QQ 号、手机号三种方式。如图 5-2-6 所示为微信账号添加方式。

图 5-2-6　微信账号添加方式

微信号实际上就是昵称，由数字和英文组成，可以从网络上获取，正常情况下一个人的昵称不会超过 10 个。QQ 号是 5 位开始的数字，一直到 14 位。手机号是固定的 11 位特定数字，还可以用以区分区域。通过程序遍历的办法，可以得到昵称、QQ 号、手机号是否有微信账号。如果有人同意添加，则说明此号是有人在使用，可以找到一个目标人群。这种添加的精准性不高，只能得到有微信账号的人群，并不能知道这个人真实的身份和消费能力。如果想知道消费能力，需要借助于电商网站，如淘宝、天猫、京东等。如图 5-2-7 所示为某昵称下的消费记录。

图 5-2-7　某昵称下的消费记录

微博与微信营销的方式类似，微博相当于广场广播，个人微信相当于小范围茶座，它们都是通过吸引粉丝、吸引关注，将自己的信息传递出去；都是通过优质内容来为服务对象提供价值；都是需要经常与服务对象进行互动，提升黏性，增进感情和忠诚度。微信的拓展性更强，可以与企业网站、企业 ERP 系统、企业商城、支付体系等联结在一起，提供更加强大的功能，如南方航空公司提供微信订票功能，如图 5-2-8 所示。

图 5-2-8　微信订票功能

任务 3　邮 件 营 销

子任务 1　邮件营销概述

邮件营销（E-mail Direct Marketing，EDM），是在目标用户事先许可的前提下，通过邮件的方式向其传递价值信息的一种网络营销手段。邮件营销有三个基本因素：用户许可、邮件传递信息、信息对用户有价值。三个因素缺少一个，都不能称之为有效的邮件营销。邮件营销是利用邮件与目标客户进行商业交流的一种直销方式，同时广泛地应用于网络营销领域。邮件营销是网络营销手法中最古老的一种，可以说邮件营销比绝大部分网站推广和网络营销手法都要老。据 CNNIC 第 35 次调查报告显示：网民互联网应用状况，截至 2014 年 12 月，邮件用户为 2.5 亿人，网民使用率达 38.8%，如图 5-3-1 所示。因此，邮件营销有着非常广泛的应用前景。

	2014 年		2013 年		
应用	用户规模（万）	网民使用率	用户规模（万）	网民使用率	全年增长率
即时通信	58776	90.6%	53215	86.2%	10.4%
搜索引擎	52223	80.5%	48966	79.3%	6.7%
网络新闻	51894	80.0%	49132	79.6%	5.6%
网络音乐	47807	73.7%	45312	73.4%	5.5%
网络视频	43298	66.7%	42820	69.3%	1.1%
网络游戏	36585	56.4%	33803	54.7%	8.2%
网络购物	36142	55.7%	30189	48.9%	19.7%
网上支付	30431	46.9%	26020	42.1%	17.0%
网络文学	29385	45.3%	27441	44.4%	7.1%
网上银行	28214	43.5%	25006	40.5%	12.8%
电子邮件	25178	38.8%	25921	42.0%	-2.9%
微博	24884	38.4%	28078	45.5%	-11.4%
旅行预订	22173	34.2%	18077	29.3%	22.7%
团购	17267	26.6%	14067	22.8%	22.7%
论坛/bbs	12908	19.9%	12046	19.5%	7.2%
博客	10896	16.8%	8770	14.2%	24.2%

图 5-3-1　2013-2014 年中国网民各类互联网应用的使用率

➘ 子任务 2　邮件营销实施

要实施邮件营销，首先要获取目标用户的邮箱地址，然后编辑优质精准的邮件标题及内容，将邮件发送至对方邮箱，最后要获取对方的反馈信息并记录分析。邮件营销实施的关键点为目标用户的精准性，即目标用户愿意接收并浏览广告邮件，甚至产生购买行为。若邮件营销的目标用户不精准，会使邮件成为垃圾邮件，对用户形成很大的骚扰，从而被用户举报，不仅没有效果，反而会影响整个营销体系。此外，邮件营销中需要重点关注的是邮件服务商对垃圾邮件的防范技术，要研究与遵守邮件服务商制定的规则，把邮件成功送达到目标用户的邮箱。当营销邮件成功送达后，需要利用技术手段监测目标用户是否打开邮件、浏览内容、点击广告链接。

一、获取目标用户的邮件地址

方法一：邮箱认证。获取邮箱地址最常用的方法是通过邮箱认证，首先让注册用户自己提供邮箱地址，然后由系统发一封邮件到该邮箱中，由注册用户点击后确认，如图 5-3-2 所示，一方面确保注册用户提供的邮箱地址是有效且正在使用的，另一方面证明用户自愿接收广告邮件。

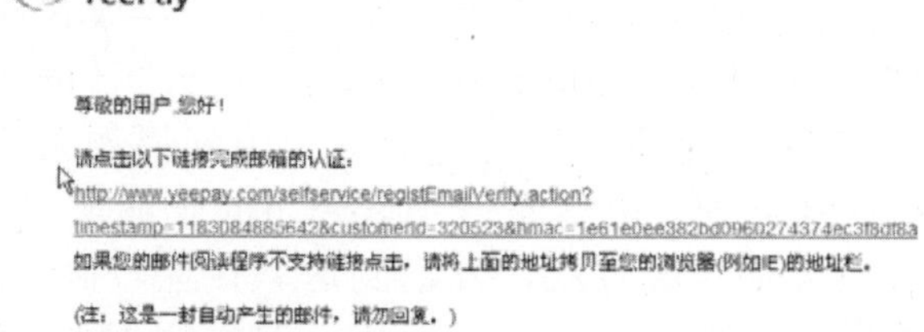

图 5-3-2　邮箱认证邮件

方法二：程序采集。这种办法适用于简单、暴力的邮件营销，采用的是广撒网的方式，通过程序获取网页的源代码，分析源代码得到正在使用中的邮箱账号。

方法三：组合邮箱。QQ 邮箱是由 5～14 位 QQ 号加上“@qq.com”组合而成。手机号码被现在的邮件运营商普遍使用，如 15923389625@126.com 这样的邮箱普遍存在。如图 5-3-3 所示为网易 126 手机邮箱绑定。因此，只需要对手机号码外加邮箱服务商进行组合，就可以生成一个邮箱。这个邮箱并不一定真实存在，通过程序批量发送测试页，可以得知该邮箱是否真正存在。通过第一次筛选过后，即可得到真实存在的邮箱地址。

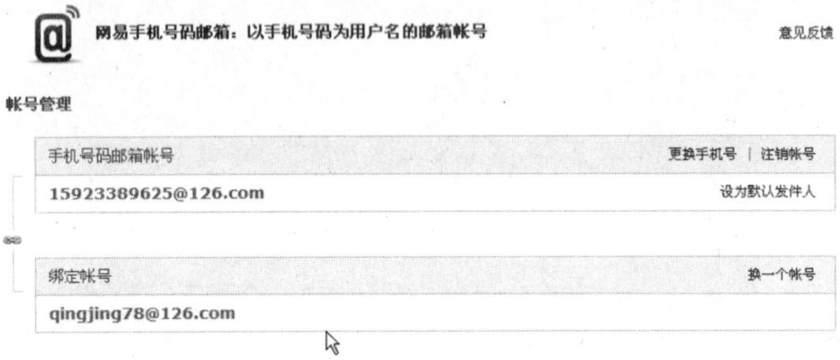

图 5-3-3　网易 126 手机邮箱绑定

当发送的邮件地址不存在时，就会返回一个系统退信，如图 5-3-4 所示为邮件地址不存在的系统退信。根据这个系统退信，可以用程序直接确认邮件地址不存在。通过批量化的操作，筛选起来速度也会非常快。

图 5-3-4　邮件地址不存在的系统退信

方法四：企业邮箱。企业邮箱是供企业内部使用，一般采用实名制方式注册的邮箱。其基本格式为“汉语全拼+@+企业域名”或“汉语拼音名+汉语拼音姓+@+企业域名”。如重庆工程学院的域名是 www.zdsoft.com.cn，其中一个员工李琳的企业邮箱为 linli@zdsoft.com.cn。名和姓倒置是一些公司为符合国际惯例采用的办法。由此可见，只要获知了该公司人员的花名册，很容易得到该公司的企业域名，可以自己组合生成邮箱地址。企业邮箱的防护级别一般较低，发送到达率往往较高，目标针对性也非常强，是很好的邮件营销地址来源。如图 5-3-5 所示为长安集团李景的企业邮箱。

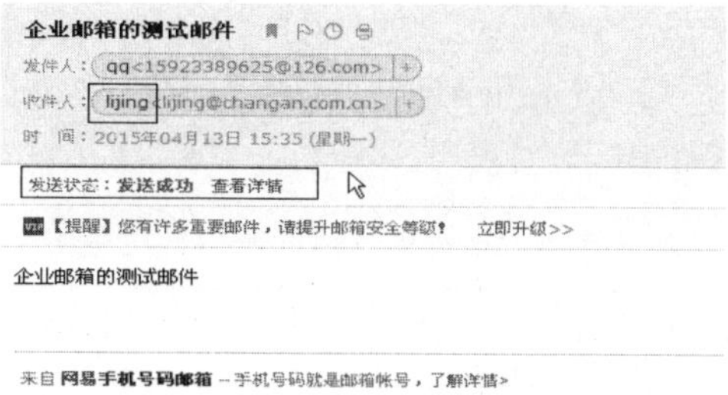

图 5-3-5　长安集团李景的企业邮箱

二、编辑邮件内容

邮件的内容由两部分组成：标题与邮件正文。标题要求明确且具有描述性，字数控制在 50 个汉字以内，邮件标题应尽量写得具有描述性或是与内容相关的主旨大意，让人一望即知，以便对方快速了解与记忆。邮件的标题是邮件能被打开与否的关键，如果邮件的标题写得不好，会被目标用户直接在未打开邮件前就把邮件删除掉，达不到营销的目的。图 5-3-6 所示为邮件标题。

图 5-3-6　邮件标题

邮件的正文，可以是文字、图片、链接等内容。正文内容力求生动、形象，能吸引人浏览点击。如图 5-3-7 所示为营销邮件正文。邮件正文中可以放置一个小图片，单独对应到某个邮件地址，用以检验该邮件是否被该用户打开及打开的次数。这个统计图片，可以由程序自动生成，用邮件地址来命名。只要邮件被打开，这个图片就会被浏览器下载，邮件服务商就会记录下信息。邮件正文点击中的每一个链接，可以加上一个收件人信息的参数，用以检验哪些链接被某个用户打开过以及次数。

图 5-3-7　邮件正文

比如，发了一万封邮件，一周之内，通过图片统计获得用户的反馈有 8 000 封邮件被打开过，通过链接上的参数，可以分析邮件中哪些内容是受用户喜欢的，以便下次改进邮件正文内容。具体如表 5-3-1 所示。

表 5-3-1　发一万封邮件所得数据信息

邮件发送数	打开数	点击数	成交数	打开率	点击率	成交率
10 000	8 000	5 000	100	80%	62.5%	2%

打开数量/发件数=打开率

点击数量/打开数=点击率

点击数/成交数=成交率

通过打开率、点击率、成交率三个维度的数值，可以很好地衡量这次邮件营销的效果。打开率偏低的原因如：目标人群定位不准确，邮件标题不够吸引人。点击率偏低的原因如：邮件内容不符合浏览人消费习惯，邮件正文内容不够吸引人。成交率偏低的原因如：宝贝详情页制作不够好。有了数据做支撑，邮件营销就可以不断进行优化，不断提升各项指标。

三、邮件的成功发送

邮件营销的难题之一就是邮件的精准定位和送达率。邮件的精准定位是指在收集邮件用户的网络消费心理、消费习惯等信息资料后，根据这些资料发送适合邮件用户需求的邮件。与此同时，也要积累邮件用户历史上接收邮件的反馈情况，根据这些情况对发送给邮件用户的邮件及时做算法的调整。因此数据的采集、挖掘和分析至为重要。

邮件成功送达并不是一件容易的事情，邮件服务商对非订阅、非许可邮件的排斥性非常大，因为有大量的垃圾邮件是通过这种方式对用户进行骚扰的。要想达到好的邮件送达效果，就必须要在技术上突破邮件服务商的限制。邮件服务商一般有如下的限制。

1）限制发件人单次发送邮件的数量。解决办法就是用程序批量注册多个邮件账号，每天不超过限制的情况进行轮流发送。如果某邮件服务商限制一个邮件每天最多可以发送 20 封邮件，那么要发送 10 000 封邮件，就需要 500 个账号轮流发送。邮件发送服务器最好由自己来搭建，这样发送邮件就可以由程序来设置，不受限制。如果自己的邮件服务器被邮件服务商所屏蔽，则需要批量注册新账号或突破这种限制才可以。

2）限制某些发件人，邮件正文中的链接中的域名。这种情况就需要对域名进行一下转换，比如统一采用知名网站新浪或百度的短网址域名，是不错的办法。图 5-3-8 所示为百度短网址。一般都有 API，可以用程序自动将自己的网址转换。

图 5-3-8　百度短网址

四、邮件营销效果挖掘

邮件营销是一个长期的、持续进行的、不断变化的过程，每一次营销的效果要详细记录，通过大数据的挖掘，不断优化自己发送的目标和发送的内容，尽量做到程序自动算法实现的千人千面。达到更加精准的匹配，才能使邮件营销的效果越来越好。

知识链接

一、邮件营销的概念

邮件营销是一个广泛的定义，凡是给潜在客户或者是客户发送电子邮件都可以被看做是邮件营销。然而邮件营销这个术语也通常涉及以下四个方面。

1）以加强商人和目标客户的合作关系为目的发送邮件，从而鼓励客户忠实于他或者重复交易。

2）以获得新客户和使老客户立即重复购买为目的发送邮件。

3）在发送给自己客户的邮件中添加其他公司或者本公司的广告。

4）通过互联网发送电子邮件。

二、邮件营销的基础条件

1）邮件营销的技术基础：从技术上保证用户加入、退出邮件列表，并实现对用户资料的管理以及邮件发送和效果跟踪等功能。

2）用户的邮箱地址资源：在用户自愿加入邮件列表的前提下，获得足够多的用户邮箱地址资源，是邮件营销发挥作用的必要条件。

3）邮件营销的内容：营销信息是通过邮件向用户发送的，邮件的内容对用户有价值才能引起用户的关注，有效的内容设计是邮件营销发挥作用的基本前提。

三、邮件营销的特点

邮件营销主要有以下五个特点。

（一）范围广

随着国际互联网的迅猛发展，中国的网民规模已达 5.6 亿人，全球已经超过 22 亿人。面对如此巨大的用户群，作为现代广告宣传手段的邮件营销正日益受到人们的重视。只要拥有足够多的邮件地址，就可以在很短的时间内向数千万目标用户发布广告信息，其营销范围可以是中国全境乃至全球。在理论上，只要知道一个人的邮箱地址，就可以对其发送邮件，进行邮件营销。

（二）操作简单效率高

使用专业邮件群发软件，单机可实现每天数百万封邮件的发信速度。邮件群发不需要用户懂得高深的计算机知识，不需要烦琐的制作及发送过程，发送上亿封的广告邮件一般几个工作日内便可完成。其操作非常简单，邮件群发软件自动运行，也不需要人值守，只要操作人开始设置好一些最基本的内容就可以了。

（三）成本低廉

邮件营销是一种低成本的营销方式，仅有的费用支出就是上网费，成本比传统广告形式要低得多。

（四）应用范围广

广告的内容不受限制，适合各行各业。因为广告的载体就是邮件，所以具有信息量大、保存期长的特点，具有长期的宣传效果，而且收藏和传阅非常简单方便。

（五）针对性强、反馈率高

邮件本身具有定向性，可以针对某一特定的人群发送特定的广告邮件，也可以根据需要按行业或地域等进行分类，然后针对目标客户进行广告邮件群发，使宣传一步到位，这样做可使营销目标明确，效果非常好。

四、邮件营销的优势

邮件营销的优势主要有以下两个方面。

（一）连续推销的机会

对网站浏览者来说，通过搜索引擎来到你的网站，此时这个用户很可能正在寻找某种商品，而你的网站正好提供这个商品。而用户浏览了你的网站首页和产品页，很感兴趣，但并不很肯定要在你的网站购买，需要货比三家时，用户常常想再看看其他网站，所以又回到了搜索引擎。十分可惜的是，这个用户极有可能永远不会再回到你的网站了。因为浏览者很可能不记得自己通过搜索什么关键词，点击了哪个链接，来到哪个网站。浏览者一旦离开特定网站，再次进入的几率很低，除非你的网站已经是业内有名的品牌，四处有你网站的消息和链接。一般电子商务网站的销售转化率在 1%是正常的，也就是说一般情况下，99%的浏览者来到你的网站，没买东西就离开，以后再也不会回来了。这对前期所有网站推广的成效实在是一个浪费。

用户第一次访问你的网站时，他想买某种商品或有个问题要解决，你的网站刚好能满足他的要求。不过毕竟是第一次来，用户虽然感兴趣，但 99%的可能性是并不会马上购买。如果“刚好”你的网站提供一个电子杂志，并且注册电子杂志的用户可以得到十元优惠券，外加免费电子书，电子书讨论的话题正是这个潜在用户想解决的问题，那么用户很可能会填上名字及邮件地址，得到优惠券及电子书。

作为网站运营者的你，拿到潜在客户的电子邮件地址，也就拿到后续沟通、不断提醒潜在用户你存在的权利。用户通过你发给他的电子书以及电子杂志中的小窍门、行业新闻、节日问候等会更加信任你和你的网站。由于这些重复的提醒，潜在客户记住了你的网站。当他决定要买这个产品时，你的网站就在他的备选网站的最前面了。

如果网站设计以及电子杂志策划得当，注册电子杂志的销售转化率达到 20%左右也是常见的。相对于 1%的销售转化率，通过邮件营销将极大地提高最终销售转化率。

（二）几乎完美的营销渠道

邮件营销之所以效果出众，甚至造成垃圾邮件横行，最重要的原因之一是成本十分低廉。只要有邮件服务器，联系 10 个用户与联系成千上万个用户，成本几乎没什么区别。当然如果要发上百万封邮件，情况就不同了，因为需要专用的服务器及非常大的带宽。

相比其他网络营销手法，邮件营销也十分快速。搜索引擎优化需要几个月，甚至几年的努力，才能充分发挥效果。社会化网络营销需要花时间参与社区活动，建立广泛关系网。而邮件营销只要有邮件数据库在手，发送邮件后几小时之内就会看到效果，产生订单。

许可式邮件营销的对象是最精准、最有可能转化为付费客户的一群人。其他网络营销手法获得的用户大多是以随意浏览的心态进入你的网站，并不是非常主动的。而许可式邮件则不同，凡进入邮件数据库的都是主动填写表格，主动要求你发送相关信息给他们的一群人。在经过几封邮件的联系后，只要你发送的信息对用户有帮助，他们将变成一群忠诚的订阅者。还有什么比这样的一群潜在客户更可贵的呢？

邮件营销还使网站营销人员能长期与订户保持联系。订阅者连续几年看同一份电子杂志是很常见的。互联网上信息令人眼花缭乱，多不胜数。能数年保持与同一个订户的固定联系，这在当今的互联网上是十分难能可贵的财富。以这种方式建立的强烈信任感和品牌价值很少有其他网络营销方式能够达到。网站有任何新产品，或有打折促销活动，都能及时传达给这批长期订户，销售转化率也比随机来到网站的用户高得多。

花费广告预算，把时间、精力投入到网络营销中，用户来到你的网站，不能直接转化为付费客户，营销人员也没有获得持续联系的机会的话，浪费不可说不大。许可式邮件营销就是抓住潜在用户，获得后续联系机会的最佳方式。

五、邮件营销的劣势

从用户角度看邮件营销的劣势如下。

1）用户一般称之为“垃圾邮件”，即用户对提供的邮件内容不感兴趣。

2）不尊重用户权利的情况下强制用户接收邮件。

3）反感邮件发送方，从而降低你的品牌美誉度。如果你的产品或服务是在用户心中留有较好印象的话，则通过垃圾邮件营销则会起到反效果。

六、如何获取邮件地址

当一家公司即将开始邮件营销时，通常急需邮件地址来发送邮件。收集一定量的邮件地址需要一定的时间和耐心，也许会用几个月甚至更久的时间才能收集 1 000 个联系人信息并获得发送许可。但是，这时候你接到一个邮件列表公司打来的推销电话，然后仅用了几百块钱就得到了上万条邮件地址和联系信息。问题解决了？似乎没有，为什么？这里列出一些原因供你参考。

1）列表损耗：你买到的列表同样会被卖给其他公司，尤其是你的竞争对手，你不会是这个列表唯一的拥有者。结果是，没有人能控制这些列表到底被卖了多少次，卖给多少人。这些邮件地址每天很有可能会接到几十封推销邮件，你的竞争力会被大大削弱。

2）质量控制：通常这个列表会按照接收人的数量收费。不幸的是，数量多并不能保证质量高。换句话说，很有可能这个列表中一半以上的地址对你来说是没有意义的。因为你不知道这些邮件地址中有多少还在使用，有多少已经失效。

3）不相关：如果你足够幸运，买到的邮件地址都是工作邮件，这并不等于你的邮件营销会成功。别忘了，你发送的邮件并没有得到这些接收人的许可，他们并不一定想收到你的邮件。

仍然不能决定？如果这些原因还不能让你放弃购买邮件地址，或你仍然想购买或租用邮件地址列表，没问题，但至少要确定你购买的地址列表成员已经同意接收第三方的广告邮件。

七、邮件营销内容设计关键

邮件营销内容设计的关键有以下几个方面。

1）字数限制：主题栏尽可能简洁，不能超过 50 个字符（25 个汉字）。

2）反复测试：利用 A/B 方案分别测试法测试不同主题栏的效果。例如，零售商经常会做以下测试：向一半客户发送的邮件中，主题栏包含“免费送货”的字样；向另一半客户发送主题栏包含“打 9 折”的字样，然后观察哪种方法更有效。测试是十分重要的，但是需要注意的是，不要发送太多老套的测试信息，同时要注意“免费”这个关键词会提高垃圾邮件判定指数，并经常被服务器拦截。

3）添加个人信息：虽然在主题栏加入用户的名字能够稍微改善营销效果，但是这个效果会随着时间的增长而消失。一些多渠道企业，比如零售商，有时采取主题栏添加地点的方法，比如“某某商店开展 1 日促销”。

4）加入紧急性词语：航空公司只要使用以下主题栏，就一定能获得很高的关注，例如

"安全警报"或者"特殊天气情况"等。

5）事务性主题："确认订购信息"和"5月份的合约已经生效"这种事务性主题信息拥有较高的点击率和打开率。

6）让用户感觉特殊："第一个查看秋季时装款式"等主题能够让用户感到自己很特别，是公司的特殊用户，从而吸引用户打开邮件。

7）增强关注：在主题栏中加入公司的商标名称，比如"某某公司4月份新闻"。

8）诚实：信息要真实可信，简明扼要。换位思考用户期待什么样的信息，同时诚实地遵循用户设定的邮件发送频率。

9）合理利用节日促销：这里要提醒的是，如果你的客户大多是男性，而今天又不是情人节、母亲节或其他法定假期，那么客户不会对你所谓的节日或庆典感兴趣。不要使用任何大写字母，避免主题栏出现大写字母；不要使用符号，避免使用感叹号和其他符号来过分强调主题内容。通常这类符号会被当成垃圾邮件，被客户自动扔到垃圾箱中。不要在连续几封邮件中使用相同主题，应该不断更换它，这样才能发挥作用。不要误导客户，永远不要在主题栏误导客户或产生歧义。例如：主题栏写着"您订单的具体内容"，然而邮件内容却是营销信息。这种邮件只会欺骗用户并且违反相关制度。

八、邮件营销的营销方式

邮件营销方式千差万别，包含的内容丰富多样，但是在众多纷繁的信息表象下，每封邮件都由5个关键要素构成，它们分别是：创立品牌效应、在设计中增加智能控制、激发购买欲、建立事务性服务信息、增加病毒式营销要素。

1）文本标志：邮件最通常的方式是文本标志，文本标志是一些有特定意义的字符，大约5行，一般放置在新闻邮件或经许可的邮件中间。这些文本标志也可以设置一个URL，链接到广告主公司主页或提供产品或服务的特定页面。

2）标志广告：HTML格式的邮件和新闻邮件可以设置与一般网页上所显示的一样的标志广告，不过并不是要在整页都放置广告，而是在特定目标受众的HTML格式的邮件和新闻邮件中放置标志广告，这些目标受众是事先征得许可的。对于上述任何一种方式，标志的内容通常由与邮件直邮毫无关系的第三方来制订。这种营销方式的效果可以根据CPM来评价：CPM有效吗？根据效果评价这些付出值得吗？

3）其他方式：随着邮件营销的不断发展，出现了其他一些更有吸引力的方式，有时是由广告主和第三方撰写的邮件，其中的一些营销方案中设有奖励或奖金计划。

九、邮件营销的营销过程

第一，邮件地址的选择。要针对的产品来选择邮件用户，比如一家做儿童用品的公司选择什么样的邮件用户群呢？众所周知，母亲是最关心自己孩子的，所以要锁定女性邮件用户群，而一般有宝宝的女性年龄在25～35岁，最终我们锁定年龄是25～35岁的女性邮件用户。所以，要根据自己公司的产品来定位邮件用户群，以便于将宣传效率达到最高。

第二，邮件的内容是最重要的也是最关键的。醒目的标题是关键，让人看到标题就想去点击内容。对于宣传我们的产品，标题是最重要的，如果标题不够吸引人，那么目标客户群可能不去看邮件，有可能会删除。所以，标题内容要让客户群知道这是他们关心的内容，要有引人注目的卖点。比如，目标客户群是一些有上进心的人，有创业精神的人，我们的主题就可以这样写：《财富之路》，以书名来命名。当他们看到这个标题后，会不自觉地点击，因为他们是有创业精神的人，这是他们的渴望。邮件的内容要简洁明了，让目标客户一看就知道是做什么的，字数不要太长，一般在 200 字以内。要知道我们的目标客户时间有限，是不允许长篇大论的内容的。

第三，要有夸大的精神。写内容的时候要尽量去夸大我们的产品，但是不要太过头。要知道网络用户通常是受过高等教育的。所以，在写内容的时候要小心，不要吹得太过。

第四，要确保邮件的内容准确。在发邮件之前一定要对所写的内容进行审核，并且要营销团队的人集体审核确保无误。一些明显的硬伤，会大大降低邮件的可信度，从而大大降低邮件的销售转化率。

第五，邮件的发送。发送邮件一定要注意不要将附件作为邮件内容的一部分。而应该使用链接的形式来使它们进入你想让目标群体看到的网页内容。由于邮件系统会过滤附件，或限制附件大小，以免给目标群体带入病毒。还要掌握发信频率，一般情况下，每两周发送邮件一次就是最高频率了。

十、邮件营销成功的五个要素

1）明确邮件营销的目标。邮件营销的目标通常有：增加销售额（特别是有网上商城的）、维护客户关系、增加网站的流量、增强企业品牌意识和产品意识、售后服务相关的针对性沟通。

2）使用合适的沟通策略。在营销目标确定了以后，就要使用合适的沟通策略以达到目标。策略包括以下几个方面：提供有针对性的、收信人关注的优惠信息；提供和收信人地理位置和兴趣相关的内容；做到个性化，如用收信人的姓名打招呼；给予收信人控制收邮件的频率。

3）明确你的目标客户。挑选你的目标客户并不是完全可以跟着感觉走，拍拍脑门就知道。灵活可定制化的电邮发送平台和具有营销活动管理模块的 CRM 平台，或是可以供营销人员使用的具有客户细分或是打分信息的数据库等就是必不可少的。目标客户可以按性别、年龄等人文信息来抓取，也可以按照购买行为，甚至是网上浏览和交易行为来区别对待。目标客户也可以根据其他业绩型指标来划分，比如最有经济效益的客户（很有道理但是真正可以做到的企业却不多）、对电邮营销反应率最高的客户等。注意查看收信人选择的收信频率和邮件类型，避免滥发。

4）设计有吸引力的邮件。邮件本身内容和创意也是不容忽视的，这个完全可以作为一个单独的话题来说。标题的设计，图片的大小和下载速度，图片的文字说明（以免图片不能显示）是否完整都需要注意到。邮件营销该写以下内容：首先用户在注册之后立即收到欢迎信是必须的。然后可以通过程序设计一系列固定间隔的教程类的东西。比如，在注册的当天收到教程一，第三天收到教程二，连续 7 到 10 封邮件教程。这些都可以通过程序预设。在这之后选择每个月固定的日期，写一篇有用的文章，发给所有电子杂志的订户。当有新产品或有优惠活动的时候，都可以把信息发给订户。要注意的是，这类电子杂志必须包含实用的内容，广告性的东西很容易被退订。

5）分析效果，不断尝试和学习。每次邮件之后的反应率、打开率、点击率和投资回报等指标都要做分析并在数据库中记录。很多企业把每次的邮件营销作为单一营销活动来对待或是完全没有一个对客户进行忠诚营销的年度 CRM 方案，这样就永远不知道哪些客户对邮件营销的反应度高，哪一类型的邮件营销效果好，每个客户一年收到多少封电子邮件。没有历史数据，也很难建立准确的营销活动反应模型（Campaign Response Model）——降低成本并提高营销投资回报率的重要手段之一。只有在不断尝试和学习的过程中，企业才能把握对自己客户最有吸引力、最能提高销售和利润的优惠和内容是什么，最佳投递的时机是何时，才能在竞争中胜出。

任务4 论坛营销

➘ 子任务1 论坛营销概述

论坛营销就是企业利用论坛这种网络交流平台，通过文字、图片、视频等方式发布企业的产品和服务的信息，从而让目标客户更加深刻地了解企业的产品和服务。最终达到宣传企业品牌、加深市场认知度的网络营销活动。论坛营销的特点如下。

1）利用论坛的超高人气，可以有效地为企业提供营销传播服务。而由于论坛话题的开放性，几乎企业所有的营销诉求都可以通过论坛传播得到有效实现。

2）专业的论坛帖子策划、撰写、发放、监测、汇报流程，在论坛空间提供高效传播。这包括各种置顶帖、普通帖、连环帖、论战帖、多图帖、视频帖等。

3）论坛活动具有强大的聚众能力，利用论坛作为平台举办各类踩楼、灌水、帖图、视频等活动，调动网友与企业之间的互动。

4）通过炮制网民感兴趣的活动进行事件炒作，将企业的品牌、产品、活动内容植入传播内容，并展开持续的传播效应，引发新闻事件，导致传播的连锁反应。

5）运用搜索引擎内容编辑技术，不仅能使内容在论坛上有好的表现，在主流搜索引擎上也能够快速寻找到发布的帖子。

6）适用于商业企业的论坛营销分析，对长期网络投资项目组合应用，精确地预估未来企业投资回报率以及资本价值。

7）论坛营销成本低，见效快。论坛营销多数是属于论坛灌水，其操作成本比较低，主要要求操作者对于话题的把握能力与创意能力，而不是资金的投入量。但这是最简单、粗糙的论坛营销，真正要做好论坛营销，有诸多的细节需要注意，随之对于成本的要求也会适当提升。

8）传播广，可信度高。论坛营销一般是企业以自己的身份或者是伪身份发布的信息，所以对于用户来说，其发布的信息要比单纯的网络广告更加可信。迎合网络的需求，不同类型的站点都架构了论坛系统，操作者发布论坛的广度也很明显。

9）互动、交流信息精准度高。企业做营销的时候一般都会提出关于论坛营销的需求，其中会有针对特别的主题和板块内容的要求，操作者多从相关性的角度思考问题，所操作的内容就更有针对性，用户在搜索自己所需要内容的时候，精准度就更高。

10）针对性强。论坛营销的针对性非常强，企业可以针对自己的产品在相应的论坛中发帖，也可以为了引起更大的反响而无差别地在各大门户网站的论坛中广泛发帖。论坛营销还可以通过这个平台与网友进行互动，引发更大的回响。

➘ 子任务2 论坛营销实施

论坛有个特点就是：用户在一定范围内聚集，发帖是按时间倒序排列，回贴按时间顺序排列。营销就是要利用规则，使自己想要别人看到的信息获得展现。论坛营销首先要找到发布位置，其次是确立论坛发布内容，最后是助推和效果跟踪。

1）发布位置：每一个论坛以及每个论坛的每一个频道，都相当于一个小小的广场，要在这些广场中做宣传，我们首先要明确哪些广场的人气比较旺。人气比较旺的论坛主要有百度贴吧、天涯、猫扑等，如图 5-4-1 所示。

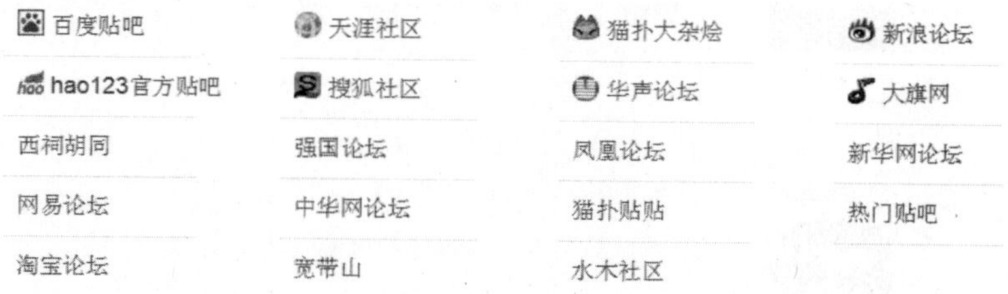

图 5-4-1　主要论坛

2）论坛内容：论坛帖子和回帖的内容是原创的固然很好，但要原创内容往往难度较大，而不同的论坛之间内容是相互隔绝的。论坛帖子的内容可以来自于两个方面：一是其他论坛或网站的优质内容，二是有固定格式的伪原创内容。回帖的内容更加丰富，大量的通用的优质回帖内容有很强的普适性，适用于大多数的帖子回帖。

3）助推与效果跟踪：论坛是按发帖时间和回复时间严格排序的，如图 5-4-2 所示。所以，帖子的数量和回帖时间至为重要。想要让自己的帖子排名比较靠前，就需要在离当前最近的时间发帖。所以，海量的帖子是论坛营销的重要因素之一。这些帖子发了之后，为了使其不沉，就需要配合马甲小号予以评论。在前面的位置占得越久，就越容易获取优势。

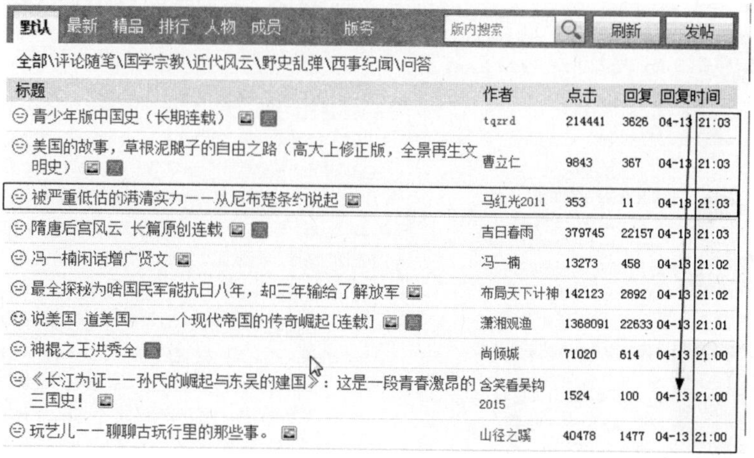

图 5-4-2　论坛帖子排序

论坛营销体系建立的具体做法如下。第一步：收集各个有流量的、有人气的论坛，根据其频道特点进行分类，以此确定什么样的帖子可以发在什么样的位置。同时用程序准备好各个论坛大量的马甲账号，为发帖和顶帖做准备；第二步：建立一个信息收集体系，信息包含并不限于其他论坛的优质内容、优质博客内容、优质新闻内容。建立一些伪原创帖子发布模板，套用这些模板，可以迅速将别人的原创内容，改造成自己的伪原创内容，同时添加上自己的软文信息；第三步：利用应用软件，每天将自己筛选的信息，批量发布到各种论坛上面。利用应用软件，对别人论坛上的帖子进行抢楼操作。如图 5-4-3 所示为抢楼操作。

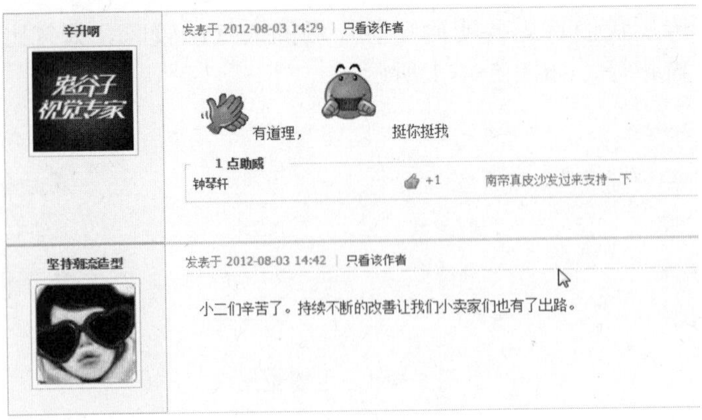

图 5-4-3　抢楼操作

论坛营销的关键在于一个软件体系是否可以迅速地突破各个论坛的限制，最大程度地达到自动化注册信息、自动发贴、自动化抢楼服务。

1）自动化注册信息：论坛依赖于大量的账号，如果能用程序批量注册大量的账号，再配以自己回帖服务，回帖的内容从服务器中随机获取，可以迅速将一个普通的帖子打造成爆款帖子，获取更多的论坛平台的支持。论坛平台是否推荐一个帖子，一个非常重要的指标是回帖数量。如图 5-4-4 所示为天涯编辑推荐的帖子。

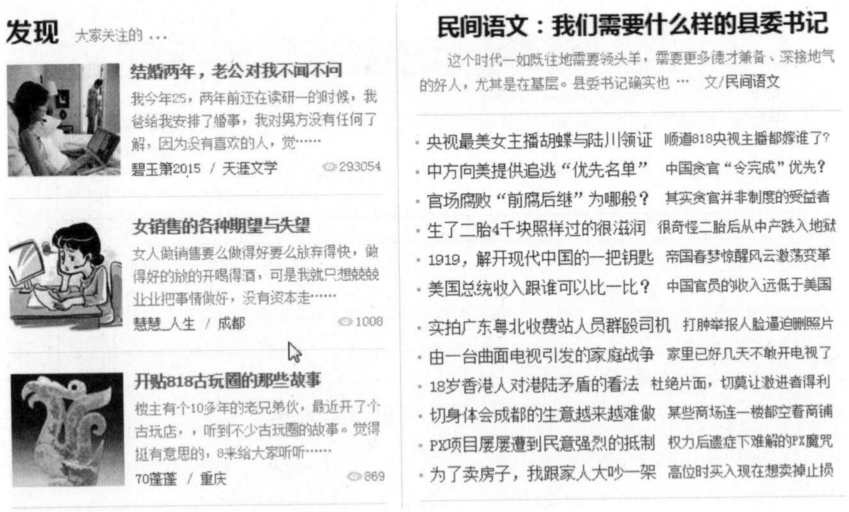

图 5-4-4　天涯编辑推荐的帖子

2）自动发帖：当确立好帖子内容及发布位置时，程序可以自动登录并切换各个论坛的账号，批量发布到各个论坛的相关位置中。可以在短时间内使自己的软文帖子迅速覆盖到论坛的各个角度，从而引发大量的关注。再辅以马甲账号的自动回帖，可以使这些帖子在各论坛上被引爆，形成全面开花的效果。

3）自动化抢楼：指的是程序自动监测各论坛的动态，一旦发现有新帖出现，马上使用马甲账号予以回帖，抢得一楼“沙发”位置。使自己的帖子和回帖内容更多地获得展现。图 5-4-5 所示帖子是淘宝的官方帖子，该被浏览了 128 993 次。

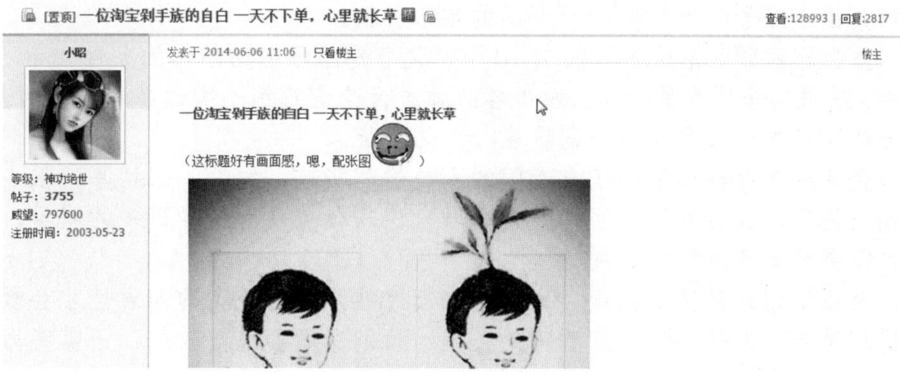

图 5-4-5　爆款帖子

紧跟着这个帖子后的几个回复同样会被浏览相同的次数，仅使用一招抢楼，就使得自己的内容获得了 128 993 次的展现，这种借力打力的方法得到了完美的体验和证明。图 5-4-6 所示为抢楼成功，一楼“沙发”是明显的广告，接下来的二、三、四楼明显是抢楼宣传。

图 5-4-6　抢楼成功

广泛发帖，打造爆帖，抢楼抢展现是针对论坛特性的完美营销体现，当然更高级的论坛营销是优质的内容。毕竟理想很丰满，现实很骨感，好的帖子可遇不可求，在现实可行的办法下，用技术流的效果会远胜于文字情怀流，毕竟营销是商业而不是艺术。

知识链接

一、论坛营销的具体操作方式

论坛营销的具体操作方式如下。

第一，企业首先要有在全国各大知名专业性网站注册的账号，即马甲。企业根据不同产品注册相关论坛账号，更加有利于产品的推广营销。

第二，企业马甲每个论坛要不低于10个，这个是保证前期炒作的条件。不同产品、不同营销事件，需求的马甲数量不定。如知名品牌进行论坛营销不需过多马甲就可产生效应；而普通企业在论坛推广产品时，则需要多一些马甲配合。

第三，企业要在各种大型论坛有专门的人员管理账号、发帖、回帖等。很多企业都有专人负责论坛推广，经常发帖、回帖是为了融入论坛核心从而积累更多的威望，在进行论坛营销时，需要很多资源辅助开展。

第四，企业策划的题目要新颖，也就是有创意性，要有一定的创意性才会吸引网友。营销主题比较重要，也是开展论坛营销的关键，策划主题如果比较好，不需费力即可达到预期的效果。

第五，企业策划的题目要有一定的吸引力，即标题要有一定的号召性，能吸引网友。标题是敲门砖，标题要有一定的含义或歧义，让网友产生疑惑想进一步得到答案。

第六，企业策划的内容一定要具有一定的水准，网友看了之后觉得有话要说才行。论坛营销现阶段已经很热，网友也深知论坛营销的目的。

第七，企业人员要积极参加回复，鼓励其他网友回复，也可以用自己的马甲回复。网友的参与是论坛营销的关键环节，如果策划成功，网友的参与度会大大提升。通常企业在论坛做营销活动居多，可利用一些公司产品或礼品方式激励网友参与。

第八，企业人员要正确地引导网友回帖，不要让事件朝相反方向发展。具体情况具体分析，有时在论坛产生争论也未必是件坏事，特别是不知名企业，通过论坛途径演变成大范围病毒式营销，知名度会有很大提升。

第九，企业要仔细监测论坛营销带来的效果，同时注意改进。这点相当于一个细致的数据分析和用户群体分析。通过一次营销，会总结出很多问题，下次策划时可以借鉴。不同领域用户群体习惯不同，方式方法并不通用。

第十，企业要及时和论坛管理员沟通交流，熟悉各大论坛的管理员和版主有助于论坛营销的开展。经常发帖、回帖会与这个圈子近距离接触，和管理员、版主有很好的沟通机会，有资源辅助，论坛营销会开展得更顺利。

总之，要把论坛营销经营好，首先要分析传播的目标用户群体的习惯与活动范围；其次要精心策划符合目标用户群体喜好的论坛营销事件或活动，积累论坛相关人脉资源，这会对开展论坛营销提供很大支持；最后要做好统计分析，以了解论坛营销的成功与失败之处，加以改进。

二、论坛营销的实践方法

论坛营销的实践方法如下。

第一，寻找目标市场高度集中的行业论坛。知己知彼，方能百战百胜。企业在进行论坛营销时，首先要对本身所在的行业进行一个透彻的分析，根据分析得出的结果寻找所在行业的一些著名论坛和主题论坛。据了解，在主题集中的论坛上进行论坛营销，往往会起到事半功倍的效果。

第二，参与论坛，建立权威。在论坛营销的前期，为了打响企业知名度，需要建立权威性。网民要有自主性，积极地在论坛上参与讨论、发表意见和看法。同时也要时刻留意其他会员的动态情况，当发现其他的会员有问题和困难的时候，应主动出击，积极帮忙。久而久之，热心助人的你一定会在各位会员的心目中建立起一个权威的形象。建立了权威性后，再推广产品和服务，其可信度一定会大大地提高。

第三，不要发广告。不要在论坛上发广告，尤其是广告性很强的广告。据了解，基本上所有的网民都会排斥论坛上的广告，而且会对发广告的人产生抵触心理。为了避免被会员排斥甚至封账号，切勿在论坛上发广告。

第四，在论坛签名中促销。论坛签名是一个比较好的促销平台，当然促销的效果跟你的签名的吸引力密切相关。打造一个个性化的签名，在论坛签名中插进产品和服务的介绍，并且在论坛中留下签名链接，加大宣传的力度。这样可以让有意者看到你的产品和服务，并主动和你联系。

第五，个人图像和免费推广位。在论坛注册后，制作一张尺寸大小适中的广告图片作为个人图像，加大公司的曝光率。与此同时，也方便看帖的朋友了解你的信息，达到做广告宣传的效果。有些论坛的主题会有一个免费的广告位，可以利用这个广告位刊登产品、服务信息，充分达到推广营销的效果。

三、企业开展论坛营销的策略

随着网络化席卷全球，从市场本身到商家以及消费者都在日益接受网络带来的变化，网络论坛营销也应运而生，并且因其独有的特点正在成为现代营销市场的主流，无论营销环境还是营销方法都是一个转换过程。企业开展论坛营销应该遵循网页策略、产品策略、价格策略、促销策略、渠道策略、网络营销的顾客服务等策略。

论坛营销在中国企业中的应用正逐步走向深入，但是相比国际优秀企业，国内企业的网络营销应用才刚刚起步。随着网络经济对于传统经济的不断渗透，国内企业如果不能有效地利用低成本高效率的网络营销的手段，将面临着极大的竞争劣势。

第一，企业可以选择比较有优势的网站制作公司建立自己的网站。网站建立后应有专人进行维护，并注意宣传，从而节省原来传统市场营销的大笔广告费用，而且搜索引擎的大量使用会增强搜索率，在一定程度上，对于企业来说比广告效果要好。

第二，使用产品策略。企业要使用论坛营销方法必须明确自己的产品或者服务项目，明确哪些是网络消费者选择的产品，确定目标群体。因为产品网络销售的成本远低于其他销售渠道的销售成本，因此如果企业产品选择得当，可以通过论坛营销获得更大的利润。

第三，使用价格策略。论坛营销中不可忽视的是价格策略，价格策略也是最为复杂的策略之一。论坛营销价格策略是成本与价格的直接对话，由于信息的开放性，消费者很容易掌握同行业各个竞争者的价格，如何引导消费者做出购买决策是关键。企业如果在论坛营销中想通过价格取得成功，应注重强调自己产品的性能价格比以及与同行业竞争者相比之下自身产品的特点。除此之外，由于竞争者的冲击，论坛营销的价格策略应该适时调整，企业营销的目的不同，可根据时间不同制定价格。例如，在自身品牌推广阶段可以以低价来吸引消费者，在计算成本基础上，减少利润而占有市场。品牌积累到一定阶段后，制定自动价格调整系统，降低成本，根据变动成本市场供需状况以及竞争对手的报价来适时调整。

第四，促销策略。论坛营销还有自身的促销策略，以网络广告为代表。网上促销没有传统营销模式下的人员促销或者直接接触式的促销，取而代之的是使用大量的网络广告这种软营销模式来达到促销目的。这种做法对于企业来说可以节省大量人力支出、财力支出。通过网络广告的效应可以在更多人员到达不了的地方挖掘潜在消费者，可以通过网络的丰富资源与非竞争对手达成合作的联盟，以此拓宽产品的消费层面。论坛促销还可以避免促销中的千篇一律，可以根据本企业的文化以及帮助宣传的网站的企业文化相结合来达到最佳的促销效果。

第五，渠道策略。渠道策略也是不可忽视的，论坛营销的渠道应该是本着让消费者方便的原则来设制。为了在网络中吸引消费者关注本公司的产品，可以根据本公司的产品联合其他企业的相关产品作为本公司的产品外延，相关产品的同时出现会更加吸引消费者的关注。为了促进消费者购买，应该及时在网站发布促销信息、新产品信息、公司动态，为了方便购买还要提供多种支付模式，让消费者有更多种的选择，在公司网站建设时候应该设立网络店铺，加大销售的可能。

四、企业开展论坛营销的原理

（一）标题

一个标题价值100万元，这一点毫不夸张，在天涯走红的犀利哥、小月月所带来的商业价值不止100万元，而在其商业价值没有被挖掘出来以前呈献给网民大众的就是一个帖子的标题，当这个标题被上千万人点击以后，随之就产生了价值。好的论坛营销自然是一个能够让人点开的标题开始。当然标题党是另一码事，点开和把人留住是两码事，小月月的神帖两者都做到了。

（二）图片

大部分走红帖子离不开图文并茂，天仙妹妹如此，芙蓉姐姐如此，凡客体也如此，因为高手出民间、英雄出少年，“文采帝”“ps帝”“逻辑帝”“真理帝”“八卦帝”“真相帝”的参与让整个事件走上风口浪尖。当然，如今微时代更是可以将一张图片推向转发最高榜。但是依然不如论坛来的有血有肉——有开始有序幕还有花絮。

（三）爆点

没有爆点的帖子都是“狗咬人”，有爆点的帖子才是“人咬狗”。于是“小月月”成了极品中的极品，而大多数企业在论坛营销的过程中却找不到一个爆点，只是单纯地将广告信息一股脑地倾倒给搜索引擎。人是一种神奇的动物，如果你的营销点没有触碰到他的某根神经，那么你的这次营销活动就成了网海中的一抹灰。

（四）讲故事

每一个产品背后都有一个不可告人的密码，所以好奇才会害死猫。在百度推出“贾君鹏回家吃饭”，网易推出“美女收废品”，淘宝推出“三十个夜晚换宝马一周使用权”，新浪微博名人团团转，猫扑三俗挡不住的潮流下，天涯就开始讲故事了。一个故事成就了“拜月传奇”。为什么就那么一个普普通通的天涯帖子标题，第一天就获得了首页推荐呢？你不好奇吗？

（五）设局

婚姻是最大的迷局，这一点上自从有了“小三、小四”的介入就更加的扑朔迷离了，尽管婚姻是爱情的坟墓，但是“小三、小四”总是不遗余力地“盗墓”。一个原本的韩式剧情愣是被整成了中国式“谍战”，美国式的“越欲”。看点来了，围观的受众多了，广告效应立马就起来了。天空飞过一只鸟不惊奇，但是100个人突然望着天空发呆，就立马有劲了。这就是一个局，不明真相的人围观得越多，导火索就被点燃了，于是越离奇越不靠谱的事情就越有嚼头了。

（六）创意

既然是营销，必然要谈及产品广告合理而微妙的植入，让受众有一种看剧集猜结局的紧迫感，于是高楼抢“沙发”、××楼送奖品的模式流行了一段时间。但是老这样营销，就诞生了一批专业抢奖专业户，不但达不到营销目的，反而最后谁家的广告都不记得，但是一旦里面糅合了小创意，就让网友惊奇了！神马“凡客体”“将爱体”“眼睛渴了体”瞬间让各种“帝”满血满状态原地复活了。

（七）互动

七大姑八大姨来了，隔壁老王、小明、贾君鹏的爷爷奶奶各种剪不断理还乱的感情纠结来了，不再 3p、4p，终于向着 http 发展了。雪球就喜欢越滚越大，羊群效应、马太效应各种蝴蝶效应终于可以瞬间在论坛爆棚了，一场惊心设置的多米诺骨牌就展开了。水军的作用除了灌水以外还是可以洒点“农夫山泉”的，这样一场惊心动魄的营销事件才能承担四两拨千斤的重任。

（八）诱媒

爆料推动，然后勾引，最后皆大欢喜。这并不是腐女卖萌的专利，也是营销的小技巧。谁都想一毛不拔弄得“满城尽是黄金甲”，谁都想一石激起千层浪，峰回路转再遇一场柳暗花明，但是媒体绝对不是盖的，想要得到他们的青睐，必然要有一把刷子才能揽个瓷器活。对于媒体来说社会性事件、公益性事件、情感励志各种有益于媒体收获利益的事件必然会诱导媒体参与。赢一定要是多方面的，才能推动各种群体的参与，所以论坛事件发展成一起社会性事件，必然要考虑媒体的胃口，只要舍得一碗“燕窝羹”必然能收回一场“满汉全席”。

五、论坛营销体系的建立

论坛营销体系的建立主要包括以下内容。

（一）论坛数据库的建立

定位好了自己的营销方向之后就要选择所要发布信息的论坛，论坛数据库的建立是论坛营销的基础和前提，数据库建立的质量高低直接关系到论坛营销能否顺利开展。如果做专业的论坛推广，不可能只注册一个论坛账号发一个帖子，一方面这样会降低工作的效率，另一方面许多论坛为了防灌水、防广告，对论坛账号注册以及发帖设置了重重限制，比如说账号注册时间少于 1 小时、2 小时或者 24 小时不得发帖，注册用户的积分累计不到 100 不得发帖，账号注册必须进行邮箱验证等。

所以，建立论坛数据库是很必要的，一般而言数据库中的论坛所使用的用户名、密码以及账号注册时使用的邮箱需要保持一致，这也是为了方便后期的营销和推广，论坛数据所需要的信息包括论坛的名称、论坛的地址、论坛的分类、论坛的核心版块列表、论坛的活跃指数（也就是所说的论坛星级），这些信息都整理到一起之后进行营销推广的时候才能顺心顺手。

（二）论坛营销软文

目前而言，论坛营销中最主要的方式就是营销软文的推广。顾名思义，它是相对于硬性广告而言的，用唯美的语言将产品形象化，刺激阅读者的兴趣，进而产生消费的欲望。软文写作的目的就是要将企业的产品和形象通过美丽的文字来进行包装，以达到宣传的效果。软文写作的最高境界就是言之无物，实则有物。

软文目前已经成为企业宣传或者产品营销推广中一种很实用的方式，通过营销软文可以达到做广告的效果和提高企业知名度与美誉度的目的。软文的硬效果就是要能卖货，即通过软文将企业的产品和服务卖出去。

关于软文方面的知识很多也很繁杂，在这里只是简单提一下。写软文首先要选切入点，即如何把需要宣传的产品、服务或品牌等信息完美地嵌入文章内容。其次要设计文章结构，把握整体方向，控制文章走势，选好冲击力强的标题。此外还要完善整体文字，按框架丰富内容，润色具体内容。最后要反复沟通和完善。

（三）论坛软文推广

关于论坛软文的推广是论坛营销成败的关键，有了论坛数据、营销软文，那么怎么将这些信息传播出去呢？大家要记住一点，再美丽的软文也是广告。随着营销领域的发展，人们对软文的免疫力也越来越强，论坛管理人员对软广告的判断能力也越来越高，处罚力度也越来越大，那么摆在每一个论坛营销人员面前的问题就是该怎么发布信息。

大部分论坛都会有灌水专区、杂谈之类的版块，如果实在找不到与自己所发布的信息完全相符合的版块，那么建议发布在这样的版块里；再者，如果你的内容广告性较强而这个论坛又没有广告专栏的话，也建议发布在这样的版块，以提高帖子存活的概率。当然如果这个论坛有广告专栏的话，对于广告性太强的软文还是建议发布到广告区里去。

另外，很多人做推广的时候不愿意在小的论坛、地方性论坛发帖，其实不然，论坛都是由网民组成的，而网民有很大的互通性。地方性论坛的网民也极有可能成为你的潜在客户，不放过任一个可以推广的机会是网络推广制胜的关键。同时，地方性论坛、小论坛的限制一般较少，像青州交友社区这样的论坛一般不会删掉你的帖子。

软文发布之后，也要学会使用这些软文，如果这个论坛活跃度还可以的话，可以去多注册几个账号，然后在你的帖子后边回帖，每回帖一次你的这个帖子就会被翻到这个版块的文章列表首位。回帖也要讲究技巧，可以大胆地去强烈反对所发布的这个帖子的内容，以吸引网友的目光，这就是所谓的论坛枪手。

除此之外，对于软文或者广告还可以在那些比较热门的帖子后边以回帖的形式发布，不过这样的回帖存活的几率一般不大。对于利用软文进行营销推广要分阶段分层次进行，在整个推广周期中要根据不同时期安排不同的软文。软文的广告性也要侧重，一般而言广告性要越来越强。

（四）论坛营销组合策略

首先，论坛营销组合策略有两方面的含义：一方面指通过对消费群体所经常光临的门户、社区和网站，进行科学的组合，分人气、流量，分主次和批次地在推广中选择组合，使推广达到最佳的效果；另一方面就是指论坛营销要与其他的营销方式相结合，抓住通过论坛营销获得的潜在用户，尽量多地得到他们的信息，然后通过其他的营销方式与他们进行直接或者间接的沟通，最终达到自己营销的目的。比如，你发布的信息有人给你回帖了，但是并没有表示自己的明确意向，这样的话你就要尽可能查找对方的信息，而后通过QQ、MSN、邮件对这些用户进行营销。

其次，开展论坛活动也是论坛营销组合策略中的重要部分。这点的要求比较高，需要论坛官方的配合。当然，通过论坛活动来进行营销推广所取得的效果是百分之百的。论坛活动能够很好地调动网民的积极性，即使你做的是一个纯粹的商业性广告也能使网友很好地参与进来，提高互动性。同时论坛线上营销要与线下营销推广结合，举办研讨会、招聘会等都可以促进营销推广。

六、论坛账号信息的维护

注册了这个论坛的账号并不是说发完广告就再也不来了，这样会对资源造成极大的浪费。要定期地去维护你的论坛账号，除了发广告之外要尽量去论坛活跃，进入到论坛的核心会员之中或者有可能的话申请成为论坛的版主，打入敌人的内部，知己知彼方能百战不殆，这样对于你的论坛推广可谓再方便不过了，因为可以大胆发帖、可以对自己的帖子进行加精置顶等操作，但是要做到这一点比较难。除了在论坛活跃之外还可以与其他的论坛会员沟通，加入论坛的官方 QQ 群，加强交流与合作。

需要注意的一点是，对于注册的论坛账号一定要完善自己的个人信息，比如年龄、昵称、个性头像、个性签名等。因为完善的个人信息使人觉得有亲近感，论坛管理者会觉得你是个忠实的会员，即使偶尔发布一个软广告也会宽容的。同时在个性签名里完全可以以简短的文字发布自己的产品或者企业信息，这个绝对可以保证不会被删掉，也是广告发布的一个很好的方式。值得一提的是，可以顺便把自己网站或者论坛的网址放在个性签名里面，这样搜索引擎在搜索这个论坛或者你发的这个帖子的时候会顺便把你个性签名里的网址搜索到，对于你网站的 SEO 优化有很好的帮助作用。

七、开展论坛营销的意义

据权威数据统计，中国至 2009 年约拥有 130 万个 BBS 论坛，数量为全球第一。以“百度贴吧”为例，网民可以随时为某一话题设立专门的论坛，任何对此事件感兴趣的网民都可以到论坛发表言论和图片，平均每天发布新帖 200 多万条。几乎每条受网民关注的话题后面都有跟帖，热门新闻的跟帖达到几十万条。网民们通过 BBS 与网友对最近的热门事件进行交流，通过 BBS 了解所关注的产品（企业）在其他网友中的口碑，BBS 的话题包括时事、经济、娱乐、休闲等，几乎涉及生活中的每一个细节。BBS 正成为一个全新的、重要的信息传播媒体之一。通过论坛营销进行推广，具有以下好处。

1）口碑效应、提升品牌知名度。因为在论坛有可能可以找到用户的最基本需要，如旅游兴趣、路线提问相关的信息；门槛低，任何人都可以免费注册账号参与，很轻松就可以发一个帖子，甚至一个表情就是一个帖子。宽带的普及，可以让人时时在线；很多用户参与 BBS 是出于娱乐、休闲的原因；结交朋友，与别人分享，论坛的人都是活生生的人。宣传效果会通过网友在日常生活中互相传播。

2）心理感染、引导消费者体验企业的产品。论坛很生动，有时论坛也过于生动，一句“旅游了吗”都可以得到很多的回帖。很多用户对某一 BBS 社区会产生深厚的感情，也有很多用户除了论坛就无处可去。从通信工具的角度，网络的 MSN、QQ、电子邮件给用户带来了无穷的方便，但只限于一对一地通信。论坛的通信能力则提高了几十倍乃至几千倍，前前后后有几千个用户在阅读帖子并交流。并且论坛不止是通信工具，会形成一种文化氛围。

八、论坛营销帖子的文案形式

论坛文案，是指发布在一些像天涯、猫扑、搜狐、网易、新浪等整合性论坛上的文字。论坛营销文案，主要目的也是推销产品。一篇论坛帖子或文章由文字和图片组成，当然也会有视频、音频、Flash 之类的元素。由于网络人群的特殊环境，首先，论坛文字不要多华丽，最主要的是讲出真实感受或者语言清楚描述即可。图片需要用心去拍摄挑选，但不需要特别商业化，接近生活即可。

论坛营销帖子的文案形式具体有以下几种。

1）事件式。事件式是指利用社会热点和网络热点来吸引人眼球，从而赚取高点击和转载率。如现在比较引起关注的欧洲杯，球迷们熬夜看比赛然后顶着黑眼圈上班都是常见的事情，可见欧洲杯让人狂热的程度。因此，可以利用这个事件为引子，引出人们在看欧洲杯时发生的某些事情，同时隐形地插入联系紧密的产品信息，这便是事件式的论坛营销文案。

2）亲历式。利用第三者的身份，讲述身边朋友真实的生活故事和体验效果的文章。

3）解密式。以专业的态度或者个人独特的见解，对产品进行客观解剖分析，能够满足网友的片面性观点，能让受众从多个角度认识以往接触的信息。

4）求助式。阐述事情经历，直接提出问题，需求大家帮助，内容中自然植入产品名称。

5）分享式。以快乐分享为主，分享体验效果。能够给网友一定的信息价值。

6）幽默式。以轻松、搞笑、有趣的方式表达，能够给网友带来会心一笑。最具代表性的还是2012年的病毒营销事件“杜甫很忙”，让网友在参与改图的过程中获得乐趣，也让围观的网友记忆深刻。

九、论坛营销成功的六大关键

1）推广论坛。这是开始论坛营销的必要条件，首先站长们要有自己的论坛推广团队，团队成员要去一些大型的、人气比较高的论坛去推广下论坛，增加曝光度。也可以按照论坛营销的产品不同，去相关的论坛建立马甲，从而更有针对性地去推广。

2）吸引人气。站长们如果把第一步做好了吸引到了人气。那么接下来是该怎么去维护你的人气。有的论坛注册率很高，但是，发帖子的可能就一个人而已，甚至于很多的帖子只有一个楼主，都没有有效回复，这是由于论坛管理做得不到位。

举例说明：一位朋友因为特别喜欢你的论坛，慕名加入以后，发了一些自己的心得和感想，就算不是什么好的信息，但是，只要不是广告，那么，发了一周，没有人看，一个月也没有人看。你觉得在一个月以后，这位朋友是否还会记得你的论坛呢？所以说，人气虽然在注册上一点点升温，但是，却因为你没有去好好管理又一点点流失。

3）话题营销。对于论坛营销来说，话题营销是一个非常实用的方法，每天找到一个大家比较热衷的话题，再让管理员们都参加，比如一个论坛管理至少二三十个人，那么，这二三十个人，再去互动，每个人互动二三十次，那么，今天的话题营销至少回复达到几百次，天长日久，还愁没有人气吗？这样的话题营销不仅仅是在增加你的论坛曝光度，同时，是一种很好的营销论坛的方式，目前很多论坛采用这样的方式，效果的确很好。

4）正确引导回帖。如果之前采用了话题来营销一个论坛，那么，一定可能会遇到争论。争论是一件好事情，因为可以通过争论增强你的论坛互动性与曝光率。特别是不知名企业，通过论坛途径演变成大范围病毒式营销，但是如果适得其反，反而会给论坛带来不好的影响。

举例说明：有的论坛围绕一些比较热门的话题来讨论，这样的话题必然会引起很大的分歧。然而，作为一个论坛的管理者，如果你掺和进去并和朋友进行争论，甚至出现了很过激的行为，首先就是给网友了一个不好的印象，朋友们不会觉得你这个管理员做不到位，而是会觉得这个论坛做得不好，连最基本的都做不好，作为一个管理员，你需要了解你自己的行为和说辞代表的是一个官方的形象。所以说，在做论坛营销的时候，千万不要搬石头砸自己的脚。

5）多增加新内容。内容对于一个网站的意义重大。如果一个论坛管理者没有去很好地管理，那么凭什么去要求网友们廉价地为你服务呢？如果你是一个论坛的管理者或论坛版主，点击自己发布的帖子，看看有几条回帖信息呢？有的版主特别少。所以，对于论坛的管理者来说，管理论坛应积极鼓励版主去管理好。这样才能带来更多的新鲜血液，从而对于论坛的营销意义才可以做到极致。

任务5 新闻营销

新闻营销是运用新闻为企业宣传的一种营销方式，指企业在真实、不损害公众利益的前提下，利用具有新闻价值的事件，或者有计划地策划、组织各类活动，借此制造新闻热点来吸引媒体和社会公众的广泛关注，以达到提高社会知名度、塑造企业良好形象并最终促进企业产品或服务销量增长的目的。

子任务1 新闻营销概述

新闻营销在营销活动中有效地综合运用新闻报道传播手段，创造最佳传播效能。新闻营销通过新闻的形式和手法，多角度、多层面地诠释企业文化、品牌内涵、产品机理、利益承诺，传播行业资讯，引领消费时尚，指导购买决策。这种营销模式非常有利于引导市场消费，能在较短时间内快速提升产品的知名度，塑造品牌的美誉度和公信力。新闻营销具有如下特点。

一、目的性

一次成功的新闻营销应该有其强烈的目的性，虽然有些新闻由头出现得很突然，但必须知道要通过这次新闻营销达到什么目的。有很多企业总认为偶尔上点新闻就是增加点企业形象。但从营销的角度上讲，一次新闻营销的目的应该是配合广告增加企业产品或服务的销量。因此，如何确定好新闻营销的目的，将决定这次新闻营销的主线。

二、传播性

传播性在某种程度上来说也是新闻性，新闻每天都有，那么抓住什么新闻来做营销呢？一般来说，只有热点性的新闻才能引起公众的关注。一条有传播性的新闻是新闻营销的载体，那么如何找到新闻点并为企业所用就比较重要了。

三、炒作性

上面提到只有热点性的新闻才能引起公众的关注。如果要公众持续关注，就需要媒体对热点性新闻反复宣传、炒作，只有炒作性的新闻才具有轰动效应。作为新闻营销，新闻不炒作就没有价值。所谓“炒作”，就是为扩大新闻人物或事件的影响而通过媒体进行反复的宣传、延伸报道。

四、持续性

新闻营销不是单个新闻、碎片化新闻的临时性运作，而是一个有计划、有步骤、成体系的持续性推进过程，它在潜移默化中影响人们对企业的认知度，对品牌的好感度，促进购买欲望与消费行为，能不断提升企业知名度与美誉度。

子任务2 新闻营销展现形式

新闻营销是假借新闻的方式发布信息，比一般的信息可信度更高，同样比一般的软文显得更加自然。新闻有固定的展示位，如同一个全面介绍自己的广告位。如图5-5-1所示的网易科技新闻列表，第二条新闻的营销可能性就比较大。

图 5-5-1 网易科技新闻列表

在一家较有影响力的新闻网站上发表一篇优质的新闻内容后，其新闻内容会被其他新闻网站广泛转载。因此，新闻营销一定要选择有影响力的大网站，新闻内容一定要做到优质并吸引人，营销才可以达到事半功倍的效果。如图 5-5-2 所示的 51 用车百度新闻搜索。

图 5-5-2　51 用车百度新闻搜索

新闻营销可以视为一种简单的、付费版的论坛广告营销。

➘ 知识链接

新闻营销指企业在真实、不损害公众利益的前提下，利用具有新闻价值的事件，或者有计划地策划、组织各种形式的活动，借此制造“新闻热点”来吸引媒体和社会公众的注意与兴趣，以达到提高企业社会知名度、塑造企业良好形象并最终实现产品或服务销售的目的。

新闻已不仅仅是看看而已，新闻越来越接近每个人，接近每个人生活的方方面面，“新闻着陆”已是趋势。社会公众也不再是新闻的看客，而成了新闻当事人，因此关注新闻就是在关注自己。由于新闻强大的受众群体，又囊括了信息、猎奇、教育、娱乐等各方面的功能，因此新闻已经成为一种优势资源。套用一句广告词:“如果没有新闻，世界将会怎样？”由此可见新闻的价值。

一、新闻营销的起源

一般企业的主要宣传方式就是广告，无论是电视、报纸、广播，还是杂志、户外媒体等，企业都以广告发布的形式告知消费者相关信息。广告被看做是最直接、最有效的宣传方式，许多企业因为铺天盖地的广告轰炸而大大受益，因此这个时代被称作广告时代。但企业终于在“开出去一辆桑塔纳，却开不回一辆奥迪”时，宣告广告也不是企业宣传的灵丹妙药。软广告由于在形式上的隐蔽性和表达上的悬念性、完整性与可看性，抓住了消费者的心理，为企业的宣传起到了立竿见影的作用。这一时期像脑白金、盖中盖等保健品企业表现得淋漓尽致，为消费者灌输了大量的消费知识，为其后期的消费引导起到了关键作用。但由于软广告的隐蔽性慢慢被人们揭开，同时一些企业在软广告写作和操作上的不到位以及掺杂了大量的虚假成分，软广告的传播效果也大打折扣。这时候新闻营销应时而生，同样是利用媒体这个平台，人们愿意看新闻而不愿接受广告，何不以新闻的形式为企业做宣传？在快节奏生活的今天，广告信息铺天盖地，消费者开始产生资讯焦虑，对广告敬而远之，而新闻营销会让人们在不知不觉中接受企业要传播的东西。只要有图片、音频、视频存在，新闻营销都会大行其道。在网络营销中，通过精准的新闻营销，让信息从小众过渡到大众，从大众过渡到小众。

作为企业与消费者的一种良好的沟通手段，新闻营销逐渐受到了企业的青睐，但国内企业新闻策划尚处在起步阶段，专业人才奇缺，人才需求很大。

新闻营销专员除了必须熟悉各种媒体的特性，掌握新闻发布渠道之外，还要有出色的事件策划能力，把握能力以及出色的市场洞察力。

二、新闻营销的编辑原则及基本要领

新闻营销必须确保每一分营销传播费用都在为品牌做加法，必须有利于产品销量的快速增长，必须有利于企业影响力的不断提升和企业自身的可持续发展。其基本要领如下。

1）找个好的主题。软文一定要有一个鲜明的主题，客观来讲人干得真实可行，不如软文内容生动。

2）没能调研就不要动笔。做市场需要做市场调查，深入了解目标消费者各种各样的状态，这样才能得到消费者的关心和重视。

3）表现诉求手段多样化。软文的创作经常运用到的表现诉求手法有新闻式、恐吓式、说理式、情感式、直接式、问答式等。

4）不同的软文要用不同的版面。通常能看出的软文有两种：一种是按字数来计费的，一般在200字左右；另一种是必须要有大小、字间距的风格。

三、新闻营销的实施步骤

新闻营销的实施步骤如下。

1）新闻策划：按照新闻策划规律，结合企业需要，整合企业资源优势，精心策划新闻。

2）新闻撰稿：根据策划主题，撰写不同风格的新闻稿，提交审核以达到更好地传播效果。

3）媒体发布：根据新闻稿进行相应的渠道发布，以当前新闻策划目标，确定发布媒体及发布比例。

4）发布跟踪：及时跟踪，效果反馈。

四、新闻稿发布方法

新闻营销，最重要的环节就是新闻稿发布，其方法如下。

一是举办新闻发布会，请行业及大众媒体参会，由企业新闻发言人对外公开发布企业重大消息。这种方式对企业来讲，费用花费很高，而且是有一定社会知名度的大型企业才有这样的号召力和媒体关注度。

二是与公关公司合作，这个方法可以省去很多事，公关公司在公关传播服务方面比较专业，而且资源和服务流程都是现成的。公关公司通过挖掘企业的新闻事件，撰写成新闻稿，然后通过公关公司的媒体资源发布到全国各大媒体。

三是企业自主建立媒体关系，大型企业一般都有自己的品牌部或叫市场部，企划部，团队中有一位媒介经理，去搞媒体关系，如果企业有重要新闻，就通过这些媒体关系发布。这种方式的优点是比较直接、比较快、费用少；缺点是工作难度大、媒体范围小、发稿数量受限制、稿件发布率低。

五、新闻营销中的策略方法

（一）名人攻略

名人可以是歌曲界的、影视界的、体育界的或文化界的，这就看企业的需求、资源和时机了。需求是企业铁定的要求，一般不能轻易更改的，资源主要看策划的时候能找到哪些名人，时机就看当时所处的环境的态势，三者合一，筛选出最终方案。

事实上，名人是社会发展的需要与大众主观愿望相交合而产生的客观存在。根据马斯洛分析的人的心理需求学说：当购买者不再把价格、质量当做购买顾虑时，利用名人的知名度去加重产品的附加值，可以借此培养消费者对该产品的感情、联想，来赢得消费者对产品的追捧。

（二）体育攻略

体育攻略主要就是借助赞助、冠名等手段，通过所赞助的体育活动来推广自己的品牌。体育活动已被越来越多的人所关注和参与，体育赛事是品牌最好的新闻载体，体育背后蕴藏着无限商机。比如，世界杯期间炒得沸沸扬扬的“米卢现象”。像可口可乐、三星等国际性企业都是借助体育进行深度新闻传播的。而作为中小型企业也可以做一些区域性的体育活动，或者国际赛事的区域性活动，例如迎奥运××长跑等手法都是常见的活动。

（三）实事攻略

实事攻略就是通过一些突然、特定发生的事件进行一些特定的活动，在活动中达到企业的目的。实事往往需要有前瞻性，可以提前预知的要提早行动，以便抢占先机；对于突发的事件，要具有迅雷不及掩耳的反应速度。实事基本分为政治事件、自然事件和社会事件。

（四）活动攻略

活动攻略指企业为推广自己的产品而组织策划的一系列宣传活动，吸引消费者和媒体的眼球达到传播自己的目的。比如，活动主要来自企业产品为主的新品发布、研讨会以及经销商会，也有从社会角度进行公益活动、慈善活动等，还有从企业战略角度进行的合作签约、领导人物的到访、股票的上市、行业的联盟等。这些都可以令公众和媒体对企业和品牌投来关注的目光。一些新闻是可以制造的，通过制造一些新闻，特别是随着企业的不断壮大，其媒体关注度也在增大。在活动中，邀请记者到现场参与，最终总能发一些新闻报道。

常见有以下几种活动形式。①新闻（品）发布会：向媒体发布最新的关于产品、技术、事件、活动等方面的消息，通过各种新闻媒体的宣传报道，传达给目标群体。②行业展：参加各种形式（如有关数码、消费类电子产品）的展会。③研讨会：与政府相关部门、行业协会、相关团体组织合作举办各类研讨会，从而达成合作意向，影响决策和抉择，并通过这些部门、机构的特殊地位，发挥一般宣传所达不到的良好效果。④经销商大会：与全国各地的经销商定期举办经销商大会。⑤产品促销活动：可以与大型商场、网吧等单位合作，利用节假日客流量大的特点，采用形式多样的促销手段和方式方法。⑥领导人物的到访：邀请政府领导视察、邀请团体参观，此类活动影响面广。

（五）娱乐攻略

利用娱乐节目带动新闻事件，利用娱乐新闻促进产品销售。如电影《手机》中所有的角色都使用摩托罗拉的手机，而走下银幕的摩托罗拉更是将其新款手机 A760 与《手机》的广告宣传紧密相连；宝马公司也不寂寞，不但让电影中的男主人公到哪里都开着那部张扬的 BMW，而且在荧屏之下也与《手机》开展了不同形式的合作。国美电器也斥巨资全程赞助电影《手机》全国巡回公映，邀请《手机》剧组的导演冯小刚和主要演员葛优、张国立、徐帆、范冰冰等相继亲临国美电器商城开展明星与消费者“亲密接触”促销活动，通过《手机》，完全可以看见新闻营销的一种整合，在电影中把相关产品嵌入其中，达到完美的结合与整合，并配合电影的宣传、活动进行推广。

（六）概念攻略

概念攻略指企业为自己产品创造的一种“新理念”“新潮流”。在新闻营销中，完全可以把理论市场和产品市场同时启动，先推广一种观念，有了观念，就有了新闻价值。如移动 PC 的命名，它的目标客户对电脑的移动性有较高的需求，但他们需要使用电脑的空间仅仅局限于办公室和家中；同时，他们对产品的价格又比较敏感。在经过详尽的市场调查后企业发现，笔记本电脑代表着轻薄、时尚、品味甚至身份，台式机代表着高性能、高配置、低价格、普及应用。在这两者之间，以往是“台式机 CPU”笔记本电脑的生存空间，有市场但名声差，企业卖得“犹抱琵琶半遮面”，用户用得“道是无情却有情”，一直没有一个明确的说法。于是一个单独的品类——“移动 PC”横空出世了，果然引起媒体的兴趣。

（七）价格攻略

产品的价格关系着国计民生和消费者的直接利益，因此价格问题是新闻媒体一个永恒的话题。所以，价格战一直是广大消费者和新闻媒体注视的焦点，只要操作得当，必定会引起新闻媒体的关注。例如，格兰士、金山都是通过价格的全面下调，引来了众多大众和专业媒体的争相报道。表面上看这些企业利润有些损失，然而由于媒体的炒作，使这些本来名不见经传的企业成为了知名企业，销售额的大幅上升自然导致了利润的相应增长。

（八）挑战攻略

挑战策略有两种方式：一是通过与竞争对手挑战，证明自己的实力；二是虚拟一个目标，进行类似的自我挑战，最终形成新闻事件。如交大铭泰杀毒软件就进行过这两种做法，一次是与瑞星试比高，下挑战书比赛杀毒能力；另一次是虚拟了一个目标，要做吉尼斯世界大全。由于此事件本身具有轰动性，必然引发媒体的密集报道。

任务评价

项目 5　网络推广　评价表

班级________学号________姓名________　　　　____年__月__日

职业能力	评价指标	自评结果	小组评价结果	教师评价结果	备注
微博营销	1. 能说出微博营销的相关专业术语 2. 能进行基本的微博营销操作				
微信营销	1. 能说出微信营销中朋友圈与公众号的特点 2. 能进行基本的服务号和订阅号运营				
邮件营销	1. 能说出邮件营销的概念 2. 能进行基本的邮件营销操作				
论坛营销	1. 能说出论坛营销的特点 2. 能实施论坛营销				
新闻营销	1. 能说出新闻营销的特点 2. 能说出新闻营销的展现形式				
岗位意识	能树立网络推广意识				

注：评价结果用 A、B、C、D 四个等级标出，A 为优秀，B 为良好，C 为合格，D 为不合格。

项目 6　整 合 营 销

本项目让学生对网络项目的整合营销进行认知，主要学习任务如下：

任务 1　网络整合营销认知
任务 2　商业网站整合营销
任务 3　电商网店整合营销

【知识目标】

✧　了解网络整合营销的含义及推广方法；
✧　理解商业网站整合营销的思路及方法；
✧　理解电商网店整合营销的过程及方法；
✧　了解各种网络营销方法的使用时机及方式。

【技能目标】

✧　能够针对一个网站列出几种营销解决方案；
✧　能够列出电商网店不同时期的营销解决方案；
✧　能够针对项目发展的情况灵活选择适用的网络营销方式。

【素养目标】

✧　树立网络项目运营的思维。

任务 1　网络整合营销认知

一、网络整合营销的含义

网络整合营销是新发展起来的一种营销模式，是利用互联网特性和技术，更加有效、高性价比地完成整合营销计划，达到传统整合营销传播（Integrated Marketing Communications，IMC）不能达到的高效客户关系管理等，从而精准地实施营销策略，实现企业营销的高效率、低成本、大影响的目的。

可以按两种方式来理解网络整合营销的含义：一是网络整合营销是利用网络技术和网络特性最大化、最快速、最有效、最精准地进行整合营销；二是网络整合营销是以为客户提供有价值的信息为基础，由客户创造、传播为主导的整合营销理念进行的网络营销。

网络整合营销的传播是 20 世纪 90 年代以来在西方风行的营销理念和方法。它与传统营销“以产品为中心”相比，更强调“以客户为中心”。它强调营销即是传播，即和客户多渠道沟通，和客户建立起品牌关系。与传统营销 4P 相比，整合营销传播理论的核心是 4C，即：相对于“产品”，要求关注客户的需求和欲望（Consumer Wants and Needs），提供能满足客户需求和欲望的产品；相对于“价格”，要求关注客户为了满足自己需求和欲望所可能支付的成本（Cost）；相对于“渠道”，要求考虑客户购买的便利性（Convenience）；相对于“促销”，要求注重和客户的沟通（Communication）。

二、网络整合营销的推广方法

网络整合营销的推广方法如下。

（一）信息发布推广

信息发布推广是指将有关的网站推广信息发布在其他潜在客户可能访问的网站上，利用客户在这些网站获取信息的机会实现网站推广的目的。适用于这些信息发布的网站包括在线黄页、分类广告、论坛、博客网站、供求信息平台、行业网站等。信息发布是免费网站推广的常用方法之一。

（二）电子邮件推广

电子邮件推广是指以电子邮件为主要的网站推广手段，常用的方法包括电子刊物、会员通信、专业服务商的电子邮件广告等。基于用户许可的电子邮件营销与滥发邮件（Spam）不同，许可营销相比传统的推广方式或未经许可的电子邮件营销具有明显的优势，比如可以减少广告对用户的滋扰、增加潜在客户定位的准确度、增强与客户的关系、提高品牌忠诚度等。

（三）资源合作推广

资源合作推广是指通过网站交换链接、交换广告、内容合作、用户资源合作等方式，在具有类似目标网站之间实现互相推广的目的，其中最常用的资源合作方式为网站链接策略，利用合作伙伴之间网站访问量资源合作互为推广。每个企业网站均可以拥有自己的资源，这种资源可以表现为一定的访问量、注册用户信息、有价值的内容和功能、网络广告空间等，利用网站的资源与合作伙伴开展合作，实现资源共享，共同扩大收益的目的。在这些资源合作形式中，交换链接是最简单的一种合作方式，调查表明也是新网站推广的有效方式之一。交换链接或称互惠链接，是具有一定互补优势的网站之间的简单合作形式，即分别在自己的网站上放置对方网站的标志（LOGO）或网站名称并设置对方网站的超级链接，使得用户可以从合作网站中发现自己的网站，达到互相推广的目的。交换链接的作用主要表现在：获得访问量、增加用户浏览时的印象、在搜索引擎排名中增加优势、通过合作网站的推荐增加访问者的可信度等。交换链接还有比是否可以取得直接效果更深一层的意义，一般来说，每个网站都倾向于链接价值高的其他网站，因此，获得其他网站的链接也就意味着获得了与合作伙伴和一个领域内同类网站的认可。

（四）搜索引擎推广

搜索引擎推广是指利用搜索引擎、分类目录等具有在线检索信息功能的网络工具进行网站推广的方法。由于搜索引擎的基本形式可以分为网络蜘蛛型搜索引擎（简称搜索引擎）和基于人工分类目录的搜索引擎（简称分类目录），因此，搜索引擎推广的形式也相应地有基于搜索引擎的方法和基于分类目录的方法，前者包括搜索引擎优化、关键词广告、固定排名、基于内容定位的广告等多种形式，而后者则主要是在分类目录合适的类别中进行网站登录。随着搜索引擎形式的进一步发展变化，也出现了其他一些形式的搜索引擎，不过大都是以这两种形式为基础。搜索引擎推广的方法又可以分为多种不同的形式，常见的有登录免费分类目录、登录付费分类目录、搜索引擎优化、关键词广告、关键词竞价排名、网页内容定位广告等。从目前的发展趋势来看，搜索引擎在网络营销中的地位依然重要，并且受到越来越多企业的认可，搜索引擎营销的方式也在不断发展演变，因此应根据环境的变化选择合适的搜索引擎营销方式。

（五）快捷网址推广

快捷网址推广即合理利用网络实名、通用网址以及其他类似的关键词网站快捷访问方式来实现网站推广的方法。快捷网址使用自然语言和网站 URL 建立其对应关系，这为习惯于使用中文的用户提供了极大的方便，用户只需输入比英文网址要更加容易记忆的快捷网址就可以访问网站，用自己的母语或者其他简单的词汇为网站“更换”一个更好记忆、更容易体现品牌形象的网址。例如，选择企业名称或者商标、主要产品名称等作为中文网址，这样可以大大地弥补英文网址不便于宣传的缺陷，因此在网址推广方面有一定的价值。随着企业注册快捷网址数量的增加，这些快捷网址用户数据也相当于一个搜索引擎，当用户利用某个关键词检索时，即使与某网站注册的中文网址并不一致，也同样存在被用户发现的机会。

三、网络整合营销的实施步骤

网络整合营销的实施步骤如下。

1）找准市场机会和营销目标。

2）设计客户体验功能。然后是通过取得第一批客户，建设以他们为主导的信息和商务服务网站。

3）利用技术和数据库手段，根据这部分用户反馈的信息进行分析，确定主要营销战术，满足更多更重要的用户需求。

4）设计论坛和社区，建立用户与用户的交流平台，设计商家与顾客的交互功能，以需求一种用户的忠诚度。

5）确定对外传播信息，根据已有用户的信息涉及和分配各人群的需求，进行对外口碑传播。

6）分析各传播工具的特性以及信息需求，引导外在用户产生兴趣和需求。

7）实施各种免费服务策略，发现用户潜在需求，并诱导传播和消费。

任务 2　商业网站整合营销

一个商业网站，在前期的策划、代码制作、网站测试完成之后，最重要的前期启动方式就是营销了。只有营销做成功了，有了真正的用户，网站本身才能为用户提供价值。网站才会获得用户的反馈数据，从而去改善网站的功能，进而吸引更多的用户，使网站步入一个良性的发展过程。如果一个网站没有人使用，即使功能做得再先进，页面做得再精美，最终也只会以失败告终。网站要从小到大，飞速发展，不同阶段需要不同的营销方式，而营销方式的好坏，直接影响到网站的发展。选择哪种营销方式，最重要的是要看自己手中有哪些资源，从自身出发，控制好投入产出比。下面以旁观者的身份来介绍网站整合营销的案例，供大家学习和参考。

58 同城网一个神奇的网站，成立于 2005 年，网站运营的初期，没有内容，没有用户。

58 同城网选择了第一种最为有效，成本也非常低廉的营销方式——SEO。58 同城网这种分类信息网站天然适合于 SEO。因为它具有大量的关键词，长尾关键词。

一、关键词的获取

（一）地域名字众多

据不完全统计，截至 2004 年 12 月 31 日，全国县级以上行政区划共有：23 个省，5 个自治区，4 个直辖市，2 个特别行政区；50 个地区（州、盟）；661 个市。其中：直辖市 4 个、地级市 283 个、县级市 374 个、1 636 个县。58 同城网在地级市以上的城市，根据经济及地域的双重核算，选择性地开设了 200 多个站点。图 6-2-1 所示为 58 同城分站。

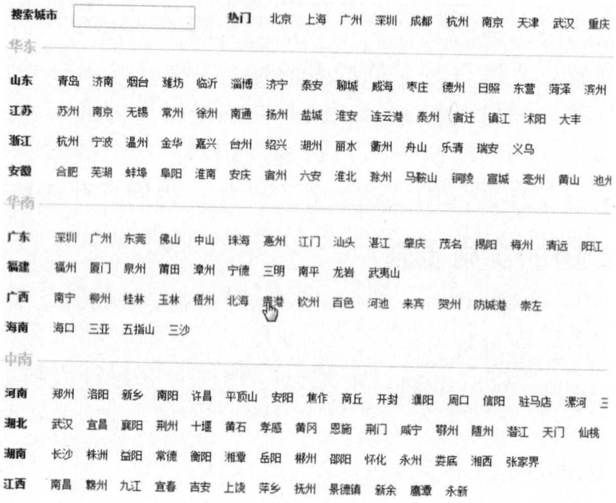

图 6-2-1　58 同城网分站

除了地级市，每个城市分站内部同样按地区的区、片区，划分到非常细小的一两公里范围。图 6-2-2 所示为分类网站地域细分。

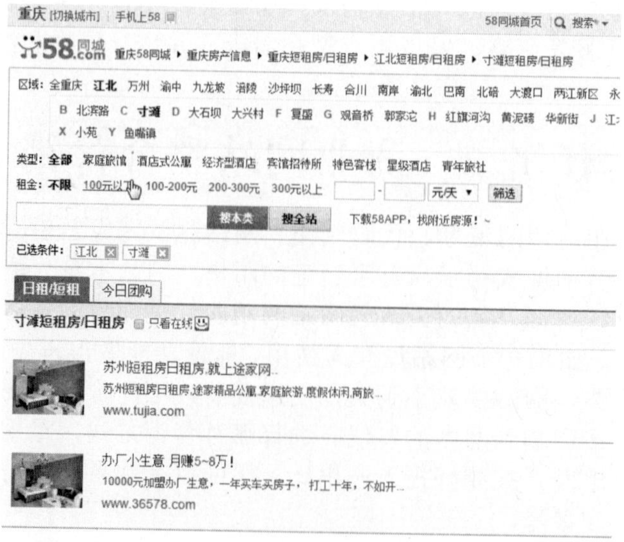

图 6-2-2　分类网站地域细分

按照这种分法，全国的地域词就变成了几万甚至几十万个。以重庆分站来算，重庆有 18 个区级单位被纳入了 58 同城网，每个区下面平均按 20 个地域名计算，重庆一个分站的地域名就达到 360 个，如果有 200 个这样的城市，全国就会出现 7.2 万个地域名。

（二）分类行业众多

分类信息很好地将各行业以黄页的方式做了区分。仅是首页的一级类目就有数百个。图 6-2-3 所示为分类信息一级类目。

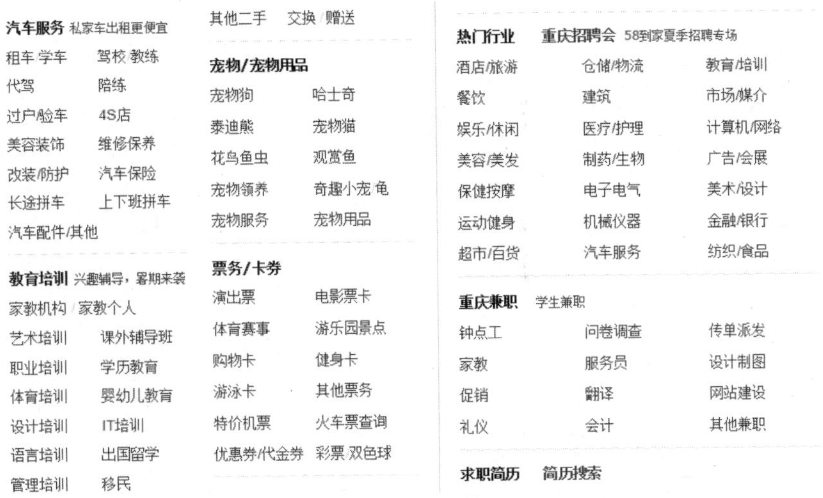

图 6-2-3　分类信息一级类目

一级类目下还会有二级类目若干，二级类目还会再加上一些修饰词汇。比如，一级类目家教，二级类目会有小学家教、中学家教、英语家教等，三级类目会有大学生小学家教、专业教师中学家教等，这种关键词的数量会在百个级别以内。图 6-2-4 所示为各级类目关键词。

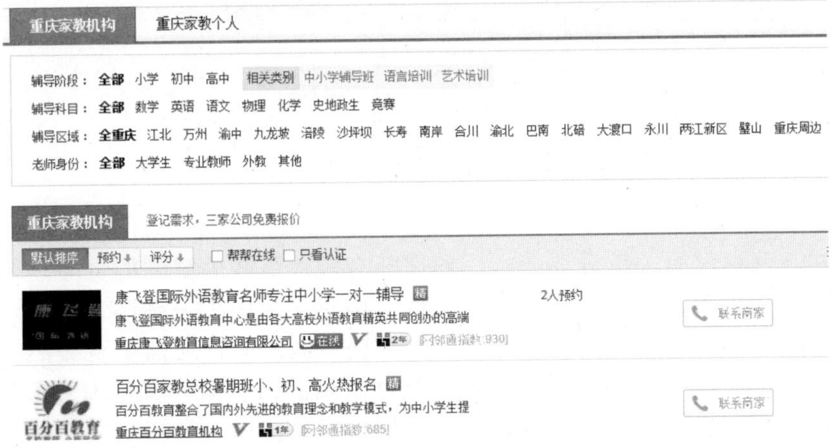

图 6-2-4　各级类目关键词

（三）行业修饰词较多

行业后面还会加上非常多的修饰类的词汇，以驾校行业为例，会有驾校价格、驾校报名等修饰词汇。一个关键词由三部分组成：地域名、行业、修饰词。地域名是万级别的，接近十万，行业是百级别的，修饰词是十级别的。比如有 72 000 个地名，300 个行业，平均每个行业有 10 个修饰关键词，那整个网站的可用关键词就是：72 000×300×10=2.16 亿个。如表 6-2-1 所示。这是一个非常庞大的数字。这么多的关键词被 58 同城网在网站设立时很好地融到了自己的网站之中。由于自身网站的发展，越是细微的关键词，越能突显获取排名优势。这些长尾的词，积少成多，不仅帮网站带来了大量的流量，还大大提升了一个新网站的知名度。在信息不是特别充足的时期，很好地满足了网民的需求。图 6-2-5 所示为 58 同城网一个区域级的关键词。58 同城网排在百度自然搜索第二位。

表 6-2-1　关键词组成的示例

地　域　名	行　　业	修　饰　词
重庆、武汉等	搬家、婚庆等	公司、电话、价格等
万级别	百级别	十级别
72 000	300	10

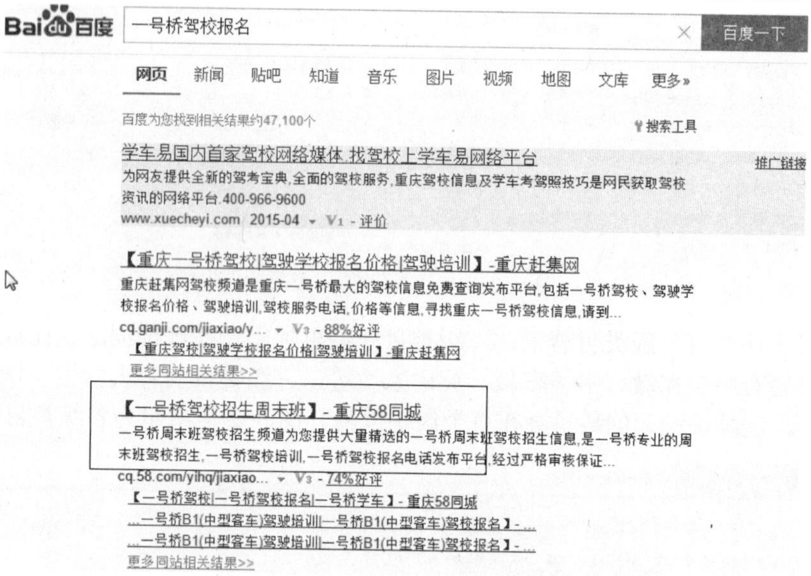

图 6-2-5　58 同城网一个区域级的关键词

二、页面内容

众所周知，网站仅有关键词还不行，还需要有融入这些关键词的页面，这些页面上还需要有相对匹配的内容。新网站可以通过架构，构建出上亿个关键词，但难以一时得到上亿个页面，而且页面上还必须有合适的内容。这些页面之间，还需要有必然的关联，不然搜索引擎的用户都无法看到这些页面。58 同城网采用的内容策略就是内容共享，分类网站首页主打的是信息列表页，而非信息详情页，因为信息详情页是用户发布的，无法很好地优化和控制，而信息列表页则是自己网站结构的一部分，完全由网站方掌握。信息列表页还具有一个先天的优势，就是信息更新较快，搜索引擎给予的权重大于详情页的固定内容。58 同城网采用内容共享策略，解决了关键词页面信息不足，列表页内容更新的问题。比如，在重庆驾校这一类目下，原有 5 000 条信息，而各种二级三级类目都不下 5 000 个，按传统的方式，中规中矩，一个类目下一条信息尚且不足，既谈不上优化，又严重影响用户体验。

58 同城网采用的办法就是将这 5 000 条信息打通，类目按重要性分级，一级类目，各自从中取 200 条以上，二级类目取 100，三级类目取 50。一共就是这不足 5 000 条信息，在 5 000 个页面上进行随意的排列组合，形成新的信息列表页，获取搜索引擎的优质排名和良好的网站用户体验。图 6-2-6 所示为信息共享显示。驾校类目重庆市渝中区一号桥区域，即有本应该显示重庆市渝中区一号桥附近的驾校信息，也显示有江北区观音桥的驾校信息。

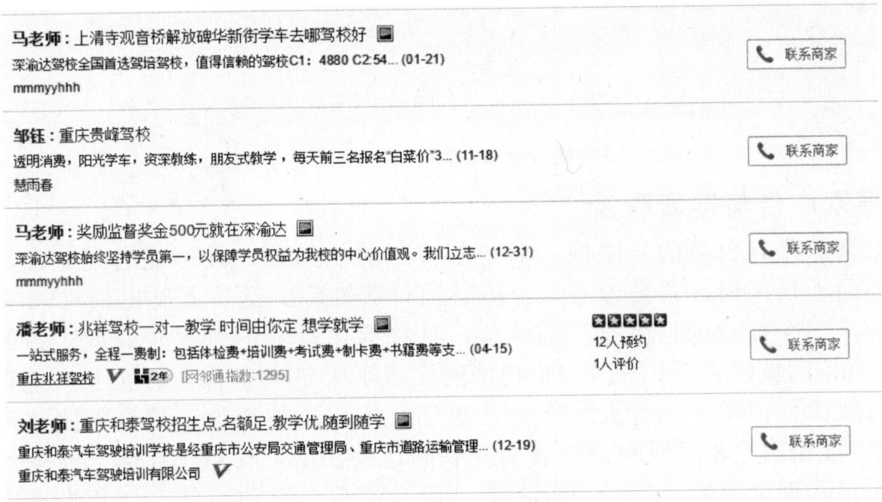

图 6-2-6　信息共享显示

三、相互链接

链接分为站内链接与站外链接。站内链接是通过合理的结构布局，使链接得当，链接自然，这既提升了用户体验，使整个网站如同一张大大的蜘蛛网，浑然一体，又对搜索引擎优化起到了极大的帮助。如图 6-2-7 所示为站内链接。

图 6-2-7　站内链接

对于一个新网站而言，站内链接功能毕竟有限，真正有影响力的站外链接才是主流。58 同城网当时一方面通过广告积极扩大自己的影响力，同时又采用非常务实的办法，组建了 30 人的友情链接互换团队，大量进行友情链接的互换，为自己的搜索引擎优化加上重注。图 6-2-8 所示为友情链接互换。这种近乎免费的方式，为自己网站的权重提升不少。

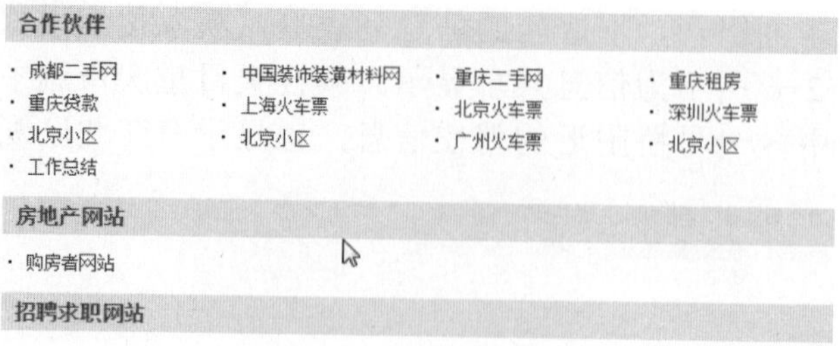

图 6-2-8　友情链接互换

四、搜索广告与搜索联盟

搜索引擎优化有自身的局限性，对一些特别的热门词，并不能起到非常好的效果，这部分词不同于长尾词，营销效果好，但必须付费推广，竞争人群也相对较多。没有 58 同城网之前，一个行业的百度推广前几位，往往会由行业的领军企业或实力雄厚的企业占据。有了 58 同城网之后，由于 58 同城网聚集了大量中小行业、企业，把它们整合在了一起，这就比任何单个的行业领军企业更加有优势。使得这一聚合的团体可以承受更高的推广费用，加上 58 同城网是专业的互联网运营团队，相对于比单一企业的网络营销部，操作水平和理念更胜一筹。有此两者，胜负立分。比你有钱，比你专业，来同你竞争某个位置，高下立判。事实也证明，确定如此。图 6-2-9 所示为百度竞价排名。重庆搬家有 4 家在竞价，58 同城网排在了最具优势的第一位。

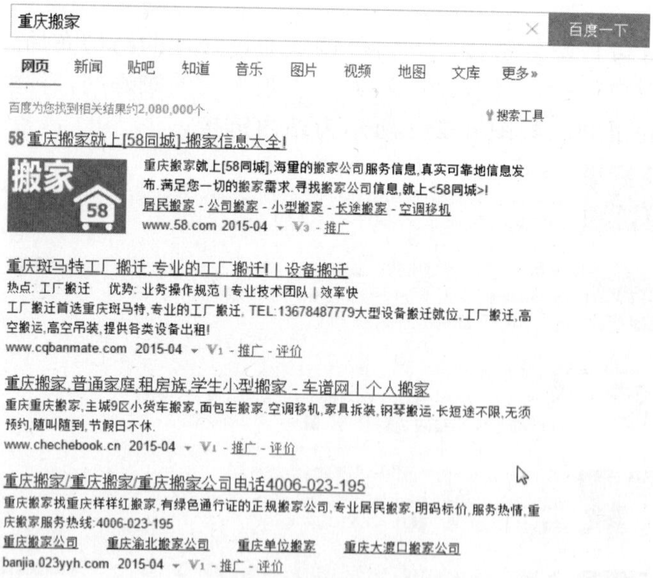

图 6-2-9　百度竞价排名

加入广告联盟，将自己的网站流量通过搜索引擎，再次进行变现。图 6-2-10 所示为网站联盟广告。58 同城网一方面从搜索引擎获取流量，另一方面又通过搜索引擎的内容和广告联盟，赚取广告佣金。曾经有一段时间，58 同城网还利用技术的差异，一方面花钱从百度购买流量，另一方面，用购买来的流量赚取 Google 的佣金。加入搜索引擎的网站联盟，一方面可以使自己的网站流量进行变现，更重要的就是和搜索引擎达成一种合作，可以全面提升自己全站页面的搜索权重。

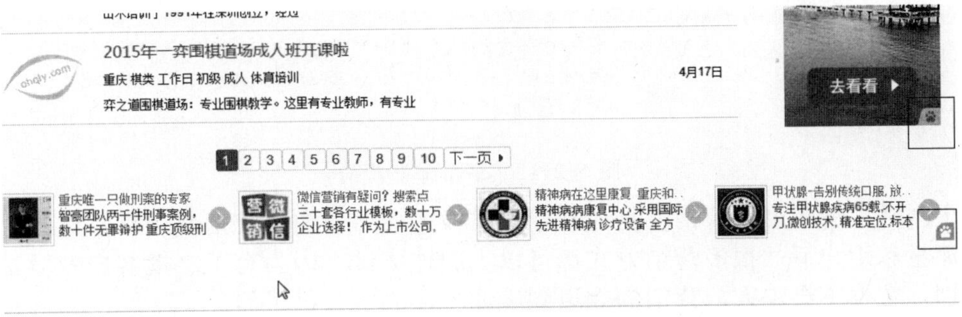

图 6-2-10　网站联盟广告

58 同城网通过设置关键词，建立内容共享体系，获取相互链接，加入竞价和网站联盟等四种组合拳，迅速使一个新的网站在搜索引擎上获取大量的流量和用户，这些流量和用户在网站上慢慢留存下来，为网站贡献内容，推动着网站前期的发展，使网站在一个很低的营销投入之下，获取了较好的效果，从而使一个网站走入了良性的发展道路。

有了网站前期的积淀，网站中期便采用微博营销。图 6-2-11 所示为微博营销。

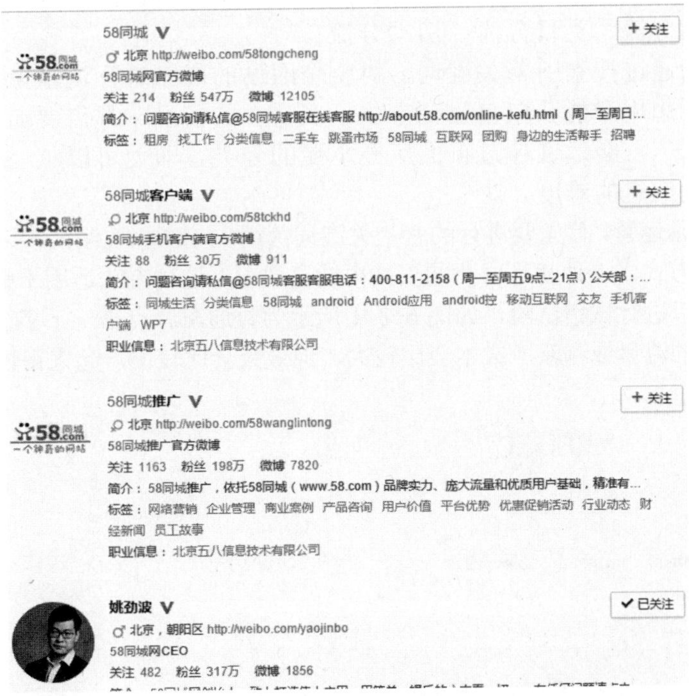

图 6-2-11　微博营销

注册用户都需要填写邮箱，邮箱是经过认证才可以注册成功，如此一来，当用户数达到一定程度时，就可以陆续针对用户开展邮件营销了。因为官方的邮件，已经不会被邮件服务商当成垃圾邮件了。一个用户在网站上的搜索路径、数据都可以被网站留存和记录，根据这些记录，进行大数据的挖掘，可以很好地实施邮件营销。一定量的用户数，很好地解决了邮件营销中邮件到达率不高，到达后邮件打开率不高的问题。图 6-2-12 所示为京东邮件营销。

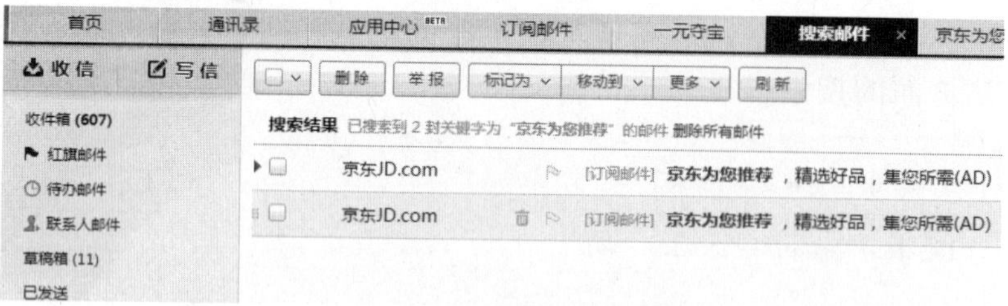

图 6-2-12　京东邮件营销

一个网站，最艰难的营销就是最开始的时候，一穷二白，一切都是靠尝试。等有了一定量的流量和用户后，很多营销方式都可以大胆地尝试，因为有了一批客户做尝试，会有数据反馈，数据不会骗人，营销的效果到底如何，心中一目了然。

任务 3　电商网店整合营销

电商网店是在某个电商平台上开设的网店，平台控制着所有的规则制定和执行权力。用户的网店店铺是透明的，一切的信息都是在平台运营方的规范和掌控之中。在别人的地盘进行营销，首先就要了解电商平台的特性。任何一个平台，对流量进行分发时，都不免有三种方式：搜索分流、类目分流、活动分流。

搜索分流是指通过搜索引擎关键词，对整个网站的商家进行流量分配。任何网站，信息量大了之后，要想用户能获取自己全方位、多需求的信息，都需要通过搜索引擎。因为用户的需求范围太广，会远远超过页面所能承受的分类。即使可以承受，太多的分类也会加大用户查找相关信息的难度。

一个网店的正常运营，首先要进行的就是关键词营销，关键词营销第一步需要有的就是流量，流量的获取有两种方式，一种就是付费购买站内的直通车，这种方法适用于财大气粗的商家，有大量的推广成本可以进行试错试验，如图 6-3-1 所示为直通车。点击一下多少钱，转化率也并不高，这种方式购买的流量或测款，成本会比较大，但效果会比较快，起来得快，死得也快。

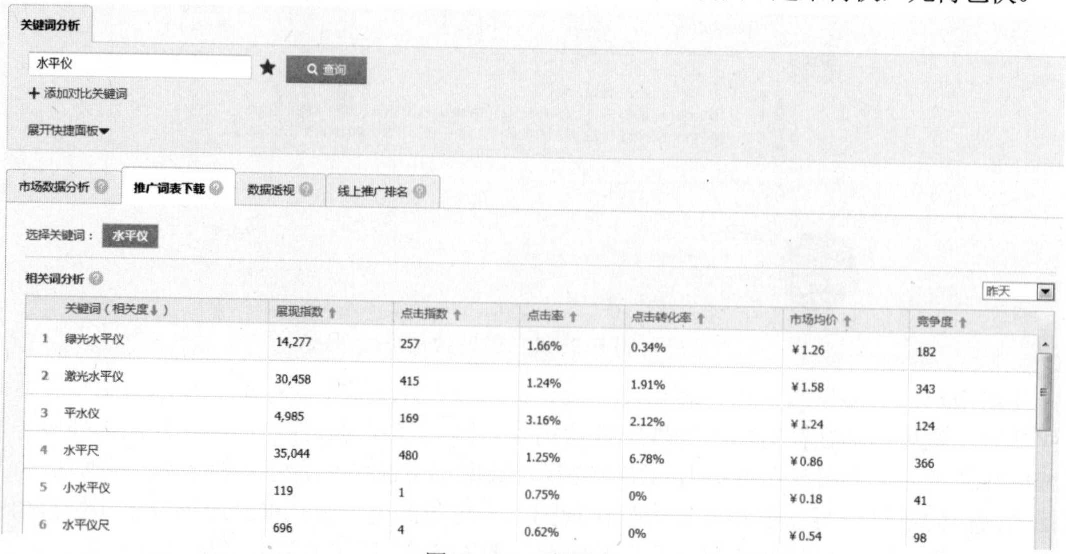

图 6-3-1　直通车

另一种办法就是通过一些刷流量的软件，获取一些虚假的流量。流量的获取，除了有助于人气搜索之外，还有助于配合这些虚假的流量进行刷单。一般采用的是各种各样的流量工具，图 6-3-2 所示为流量工具。这些工具的功能不一，在实际使用的过程中，还需要自己认真地筛选、甄别，一句话，适合的才是最好的，如果不能达到理想的效果，或者适得其反，不如不用。

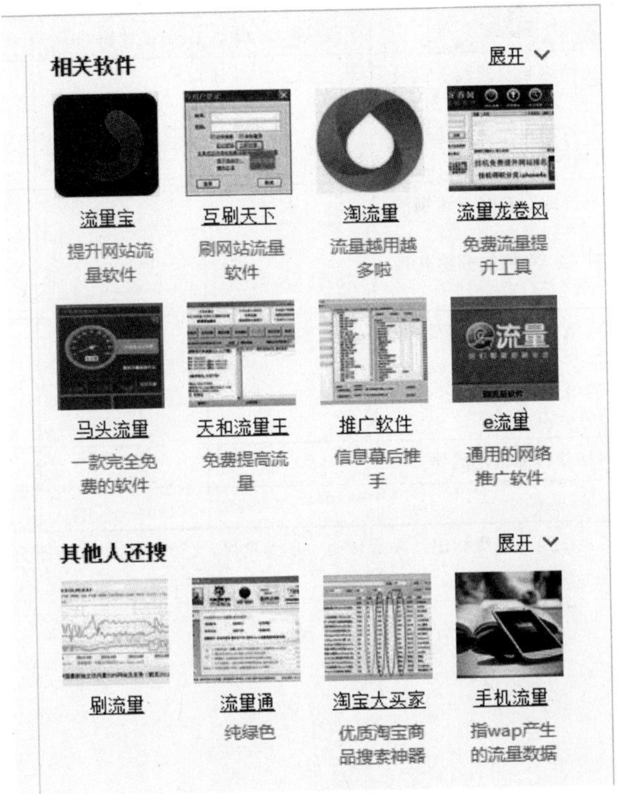

图 6-3-2　流量工具

刷单这样一个灰色产业，在理论上并不登大雅之堂，但在实际的操作中却非常实用。从互联网一开始，数据造假就如影随行。刷单的原理以及平台为何要刷单，前文已经提过，这里不再详述。通过刷单带来完美数据反馈，可以使自己的关键词获得较好的排名，有了排名就有了展示，有了展示就会有真实的流量和订单。这种流量和订单不仅带来了真实的利润、真实的用户信息，而且还带来了产品和店铺在市场上的真实数据。

通过这些数据，可以对整个店铺供应链的各个环节依据实际的数据进行优化，会使得自己的供应链更加完善。从而使真实订单步入一个稳定增长的过程中。订单的真假增长，会在同行中积累起一定的优势，这种优势非常有助于自己的活动申报，获取平台更多的资源。

简而言之，一个网店基本的营销方法是：引流、刷单、申报活动、直通车钻展、会员关系管理、社会化营销这样一个过程，优化供应链和数据贯穿其中，不断改进。最终随着运营技术和供应链的优势，可以在平台的竞争中获取较为明显的优势，从而使店铺步入一个稳定增长的良性过程。

任务评价

项目 6　整合营销　评价表

班级________学号________姓名________　　　　　　　　　　　　___年__月__日

职业能力	评价指标	自评结果	小组评价结果	教师评价结果	备注
网络整合营销认知	1．能列出网络整合营销含义及推广方法 2．能够针对项目发展的情况灵活选择适用的网络营销方式				
商业网站整合营销	1．能列出商业网站整合营销的思路及方法 2．能够针对一个网站列出几种营销解决方案				
电商网店整合营销	1．能列出电商网店整合营销的过程及方法 2．能够列出电子商务网店不同时期的营销解决方案				
岗位意识	能树立网络项目运营的思维				

注：评价结果用 A、B、C、D 四个等级标出，A 为优秀，B 为良好，C 为合格，D 为不合格。

参 考 文 献

[1] 百度站长平台. 百度搜索引擎工作原理[EB/OL].（2014-12-10）[2015-05-16]. http://zhanzhang.baidu.com/college/courseinfo?id=144.

[2] 百度统计产品团队. 网站分析白皮书（站长版）[EB/OL].（2015-01-20）[2015-05-16]. http://zhanzhang.baidu.com/college/documentinfo?id=234&page=1.

[3] 百度站长平台. 百度搜索引擎优化指南 2.0[EB/OL].（2014-12-12）[2015-05-16]. http://zhanzhang.baidu.com/college/documentinfo?id=193&page=1.

[4] 文德：淘宝搜索优化的本质（全）[EB/OL].（2014-09-29）[2015-05-16]. http://bbs.paidai.com/topic/294944.

[5] 张向丽. 2014 年中国网络购物线上渗透率超过 10%[EB/OL].（2015-02-01）[2015-05-16]. http://www.iresearch.com.cn/view/245909.html.

[6] 量子恒道. 电子商务数据分析白皮书[EB/OL].（2012-10-19）[2015-05-16]. http://www.linezing.com/WhitePaper/?spm=1.418971.322274.8&tongji.

[7] 中国互联网信息中心. 第 35 次中国互联网络发展状况统计报告[R]. 北京：中国互联网络信息中心，2015.

教师教学支持方案
（教学课件）

建设立体化精品教材，向高校师生提供整体教学解决方案和教学资源，是天津大学出版社“服务高校教育”的重要方式。

为支持相应课程的教学工作，我们配套出版了该书的教学课件，向采用本教材的教师免费提供。该课件仅为教师获得并服务，授课教师如果想享受个性化的服务，可到天津大学出版社网址 publish.tju.edu.cn“资源下载”的网络营销实务（互联网营销与运营管理）专业课程教材栏目中下载填写“网络营销实务（互联网营销与运营管理）专业教师资源库”入库信息表，并详细填写如下开课情况证明，以邮寄或者传真方式一并交与我们，我们将在收到后一周内寄出相关课件或与您联系相关事宜。

通信地址：天津市南开区卫津路 92 号天津大学出版社 总编办

邮编：300072

电话：022-27404717　　028-86707829

传真：022-27401094

E-mail：ccshan 2008@sina.com

联系人：崔成山

开课证明

兹证明____________大学____________学院____________系____________专业第____________学年开设的____________课程，已采用天津大学出版社出版的____________（书名、作者）作为本课程教材，本专业共________班，授课老师共________位，学生共________人。

授课老师需要与本教材配套的教学课件。

联系人：

通信地址：

邮编：

电话：

E-mail：

系（院）主任（签字）：

（系院办公室盖章）

年　月　日